dieta

uzdrawiająca organizm

MAGDALENA MAKAROWSKA

dieta
uzdrawiająca organizm

Feeria
WYDAWNICTWO

Redaktor prowadzący: Anna Rogala
Konsultacja edytorska: Dariusz Rossowski
Korekta: Katarzyna Nawrocka, Maria Zalasa, Agnieszka Grzywacz

Rozdział „Aktywność fizyczna jako ważny element leczenia insulinooporności":
Dominika Musiałowska
Projekt typograficzny, skład i projekt okładki: Joanna Wasilewska
Fotografie: Tomasz Makarowski, oprócz:
Zdjęcie na okładce: © Roman Pyshchyk/Fotolia
Str. 5: © holwichaikawee/Fotolia
Str. 9: © sudok1/Fotolia
Str. 16 i 300: © 5second/Fotolia
Str. 42: © sveta/Fotolia
Str. 60: © Pixelbliss/Fotolia
Str. 140: © STUDIO GRAND OUEST/Fotolia
Str 204: © le 3eme oeil/Fotolia
Str. 255: © xo4uphoto/Fotolia
Zdjęcia na stronach: 7, 8, 15, 29, 32, 41, 74, 76, 129, 157, 308: serwis Pixabay
Druk: Drukarnia im. A. Półtawskiego

ISBN 978-83-7729-624-5
Wydanie I, Łódź 2017

Wydawnictwo JK
ul. Krokusowa 3, 92-101 Łódź
tel. 42 676 49 69
www.wydawnictwofeeria.pl

Sami musimy stać się zmianą, którą chcemy widzieć w świecie.

Gandhi

Spis treści

Poradnik ten dedykuję każdej kobiecie,
która chce zmienić swoje życie, pokochać siebie
i wykreować od nowa swoją rzeczywistość.
Pamiętajcie, że aby marzenie mogło się spełnić,
trzeba zacząć marzyć...

Wprowadzenie

Problem z metabolizmem

Tematem przewodnim tego poradnika jest dbanie o dobre samopoczucie, spełnienie marzeń i odnalezienie sensu zdrowego odżywiania – odzyskanie zdrowia, chęci do życia i uzdrowienie swojego metabolizmu oraz psychiki.

Problem, o którym piszę, zaczyna się niewinnie, choć te pojedyncze objawy narastają z siłą rozpędzonej lokomotywy. Co gorsza, problem ten pociąga za sobą swoistą lawinę niezwykle trudnych do opanowania schorzeń.

Kobieta nagle zaczyna dostrzegać powiększającą się oponkę wokół brzucha, włosy wychodzą jej garściami, paznokcie się łamią, a skóra łuszczy się mimo używania drogich kremów. Zaczynają doskwierać wzdęcia, zgaga, zaparcia, niezręczne gazy czy biegunki. Zmęczenie sięga zenitu i nie pozwala rano wstać z łóżka. Serce dziwnie tłucze się w piersi, a podenerwowanie zaczyna utrudniać codzienne życie i negatywnie wpływa na kontakt z bliskimi. Libido jest tak niskie, że możemy zbierać je z podłogi, a energia życiowa dorównuje poziomem wigorowi misia koala. Pojawiają się problemy z regularnością miesiączek, mimo że pasek na teście ciążowym pozostaje pojedynczy. Najczęściej zrzucamy to na karb stresu, życia w biegu, przepracowania. Ignorujemy objawy, które organizm wysyła jako sygnały alarmowe.

Kumulujące się w ten sposób kłopoty są potem bardzo trudne do opanowania. Otyłość to nie tylko nadmiar kilogramów, lecz cały zestaw chorób, w którym jedna wynika z drugiej lub co gorsza ją pogłębia. Pacjentki, które trafiają do mojego gabinetu, najczęściej są tylko częściowo zdiagnozowane lub w ogóle nikt nie zajął się nimi na poważnie. Wyniki pojedynczych wykonanych badań, formalnie mieszczące się w tzw. normie, tylko kamuflują prawdziwą przyczynę problemu.

W przypadku otyłości zawsze występują choroby jej towarzyszące lub wręcz z niej wynikające. Coraz większej liczby kobiet dotykają niezwykle skomplikowane schorzenia, które biorą się z autoagresji immunologicznej (tłumaczę to zjawisko w podrozdziale *Nietolerancje pokarmowe i towarzyszące im niedobory pokarmowe* na str. 21). A większość osób z chorobą autoimmunologiczną ma jeszcze inne powiązane choroby, które zaczynają się mnożyć, jeśli je ignorujemy. Nieszczęścia chodzą w tym przypadku nie tylko parami, ale nawet trójkami…

Dzieje się tak dlatego, że zaburzenie autoimmunologiczne (takie jak choroba Hashimoto czy Leśniowskiego-Crohna, reumatoidalne zapalenie stawów, wrzodziejące zapalenie jelita grubego, choroby nadnerczy, choroby neurologiczne, choroby tkanki łącznej i wiele innych) nie dotyczy pojedynczego organu, tylko całego ciała, wszystkich komórek; może zaatakować tarczycę, stawy, układ nerwowy itd.

Tajemniczy zespół X

W nomenklaturze medycznej od dawna istnieje pojęcie opisujące choroby powiązane z otyłością; to tzw. zespół metaboliczny. Według Międzynarodowej Federacji Diabetologicznej IDF jest on określany jako „skutki otyłości prowadzące do problemów ze zdrowiem, niedołężnienia, a nawet śmierci". To grupa dolegliwości, które towarzyszą nadwadze oraz mogą prowadzić do takich schorzeń, jak:

- choroba niedokrwienna i zawał serca,
- udar mózgu,
- nadciśnienie tętnicze,
- cukrzyca typu 2,
- choroby nowotworowe (rak piersi, jelita grubego, szyjki macicy, trzustki, pęcherzyka żółciowego, wątroby),
- dna moczanowa (podagra),
- żylaki,
- zakrzepica żylna,
- zwyrodnienia odcinka lędźwiowego kręgosłupa,
- zwyrodnienia stawów biodrowych i kolanowych,
- bezdech senny,
- wrzody i nieżyt żołądka.

Jeśli dochodzi do tego problem z hormonami i zawirowania autoimmunologiczne, to czujemy się jak pułapce, z której nie ma wyjścia. A w 80 procentach choroby te są związane z nieprawidłowym żywieniem już od okresu dzieciństwa.

W wywiadzie dietetycznym osoby z takimi schorzeniami często deklarują zamiłowanie do słodyczy, alkoholu, tłustego przetworzonego mięsa, przesalania czy jedzenia w barach szybkiej obsługi. Można by powiedzieć: no tak, sami się doigrali. Ale nieraz okazuje się, że pacjentki jedzą teoretycznie zdrowo – gotują same, unikają komercyjnych produktów. Jednak niestety to domowe jedzenie okazuje się być zakorzenione w typowej polskiej kuchni. Mamy więc samodzielnie pieczone ciasta, swojskie obiadki z zawiesistymi sosami, kotletami w panierce, babcinymi pierogami, ręcznie wyrabianymi kluskami, ziemniaczanym purée ze śmietaną i masłem czy zasmażanymi buraczkami zaciąganymi mąką. Niby dobre, bo domowe, a jednak coś nie gra... Ponadto w diecie osób z otyłością i zespołem metabolicznym z reguły królują tradycyjnie wędzone wędliny i kiełbasy oraz słodzone napoje kolorowe. Do tego wszystkiego dokłada się brak ruchu!

Podając te przykłady, chcę pokazać, że nadwaga ma tło żywieniowe – tylko w 20-procentowym zakresie genetyczne – ta sprawa nadaje się zaś do korekty i naprostowania! Właściwe odżywianie i uporanie się z problemem nadwagi w wielu przypadkach przywraca nam zdrowie, a nawet ratuje życie, chroniąc np. przed poważnymi powikłaniami kardiologicznymi. Dlatego chcę, by ten poradnik pomógł Ci wyjść na prostą, odzyskać równowagę metaboliczną, uporać się z nadwagą i trwale zmienić nawyki żywieniowe.

To nie będzie zwykła dieta – to będzie kuchenna rewolucja w waszym domu!

Kompleksowość problemu z wagą

Otyłość stoi na przeszkodzie zdrowiu i osiągnięciu równowagi hormonalnej, ponadto wiąże się z wieloma chorobami i przewlekłym stanem zapalnym. Dlatego kiedy zaczynamy czuć się źle, a wskazówka wagi z uporem szybuje coraz wyżej, warto poddać się szczegółowej diagnozie. Nie zdarzyła mi się jeszcze otyła osoba, która miałaby TYLKO nadmiar kilogramów. Mimo że pojedyncze wyniki wydają się trzymać w widełkach wartości referencyjnych, sztuką jest ich prawidłowa interpretacja. Zadowalanie się tym, że pojedynczy wynik jest w normie, należy do kardynalnych błędów w stawianiu diagnozy.

Dobrym przykładem jest oznaczenie hormonu TSH, którego norma, zależnie od laboratorium, wynosi 0,27–5,2 mU/l, jednak wynik prawidłowy dla kobiety w okresie rozrodczym to nie więcej niż 1,5 mU/l! Ponadto poziom samego TSH o niczym nie świadczy. Aby poprawnie zdiagnozować pacjenta, należy zrobić pełny pakiet tarczycowy oraz USG tarczycy.

Nadrzędną sprawą jest więc znalezienie dobrego i wnikliwego specjalisty. Trzeba dociec, jaka jest głęboka przyczyna nadwagi, a także czy pojawiły się już jej ewentualne następstwa. W tym celu oprócz opieki dietetyka ważna jest też konsultacja z doświadczonym lekarzem. Często należy:

1. Sprawdzić poziom hormonów tarczycy oraz ich konwersję (TSH, fT3, fT4), a także ewentualną obecność przeciwciał anty-TPO, anty-TG.
2. Oznaczyć poziom hormonów płciowych (testosteronu, LH/FSH, prolaktyny) oraz wykonać USG jajników (celem wykluczenia lub potwierdzenia PCOS).
3. Wykonać USG tarczycy w celu wykluczenia autoimmunologicznego zapalenia tarczycy, zwanego chorobą Hashimoto.
4. Sprawdzić stan nadnerczy – poziom kortyzolu, ACTH, DHEA-S, aldosteronu.
5. Zbadać poziom insuliny na czczo, krzywą insulinową i glukozową po jednej i dwóch godzinach w celu wykrycia ewentualnej insulinooporności lub utajonej cukrzycy typu 2.

6. Wykryć ewentualne nietolerancje pokarmowe – głównie na gluten (przeciwciała anty-GAD, anty-IA-2, IgA przeciw transglutaminazie tkankowej, całkowite IgA, IgE), jaja, zboża, mleko.
7. Oznaczyć poziom peptydu C, informujący o pracy trzustki i potencjalnym zagrożeniu cukrzycą.
8. Zbadać poziom witaminy D_3 (25-OH-D_3). Jej niedobory nasilają ryzyko chorób autoimmunologicznych, otyłości, niedokrwistości.
9. Sprawdzić poziom witaminy B_{12}, ferrytyny, kwasu foliowego, żelaza i selenu.
10. Oznaczyć poziom CRP i OB w celu wykrycia toczących się ewentualnie stanów zapalnych.
11. Zbadać poziom cholesterolu i trójglicerydów oraz homocysteiny.
12. Wykonać badanie mutacji genu MTHFR – badanie zaburzenia metylacji.
13. Wykonać analizę moczu (kwas moczowy, kreatynina, mocznik).
14. Zrobić badania na boreliozę oraz pasożyty (glistę ludzką).

Nie zawsze trzeba robić wszystkie te badania, ale nie wolno ignorować wymogów własnego organizmu i testować na sobie dowolnie wybranych diet, bo wtedy mogą one narobić więcej szkody niż pożytku. Parametrów do sprawdzenia jest całkiem sporo, a jeśli pozostaną one niezweryfikowane, ułożenie prawidłowej diety jest praktycznie niemożliwe. Co prawda w jednym poradniku trudno jest zaproponować zasady, które będą uniwersalne dla tej swoistej puszki Pandory z chorobami metabolicznymi, ale mam nadzieję, że zaufacie mi i wypróbujecie mój plan. Zawarłam tu wskazania, które mają za zadanie usprawnienie metabolizmu, oczyszczenie wątroby z toksyn oraz oczywiście spadek wagi, a przy każdej z wyżej wymienionych chorób jest to bardzo istotny element kuracji. Nie każda z Was musi mieć wszystkie te choroby naraz, ale i tak moje zasady będą pożyteczne i skuteczne. Ta dieta to swoisty detoks i regeneracja sił metabolicznych, prawdziwy REMANENT ORGANIZMU!

Higieniczny tryb życia oraz zdrowa dieta są w stanie zdziałać cuda, dlatego warto podjąć walkę o swoje zdrowie, tym bardziej że dieta, którą proponuję, jest naprawdę atrakcyjna, nie wymaga głodzenia się ani przestrzegania reżimu kalorycznego. Wymaga natomiast chęci, zadbania o „logistykę" oraz zaufania, że warto podjąć to wyzwanie.

Stres-free slow-food, czyli wrzuć na luz

Mamy tylko jedno zdrowie i jedno życie. Powinniśmy przeżyć je tak, aby mieć z niego jak najpełniejszą satysfakcję. Czasem wymaga to poświęceń, ale czego nie robi się w imię wyższego celu? Wiemy przecież, że prawie nic nie przychodzi łatwo. Nieraz aby zrealizować zamierzenia, trzeba poświęcić część starych nawyków i przyzwyczajeń, wyjść ze swojej strefy komfortu i otworzyć się na nowe doświadczenia.

Piszę o tym dlatego, że sprawa ta ma też bardzo trywialny, codzienny aspekt. Regularnie w swojej praktyce w gabinecie dietetycznym spotykam się z pacjentkami i pacjentami, od których słyszę, że są od wielu lat, czasem od dzieciństwa, przyzwyczajeni do określonego sposobu jedzenia: jeśli jedzą fasolkę szparagową, to zawsze z bułką tartą, jeśli leczo, to z kiełbasą, jeśli pieczywo, to tylko białe z masłem i szynką, zupę zawsze zabielaną śmietaną i koniecznie z kluskami, wodę raczej smakową, a rybę koniecznie w panierce. Rzecz nie w tym nawet, że nie chcą tego zmienić, tylko po prostu nie pomyśleli, że można inaczej... A przyzwyczajenie i siła nawyku niestety często są destrukcyjne.

Skoro mowa o nawykach, nasuwa mi się dygresja à propos żywienia małych dzieci. Okazuje się, że większość (blisko 80 procent) osób z problemem otyłości oraz chorobami cywilizacyjnymi była w dzieciństwie karmiona mlekiem modyfikowanym, miała problemy z infekcjami i przechodziła ciągłe kuracje antybiotykowe, a także była przekarmiana przez babcie i dziadków oraz nadgorliwych rodziców, według których danie dziecku słodyczy było przejawem miłości. Niestety bywa tak do dziś i kiedy trafia do mnie otyłe dziecko, na sugestię odstawienia słodyczy (ciastek, czekoladek, cukierków, lizaków, słodkich napojów) czy frytek i kotletów w panierce często słyszę od rodziców, że oni swojemu dziecku nie będą żałować jedzenia. Nie uwierzycie, ale największy problem ze zdrową dietą mają nie dzieci, lecz ich rodzice!

Cały czas pokutuje przekonanie, że dobrze wykarmione i pulchne dziecko to zdrowe dziecko. Szkoda tylko, że to wykarmienie polega na codziennym przyzwalaniu na słodycze, soki z kartonów oraz jedzenie w fast foodach... Prawda jest brutalna: 80 procent produktów sprzedawanych w sklepach w ogóle nie nadaje się do konsumpcji! Żywność przetworzona, przesłodzona i konserwowana, nafaszerowana sztucznymi barwnikami i aromatami zajmuje półki w dziale z nabiałem, wędliną, pieczywem, płatkami zbożowymi, a nawet sokami, które kojarzą się przecież ze zdrową żywnością.

Aby zrozumieć sens zdrowego odżywiania, warto zacząć czytać ze zrozumieniem etykiety produktów. Najgorszą grupę stanowią, powszechnie uważane za zdrowe, produkty typu light, fit itp.! To, co potocznie wygląda na „dietetyczne", jest w rzeczywistości przeładowane cukrem i sztucznymi dodatkami! Produkty light są odtłuszczone, w związku z tym zamiast tłuszczu dodaje się do nich inne wypełniacze oraz syropy glukozowo-fruktozowe.

Zerknij na pierwsze z brzegu opakowanie batonika muesli w polewie jogurtowej (sic!). W roli głównej występują – niemal dla kamuflażu – w 30 procentach płatki zbożowe (owsiane, żytnie, jęczmienne), ale dalej nie jest już tak kolorowo: mąka pszenna słodowa, płatki kukurydziane, syrop glukozowy, syrop cukru inwertowanego, ekstrakt słodowy z jęczmienia, substancje utrzymujące wilgoć (sorbitol), suszona słodzona żurawina, olej palmowy, olej roślinny utwardzony, emulgatory (lecytyna sojowa, mono- i diglicerydy kwasów tłuszczowych), syrop cukru brązowego, sól, aromat, przeciwutleniacz (mieszanina tokoferoli), melasa cukru trzcinowego i regulator kwasowości (fosforan trójsodowy). W polewie jogurtowej mamy: cukier, tłuszcz roślinny, serwatkę w proszku, odtłuszczone mleko w proszku, proszek jogurtowy 2%, tłuszcz, aromaty, emulgatory (lecytyna sojowa, E476) itd. Mam nadzieję, że rozumiecie, o czym piszę. W tym zestawieniu cukier goni cukier i chemią pogania!

Co gorsza, takich produktów na sklepowych półkach jest cała masa! Jak więc kupować? Co wybierać? Przede wszystkim należy sięgać po produkty świeże, z których możemy wszystko ugotować SAMODZIELNIE! O tym właśnie napiszę szczegółowo w najbliższym rozdziale.

Rozdział 1

Holistyczne podejście do nadwagi

Wiemy już o tym, że nie ma osób, które są TYLKO otyłe. Jak pisałam, w parze z otyłością idą problemy zdrowotne i schorzenia metaboliczne, które – o ile nie zostaną rozwiązane – uniemożliwiają osiągnięcie pełni życiowej satysfakcji.

Oprócz chorób wchodzących w skład zespołu metabolicznego, z otyłością współistnieją też często, szczególnie u kobiet, scharakteryzowane dalej zaburzenia.

Dysbioza jelit

Na początku należy przeprowadzić remanent w naszym organizmie i zadbać o nasz najważniejszy dla zdrowia narząd, czyli... Nie, nie chodzi o mózg (choć on też jest istotny), ale o jelita. To z nich płynie zdrowie. Ci, którzy rymują, że „zdrowe życie tkwi w jelicie", mają bezwzględną rację.

Jelita biorą udział niemal we wszystkich procesach przebiegających w naszym organizmie, a wieloma z nich wręcz zawiadują. Każda, naprawdę każda osoba mająca nadwagę czy otyłość oraz powiązane z nimi schorzenia ma też problemy natury jelitowej. Najczęściej są to wzdęcia, zgaga, zaparcia, biegunki, bulgotania, nadżerki, owrzodzenia i wiele innych.

Coraz więcej badań wykazuje związek dysbiozy jelit, czyli zaburzenia w składzie naturalnej bakteryjnej flory jelitowej, z rozwojem nadwagi. Dobre bakterie biorą udział m.in. w regulacji wytwarzania hormonów układu pokarmowego przez wpływ na powstawanie krótkołańcuchowych kwasów tłuszczowych (KŁKT). Kiedy przeważa niekorzystna mikroflora, następuje hamowanie pasażu jelitowego, a nasila się lipogeneza wątrobowa oraz adipogeneza w tkance tłuszczowej. Może dochodzić też do wytwarzania KŁKT z błonnika pokarmowego, co zwiększa kaloryczność diety, czy do podwojenia gęstości naczyń włosowatych w nabłonku jelita cienkiego, co może skutkować zwiększonym wchłanianiem cukrów prostych. Badania nadal są w toku, ale coraz więcej wskazuje na ścisły związek stanu mikrobiomu z nadwagą.

W jelitach przebiegają najważniejsze procesy odżywiania organizmu i wchłaniania substancji odżywczych, w których zasadniczą rolę odgrywają też pożyteczne bakterie zamieszkujące przewód pokarmowy. Na skutek problemów z tą naturalną florą organizm zaczyna cierpieć na nietolerancje pokarmowe, one zaś prowokują występowanie rozproszonych stanów zapalnych. Stąd bierze się potem mnóstwo rozmaitych chorób.

Bakterie jelitowe odgrywają również rolę w utrzymaniu równowagi biochemicznej mózgu, współdecydując o naszym nastroju i stanie psychicznym (w tym kontekście dodam, że kobiety bezskutecznie próbujące zajść w ciążę zwykle cierpią na depresję, czasem niezdiagnozowaną, która wyklucza osiągniecie upragnionego sukcesu). Nieleczona dysbioza nasila stany depresyjne i koło się zamyka.

Kolejną sprawą są kuracje antybiotykowe. Zastanów się, czy często przechodziłaś infekcje i leczenie antybiotykami – i czy na pewno pamiętałaś o zalecanej ochronie probiotykowej. Po jednym szerokopasmowym antybiotyku flora bakteryjna musi się niekiedy regenerować ponad rok! Tymczasem założę się, że probiotyk traktowałaś jak opcjonalny dodatek, dający co najwyżej efekt placebo, a to duży błąd.

Zdrowa flora jelitowa przyczynia się do szczelności bariery jelitowej, która ma za zadanie chronić środowisko przewodu pokarmowego od świata zewnętrznego. Zaburzenie jej ciągłości grozi przepuszczaniem do krwiobiegu substancji, które nigdy nie powinny się tam przedostać: wirusów, bakterii oraz niedostatecznie strawionych cząstek pokarmu. Dochodzi wtedy między innymi do alergii i nietolerancji pokarmowych, których powiązanie z dysbiozą jelit jest często ignorowane.

- Alergia pokarmowa typu I (IgE-zależna) jest łatwa do zauważenia. Po zjedzeniu nawet niewielkiej ilości alergizującego pokarmu reakcja organizmu (biegunka, wysypka, duszności) następuje szybko i gwałtownie.

Domowy test szczelności jelit – sok z buraka

Wypij w ciągu dnia dwie porcje soku z buraka, po 300 ml każda. Jeśli następnie Twój mocz będzie miał mniej lub bardziej intensywne zabarwienie różowe czy brunatne, jest to znak, że barwnik (betanina), który powinien być wydalony z kałem, przedostał się do krwi i został przefiltrowany przez nerki. To pierwszy sygnał wskazujący na istnienie problemu ze szczelnością bariery jelitowej. W takim wypadku należy zadbać o swoje jelita, o czym będzie mowa w dalszej części rozdziału.

Dodam, że do najbardziej czułych metod badania nieszczelności jelit należą pomiary zawartości w stolcu białek markerowych: zonuliny lub kalprotektyny. Z dużą dokładnością ukazują one proces dezintegracji w jelitach.

- Alergia IgG-zależna, zwana też nietolerancją pokarmową, jest trudniejsza do uchwycenia, ponieważ produkt zjedzony w poniedziałek może dać objawy na przykład dopiero w środę! Dolegliwości nie są tak gwałtowne, ale i tak są uciążliwe oraz bardzo zróżnicowane: od zaparć, zgagi, wzdęć, biegunek przez problemy ze skórą, nadwagę, nadciśnienie, migreny i astmę po kłopoty ze snem, a nawet depresję. Manifestacja choroby zależy od miejsca, w którym przeciwciała IgG znajdą się wraz z przetransportowaną cząsteczką uczulającego pokarmu.

Zjawiska te mają u źródeł zwiększoną przepuszczalność bariery jelitowej. W prawidłowo funkcjonującym organizmie bariera ta wychwytuje chorobotwórcze mikroorganizmy i szkodliwe substancje przedostające się z pożywieniem, wiąże je i sprawnie usuwa z pomocą komórek układu immunologicznego. Jednak w sytuacji rozszczelnienia błony jelitowej do krwiobiegu dostają się między innymi duże cząsteczki pokarmowe, które – choć zasadniczo niegroźne – w tych okolicznościach zostają uznane za niebezpiecznego intruza przez układ odpornościowy, nastawiony na usuwanie wszelkich „obcych" z krwiobiegu.

Przyczyny rozpowszechniającej się obecnie dysbiozy jelit są związane ze współczesnym trybem życia. Są to:

- wszechobecny stres;
- częste infekcje zwalczane seriami antybiotyków;
- nadużywanie leków, szczególnie przeciwbólowych, inhibitorów pompy protonowej (które zmieniają pH żołądka), steroidów i hormonów;
- nadużywanie kawy, alkoholu, napojów energetycznych, palenie papierosów;
- spożywanie żywności zanieczyszczonej pestycydami, herbicydami, toksynami (dioksyny) oraz metalami ciężkimi (rtęć);
- kontakt z chemią przemysłową w kosmetykach i środkach czystości (parabeny, barwniki, aromaty, silikony; w szczególności zwróć uwagę na produkty do higieny intymnej – podpaski i tampony, wkładki z chlorem) oraz w odświeżaczach powietrza;
- przetworzona żywność – pełna rakotwórczych konserwantów (azotan sodu), sztucznych słodzików (aspartam), wzmacniaczy smaku (glutaminian sodu), syntetycznych barwników i aromatów, spulchniaczy, fosforanów, rafinowanej soli, cukru, utwardzonych olejów roślinnych i wielu innych;
- nadmierne treningi.

Jeśli prowadzimy ogólnie zdrowy tryb życia i na co dzień korzystamy z nieprzetworzonej żywności, większość z tych czynników nie musi nam szkodzić, bo przed ich wpływem chroni nas dobrze odżywiona flora jelitowa. Jednak w przypadku wielu chorób, szczególnie o podłożu autoimmunologicznym, te elementy naszego stylu życia są bardzo istotne i należy zadbać o ich eliminację oraz indywidualną terapię probiotykową.

Konsekwencją zaburzenia flory bakteryjnej może być też wzrost grzybów (kandydoza) lub zespół przerostu flory bakteryjnej jelita cienkiego (znany pod angielskim skrótem SIBO od *Small Intestinal Bacterial Overgrowth*), a także stany zapalne. Przewód pokarmowy ma określone pH na każdym odcinku, w którym bytują inne pożyteczne szczepy bakteryjne. Gdy przyjmujemy leki typu inhibitory pompy protonowej, które zobojętniają kwas żołądkowy, białka z pożywienia nie zostają odpowiednio rozłożone, enzymy trzustki nie funkcjonują sprawnie. W konsekwencji pokarm nie zostaje strawiony, obciąża żołądek i nasila efekt niestrawności. Ponadto wysokie pH w żołądku prowokuje rozwój bakterii patogenicznych, co nasila efekty choroby i dolegliwości ze strony układu pokarmowego. Dlatego tak istotne jest indywidualne zdiagnozowanie problemu i kompleksowe zadbanie o optymalne warunki trawienia na każdym etapie.

Powszechnie ignorowanym aspektem dysbiozy jelit są jej mniej spodziewane konsekwencje: dolegliwości ze strony układu nerwowego. Depresja oraz inne zaburzenia psychiczne mogą mieć swój początek w układzie pokarmowym, gdzie powstaje 90 procent serotoniny oraz większość neuroprzekaźników. Okazuje się, że jelita (na których stan ma wpływ nasza dieta) i mózg tworzą ze sobą nierozerwalny związek.

Co więcej, 70 procent komórek naszego układu immunologicznego również znajduje się w jelitach! To właśnie one stykają się na co dzień z milionami cząsteczek pokarmu, wirusami, bakteriami, toksynami. Podejmują więcej decyzji w ciągu jednego dnia niż reszta układu odpornościowego przez całe nasze życie! Gdy się o tym pomyśli, wręcz zdumiewa fakt, że człowiek jest w stanie przeżyć proces jedzenia! Skład naszego pożywienia, ilość białka, tłuszczu i węglowodanów oraz witamin i minerałów w ogromnej mierze ma wpływ na to, czy układ immunologiczny zaakceptuje je i nie podejmie walki, czy też uaktywni się, traktując cząsteczki lub tkanki naszego własnego organizmu jako domniemane alergeny, doprowadzając do uczuleń lub chorób o podłożu autoagresji.

Choroby autoimmunologiczne

W przypadku zaburzenia flory bakteryjnej szkodliwe substancje zawarte w otoczeniu doprowadzają do zatrucia organizmu i zaburzenia metylacji, czyli zdolności do usuwania toksyn. Toksyny pobudzają układ immunologiczny oraz doprowadzają do stresu oksydacyjnego w komórkach, powodując ich uszkodzenia. Komórki ciała, a nawet całe narządy (np. tarczyca) nie są wtedy rozpoznawane przez układ odpornościowy jako własne, lecz jako obce, które należy zaatakować. Takie schorzenia jak reumatoidalne zapalenie stawów, stwardnienie rozsiane, toczeń czy choroba Hashimoto są bezpośrednio powiązane z destrukcyjnym działaniem toksyn.

Oprócz uwarunkowań genetycznych to czynnik środowiskowy, w tym żywieniowy, bywa punktem wyjścia do tych schorzeń. Toksyny, wirusy, nietolerancje pokarmowe oraz stres upośledzają mechanizmy detoksu. Otyłość (komórki tłuszczowe – adipocyty) i czynniki żywieniowe (m.in. nadmiar tłuszczów nasyconych trans, sodu, niedobory witaminy D, brak w diecie błonnika, fitosteroli roślinnych, kwasów omega-3 z ryb) wpływają na przesunięcie równowagi cytokin we krwi w kierunku stanu zapalnego, zwiększanie czynności agresywnych komórek odpornościowych Th17 i zmniejszenie aktywności limfocytów regulatorowych (powściągających reakcje immunologiczne), co sprzyja rozwojowi autoagresji.

Objawy choroby wynikającej z autoagresji są niespecyficzne i dotyczą całego organizmu. Należy do nich przewlekłe przemęczenie, którego nie uśmierza żaden odpoczynek ani sen. Często towarzyszą mu bóle stawów i mięśni, chwiejny poziom cukru we krwi (czasem zbyt niski). Doskwierają wzdęcia, gazy, zaparcia (lub biegunki) i bóle brzucha. Można zauważyć też obrzęki, słabą odporność, podatność na infekcje o każdej porze roku, nawracające grzybice, trudne rekonwalescencje, uporczywie podwyższoną temperaturę ciała. Dość charakterystyczny dla ich przebiegu jest stan depresji, huśtawki nastroju, drażliwość, bóle głowy i wiele innych.

Raz uruchomionej choroby autoimmunologicznej nie daje się już powstrzymać, ale można ją bardziej lub mniej wyciszyć. Zależy to od stopnia jej zaawansowania i od spustoszeń, jakie zdążyła poczynić w organizmie. Leczenie farmakologiczne jest często nie tylko niezbędne, lecz także długotrwałe, ponieważ może trwać całe życie, jednak właściwa dieta, ustabilizowanie flory jelitowej, detoksykacja wątroby oraz odpowiednie metody relaksacji mogą znacznie dopomóc w okiełznaniu dolegliwości, a nawet przyczynić się do remisji.

Dzisiejsze doniesienia naukowe jednoznacznie łączą problem nieszczelności jelit z chorobami autoimmunologicznymi. Osoby z chorobą Hashimoto najczęściej cierpią też na nietolerancję glutenu lub na jej cięższą postać – celiakię, dlatego należy wykonać badania w tym kierunku, aby optymalnie dopasować dietę.

Nietolerancje pokarmowe i towarzyszące im niedobory pokarmowe

Jak już wspomniałam, przyczyna większości nietolerancji pokarmowych tkwi w jelicie, którego błona na skutek różnych czynników utraciła zwartość i przepuszcza zazwyczaj zatrzymywane cząsteczki. Do substancji niszczących śluzówkę jelit należą lektyny. To specyficzne dla każdej komórki znaczniki, pod względem budowy należące do glikoprotein (białko + węglowodan). Wchodzą w skład komórek roślinnych i zwierzęcych. W praktyce są to antygeny niosące obcogatunkową informację genetyczną (swoisty klucz świadczący o powinowactwie do komórek określonej tkanki) i nie powinny być wchłaniane z przewodu pokarmowego do krwi. Do lektyn takich należy gluten.

Wskutek podrażnienia śluzówki i nadżerek w nabłonku jelit lektyny wnikają wraz z niestrawionymi resztkami pokarmu do krwiobiegu. Następnie krążą swobodnie w organizmie, mogąc się dostać z prądem krwi, gdzie tylko chcą. Trafiając w określone miejsce, łączą się z lektynami powierzchniowymi komórki (antygenami zgodności tkankowej), przez co powstaje błędny sygnał dla układu odpornościowego, który uznaje taką komórkę za obcą i chce ją niszczyć. Zjawisko to nazywamy autoagresją – atakiem układu immunologicznego na własne tkanki. Obrazowo proces ten opisał immunolog David Freed: „Lektyny to przyczyny szukające sobie chorób".

Ryzyko zwiększa się, gdy spożywamy żywność bogatą w lektyny, które podrażniają jelita, nasilają stan zapalny oraz wspomagają transport substancji do krwiobiegu. Jeśli wskutek nieszczelności jelit taka sytuacja utrzymuje się przez lata, układ odpornościowy wchodzi w tryb autoagresji.

Do stwarzających problemy lektyn zaliczamy te zawarte w zbożach, soi, fasoli, soczewicy, grochu i warzywach psiankowatych (pomidor, bakłażan, ziemniak). W zdrowym organizmie nie wywołują one zniszczeń, ale w przypadku problemów jelitowych zaczynają być szkodliwe. W takiej sytuacji dieta na początku powinna przewidywać wykluczenie na pewien czas problematycznych produktów zawierających duże ilości lektyn lub gwarantować ich właściwą obróbkę, aby usunąć szkodliwe substancje. Chodzi głównie o pszenicę i inne zboża zawierające szkodliwy gluten, a także nasiona strączkowe oraz warzywa psiankowate, które oprócz lektyn mają też szkodliwe, antyodżywcze glikoalkaloidy. Są to substancje służące w przyrodzie do odstraszania zwierząt przed zjedzeniem rośliny. Należą do nich tomatyna z pomidora czy saponiny w kaszy jaglanej i komosie ryżowej. Na szczęście są sposoby na pozbycie się ich, np. dokładne mycie ziaren komosy ryżowej, wtedy przestają być szkodliwe. Z kolei aby zminimalizować zawartość tomatyny, należy unikać niedojrzałych pomidorów (ilość tomatyny wynosi w nich 0,03–0,08 mg/100 g, a w zielonawych dochodzi do 0,9–55 mg/100 g).

Szkodliwe działanie lektyn może polegać na:

- dezorientacji układu immunologicznego;
- zlepianiu erytrocytów i uszkadzaniu limfocytów;
- niszczeniu enterocytów (komórek nabłonka) dwunastnicy i jelita cienkiego;
- prowokowaniu komórek okładzinowych żołądka do nadprodukcji kwasu solnego;
- zaburzeniu równowagi flory jelitowej (przerost bakteryjny);
- łączeniu się z hormonami takimi jak leptyna, co zaburza apetyt, prowadząc do nadwagi;
- zaburzeniu wydzielania i syntezy insuliny, co prowadzi do hiperglikemii;
- zaburzeniu przyswajania witaminy D_3;
- zakłócaniu funkcji włókien mięśniowych (sztywnienie mięśni).

Kolejną grupą produktów o bardzo niekorzystnym działaniu i właściwościach alergizujących są przetwory mleczne. Wiele dorosłych osób cierpi na nietolerancję laktozy, toteż spożywanie mleka doprowadza u nich do biegunek, wzdęć i gazów oraz refluksu. Ponadto jest to pokarm zbyt gęsty odżywczo, zawiera za dużo białka, obciąża wątrobę i nerki. Nietolerancja mleka daje także objawy ze strony układu oddechowego (kaszel, astmę, zapalanie zatok, nadmierne wydzielanie śluzu), a także manifestacje skórne (egzema, pokrzywka).

Z mojego doświadczenia wynika, że odstawienie nabiału, szczególnie białych serów, wspomaga usuwanie obrzęków, niweluje dolegliwości układu pokarmowego oraz ogólnie polepsza samopoczucie. Co prawda są to tylko moje obserwacje, ale potwierdza je coraz więcej doniesień z konferencji na temat dysbiozy jelitowej i chorób autoimmunologicznych.

Nadwaga i otyłość a stany zapalne w organizmie

Nieświadome spożywanie pokarmów alergizujących nieustannie aktywuje układ odpornościowy, pobudzając ciągłą reakcję immunologiczną i wywołując przewlekły stan zapalny. Im mniej szczelna bariera jelitowa, tym większe zapalenie.

Od wielu lat pojawiają się doniesienia naukowe łączące procesy zapalne z patogenezą otyłości i chorób jej towarzyszących. W wielu badaniach wykazano związek między zwiększoną aktywacją zapalną występującą w otyłości a rozwojem insulinooporności.

Trzeba wiedzieć, że otyłość jest chorobą przewlekłą, niemającą tendencji do samoistnego ustępowania. Komórki tkanki tłuszczowej są przede wszystkim miejscem gromadzenia energii, lecz wykazują też aktywność hormonalną i enzymatyczną. Substancje wytwarzane w tkance tłuszczowej, tzw. adipokiny, biorą aktywny udział w powstawaniu insulinooporności, będącej głównym patomechanizmem rozwoju chorób związanych bezpośrednio z otyłością, którymi są między innymi nadciśnienie tętnicze, zaburzenia lipidowe, choroba niedokrwienna serca, miażdżyca i cukrzyca typu 2.

Pierwsze badania prowadzone w latach dziewięćdziesiątych potwierdziły związek między otyłością a wydzielaniem czynnika martwicy nowotworów (TNF-α) w tkance tłuszczowej i mięśniowej otyłych pacjentów. Następnie wykazano, że podobną aktywność immunologiczną wykazują inne substancje wytwarzane przez tkankę tłuszczową, mianowicie interleukiny, leptyna, adiponektyna, wisfatyna i rezystyna.

Tkanka tłuszczowa oprócz adipocytów zawiera tkankę łączną macierzy, tkankę nerwową, komórki immunologiczne i komórki śródbłonka naczyniowego, także wykazujące aktywność wydzielniczą.

Kolejnym mechanizmem aktywizacji stanu zapalnego w otyłości jest stres oksydacyjny, którego przyczyną jest zwiększone dostarczanie glukozy do tkanki tłuszczowej, gdzie jest ona wychwytywana przez komórki naczyń, co powoduje wzrost wytwarzania wolnych rodników. Te z kolei aktywują kaskadę prozapalną wewnątrz komórek śródbłonka naczyniowego. Wyższy poziom glukozy prowadzi też do zwiększenia liczby wolnych rodników w adipocytach, które w reakcji zaczynają wytwarzać cytokiny pozapalne.

Insulinooporność i cukrzyca typu 2

Insulinooporność jest stanem zmniejszonej reaktywności komórek na fizjologiczny poziom krążącej we krwi insuliny. Prowadzi do zachwiania metabolizmu węglowodanów, białek i tłuszczy oraz do zaburzeń działania insuliny. Jest to podstawowy mechanizm patogenezy rozwoju zespołu metabolicznego.

Insulina, najważniejszy hormon wydzielany przez komórki beta trzustki, odpowiada między innymi za ilość odkładanego tłuszczu w naszym organizmie. W niewielkich ilościach jest wydzielana w ciągu całego dnia, a w większych po rozpoczęciu posiłku. Jej podstawowym zadaniem jest wprowadzanie glukozy do komórek i – zależnie od zapotrzebowania – jej zamiana na energię lub magazynowanie.

Insulina jest też hormonem odpowiadającym za magazynowanie tłuszczu. Kiedy spożywamy pokarm, we krwi wzrasta poziom wchłoniętego cukru. Z trzustki wydziela się insulina i doprowadza do przekształcenia części krążącej glukozy w glikogen odkładany w mięśniach i wątrobie, który potem w razie potrzeby służy za paliwo dla organizmu. Jeśli jednak wszystkie komórki są już wysycone glikogenem, a we krwi znajduje się nadal dużo glukozy, z udziałem insuliny nadmiar ten przekształca się w tkankę tłuszczową.

Dieta bogata w cukry – szczególnie rafinowane węglowodany proste pochodzące z wypieków cukierniczych, produktów mącznych oraz fastfoodowych – sprawia, że wysycone glukozą komórki nie chcą wpuścić kolejnych jej cząstek do swego wnętrza. Nabywają tzw. oporności na insulinę, którą można porównać do sygnału alarmowego: „Halo, więcej tego już nie upchniemy!". Ignorując ten sygnał, który objawia się systematycznym przybieraniem na wadze, doprowadzamy do hiperinsulinemii. To sytuacja, w której trzustka, dostrzegając utrzymujący się wysoki poziom cukru we krwi, niestrudzenie wytwarza kolejne porcje insuliny. Ta nie jest jednak w stanie spowodować magazynowania nadmiaru glukozy w formie glikogenu, więc prowokuje przemianę glukozy w tkankę tłuszczową. Jednocześnie wysoki poziom insuliny blokuje wydzielanie antagonistycznego hormonu odpowiadającego za spalanie tkanki tłuszczonej – glukagonu. Wszystko to napędza proces tycia. Niestety zdolność trzustki do wytwarzania insuliny nie jest nieograniczona. Narząd ten ulega wyczerpaniu i zapadamy na cukrzycę typu 2. Dodam, że syntetyczna insulina, będąc hormonem tucznym, tylko pogłębia problem otyłości :(

Z kolei lipotoksyczna teoria rozwoju insulinooporności wskazuje, że zwiększone spożywanie posiłków wysokotłuszczowych przez dłuższy okres doprowadza do zaburzenia metabolizmu kwasów tłuszczowych. Powoduje to nadmierne gromadzenie lipidów w mięśniach, wątrobie i komórkach beta trzustki, co doprowadza do upośledzania funkcji tych narządów.

Stan insulinooporności to swoiste wołanie o pomoc ze strony organizmu. Nie ignorujmy go, tylko postarajmy się wyciszyć zagrożenie, ponieważ opisany proces jest odwracalny. Co prawda skłonność do insulinooporności pozostanie w organizmie na zawsze, ale właściwa dieta może skutecznie rozprawić się z tym problemem.

Gdy komórki są odporne na insulinę, znacząco wzrasta we krwi zarówno poziom cukru, jak i insuliny. Przewlekły podwyższony poziom insuliny (określany jako hiperinsulinemia) może prowadzić do licznych problemów zdrowotnych, takich jak otyłość, choroby składające się na zespół metaboliczny, a nawet cukrzyca typu 2. U zdrowego człowieka miejscem wychwytu glukozy są mięśnie szkieletowe, gdzie aż 80 procent tej substancji magazynowane jest w postaci glikogenu. U osób z cukrzycą typu 2 występuje upośledzony wychwyt glukozy, a jej przemiana w glikogen w mięśniach spada o połowę.

Kolejnym ważnym aspektem w rozwoju otyłości jest zaburzenie działania hormonu sytości – leptyny. Białko to produkują i wydzielają komórki tkanki tłuszczowej, czyli adipocyty. Uwalniane pod wpływem spożywania pokarmów stanowi sygnał sytości, hamując dalsze jedzenie. Działa też antagonistycznie na wydzielanie hormonu głodu – greliny – przez wpływ na obwodowe nerwy czuciowe.

Prawidłowe wydzielanie leptyny ma wpływ na zmniejszenie pobierania pokarmu oraz redukcję masy ciała, a także wzrost wydatku energetycznego. Mówiąc wprost, jest to hormon, który zmniejsza łaknienie.

Niestety u osób otyłych zwiększone stężenie leptyny powoduje zjawisko leptynooporności, co zakłóca jej prawidłowe działanie. Jednocześnie badania wskazują, że podwyższony poziom leptyny nasila proces zapalny towarzyszący otyłości, co może nawet doprowadzić do stłuczenia wątroby.

Ponadto leptyna uczestniczy w regulacji gospodarki węglowodanowej przez wpływ na wrażliwość insulinową tkanek (jej prawidłowy poziom zmniejsza oporność na insulinę, co obniża stężenie glukozy we krwi). Powoduje także obniżenie syntezy triacylogliceroli i zmniejszenie odkładania się tłuszczu w wątrobie oraz tkance tłuszczowej. Wpływa na wzrost utleniania kwasów tłuszczowych oraz spadek wielkości komórek tłuszczowych. Pobudza czynność tarczycy, zwiększając podstawową przemianę materii. Co więcej, pobudza funkcje rozrodcze, ma więc wpływ na płodność, regulując aktywność wydzielniczą jajników.

Spadek masy ciała poprawia wrażliwość leptynową – aczkolwiek pod warunkiem, że dieta nie jest zbyt restrykcyjna, bo również niedobory leptyny upośledzają metabolizm. Jak zwykle wniosek jest taki, że pierwszorzędną sprawą jest równowaga!

Przejadanie się – zwłaszcza cukrem, rafinowanymi węglowodanami czy fast foodami – napędza oporność na insulinę i leptynę oraz zwiększa poziom wydzielania insuliny. Podejrzenie insulinooporności występuje wtedy, kiedy doskwiera nam otyłość brzuszna i obwód przekracza 88 cm u kobiet, 102 cm u mężczyzn. Co ciekawe, na insulinooporność najczęściej zapadają mężczyźni, choć jest u nich rzadziej diagnozowana.

Jeśli problem dotyczy Ciebie, bardzo istotne jest prawidłowe rozpoznanie. W takiej sytuacji bowiem dieta oparta na ogólnych zasadach zdrowego odżywiania niestety zawodzi. Mam jednak nadzieję, że mój poradnik pozwoli Ci uporać się z problemem. Aby wykryć insulinooporność, należy oznaczyć:

- poziom insuliny na czczo;
- poziom glukozy na czczo;
- krzywą insulinową i krzywą glukozy z obciążeniem (należy wypić 75 g roztworu glukozy), na podstawie pomiarów przeprowadzanych po godzinie i po dwóch godzinach, czasem też po trzech.

Jeśli poziom insuliny na czczo przekracza wartość 9,9 (mimo zakresu referencyjnego 3–25), jest to sygnał do wykonania krzywej z obciążeniem.

Z poziomu insuliny i glukozy na czczo można wyliczyć wskaźnik HOMA, dostępny w internecie, aby sprawdzić, czy jest on w normie. Przekroczenie go sugeruje insulinooporność. Aby się jednak o tym upewnić, należy wykonać krzywą z obciążeniem, ponieważ czasem insulina na czczo bywa w normie, a po godzinie wzrasta kilkunastokrotnie, po dwóch zaś wciąż nie spada do wartości wyjściowej.

Osłabiona odporność

Osoby cierpiące na choroby metaboliczne związane z otyłością (insulinooporność lub cukrzycę typu 2) mają bardzo często osłabioną odporność, przez co łatwo zapadają na infekcje i przeziębienia. Pierwszym kołem ratunkowym jest w tym wypadku stosowanie w dużych dawkach witaminy C, jednak zdarza się, że ta metoda nie działa.

Witamina C jest niezbędna białym krwinkom w procesie fagocytozy (pochłaniania) bakterii i wirusów. Jej stężenie w krwince białej powinno być pięćdziesiąt razy większe w środku niż na zewnątrz, dlatego krwinki te ją kumulują.

Cząsteczki witaminy C i glukozy mają podobną budowę, więc jeśli podnosi się poziom cukru we krwi, współzawodniczą one ze sobą o to, która dostanie się do komórek. W konsekwencji jeśli we krwi jest więcej glukozy, mniej witaminy C wchłania się do limfocytów. Już poziom cukru 120 mg/dL obniża o 70 procent tzw. indeks fagocytarny, określający czas, w jakim limfocyt jest w stanie pochłonąć wirusa, bakterię lub komórkę nowotworową.

Zespół wielotorbielowatych jajników

Tak zwany zespół wielotorbielowatych jajników (znany też pod angielskim skrótem PCOS od *Policystic Ovaries Syndrome*) najczęściej wiąże się z zahamowaniem lub zaburzeniem owulacji i nadmiernym wytwarzaniem testosteronu przez jajniki oraz współistniejącą otyłością. Dodam, że skutecznie utrudnia starania o ciążę.

Insulinooporność, ściśle powiązana z PCOS, stymuluje jajniki do nadmiernego wydzielania testosteronu. Jednocześnie z powodu nadmiaru insuliny upośledzona zostaje w wątrobie produkcja globuliny wiążącej hormony płciowe, przez co w krwiobiegu pozostaje więcej aktywnych androgenów.

Tworzy się błędne koło insulinowo-testosteronowe, bo insulina pobudza produkcję testosteronu, a ten zmniejsza wrażliwość komórek na insulinę, przez co trzustka wydziela jej jeszcze więcej. Potęguje się insulinooporność, która sprzyja odkładaniu tkanki tłuszczowej wokół brzucha oraz nasila procesy zapalne i androgenizację.

U kobiet z PCOS występuje genetyczny niedobór enzymów przekształcających androgeny w estrogeny. Nadmiar męskiego hormonu płciowego utrudnia powstanie dominującego pęcherzyka jajnikowego i uwolnienie komórki jajowej, co skutkuje niepłodnością.

Pierwszym zaleceniem dla otyłej pacjentki z PCOS jest utrata przynajmniej 10 procent wagi ciała, co znacznie zwiększy prawdopodobieństwo przywrócenia funkcji jajników. Badania potwierdzają, że u otyłych kobiet częściej występują zaburzenia miesiączkowania i wydzielania hormonów płciowych (FSH, LH, progesteronu), a nadmierna objętość tkanki tłuszczowej powoduje zwiększoną konwersję androgenów w estrogeny (hiperestrogenizm może być nasilony szczególnie w otyłości brzusznej). Dlatego generalnie masa ciała ma ogromny wpływ na rozwój płciowy i płodność. Ponadto statystyki pokazują, że u otyłych kobiet występuje większe ryzyko poronienia oraz mniejsza szansa zapłodnienia i utrzymania ciąży. Otyłość ma też negatywny wpływ na sam jej przebieg, prowadząc do kłopotów z cukrzycą typu 2, nadciśnieniem, ryzykiem stanu przedrzucawkowego i zatruciem ciążowym (gestozą). Jednak na szczęście otyłość jest czynnikiem modyfikowalnym. Zdrowy spadek masy ciała normalizuje często funkcje rozrodcze.

Warto też wiedzieć, że charakterystyczne dla menopauzy zaburzenia funkcji jajników czy wydzielania hormonów osi przysadki występują u otyłych kobiet kilka lat wcześniej.

W przypadku PCOS i schorzeń powiązanych dochodzi do wielu niedoborów pokarmowych, dlatego ogromny wpływ na parametry zdrowotne wydaje się mieć właściwie prowadzona suplementacja. Dawki suplementów powinny być dobrane indywidualnie, niemniej warto wiedzieć, jakie składniki pokarmowe mają największy wpływ na poprawę pracy jajników. Przede wszystkim trzeba zwrócić uwagę na obecność:

- witaminy D_3 – suplementowanej adekwatnie do niedoborów, bo zarówno jej brak, jak i nadmiar są szkodliwe. W organizmie witamina ta ulega przekształceniu w aktywny hormon 1,25(OH)2-cholekalcyferol, który ma wpływ na procesy związane z owulacją. Witaminę D warto zażywać w połączeniu z witaminą K_2, żeby nie doprowadzać do odkładania się wapnia w tkankach;
- kwasów omega-3 – zawartych w dobrej jakości tranie (wolnym od rtęci w składzie) lub oleju lnianym budwigowym;
- magnezu w ilości ok. 400 mg dziennie – jest to pierwiastek antydepresyjny oraz kofaktor procesów odpowiedzialnych za spalanie tkanki tłuszczowej;
- cynku i selenu, wapnia i chromu – odpowiedzialnych za procesy enzymatyczne w metabolizmie glukozy i transporcie insuliny do tkanek;
- kwasu ALA (alfaliponowego);
- zestawu witamin z grupy B – poprawiających wrażliwość insulinową oraz metabolizm węglowodanów;
- inozytolu – naturalnej substancji, która może wpływać korzystnie na regulację owulacji oraz wspomaga utratę wagi przez obniżanie poziomu insuliny i testosteronu.

W obliczu problemów z płodnością wiele kobiet sięga po metody medycyny naturalnej. W tym celu warto znaleźć wykwalifikowaną i kompetentną zielarkę, która indywidualnie dobierze specyfiki. Do środków, które są często zalecane w takich sytuacjach, należą:

Ostropest – bardzo dobrze oczyszcza wątrobę z toksyn i usuwa zbędne produkty przemiany materii, a zdrowa wątroba to podstawa homeostazy w organizmie.

Mięta pieprzowa – napar pity w ilości dwóch szklanek dziennie wykazuje działanie antyandrogenne.

Korzeń mniszka – wspomaga oczyszczanie organizmu.

Korzeń lukrecji – napar hamuje konwersję androstendionu, działając antyandrogennie. Nie jest jednak wskazany przy nadciśnieniu i obrzękach oraz chorobach serca.

Niepokalanek mnisi – wspomaga wzrost stężenia LH i progesteronu, a hamuje wydzielanie prolaktyny. Jest regulatorem cyklu menstruacyjnego.

Palma sabałowa – hamuje przemianę testosteronu do aktywnego biologicznie metabolitu DHT, przez co obniża poziom męskich hormonów.

Oto wskazana przy PCOS mieszanka ziołowa, którą przetestowała moja kuzynka oraz wiele jej koleżanek:

- po 10 g kwiatostanu nagietka, kory kaliny koralowej, ziela bylicy i nasienia lnu;
- po 50 g ziela krwawnika, ziela skrzypu polnego, ziela przywrotnika i kłącza perzu;
- 5 g kwiatostanu kocanki;
- 15 g liści brzozy.

Należy robić napar z 1 łyżki mieszanki i pić 3 razy dziennie. Zioła są dostępne w sklepach zielarskich.

UWAGA: zioła powinny być dobrane indywidualnie do występującego problemu!

Od depresji do wyczerpania nadnerczy

Sen jest to skracanie sobie życia w tym celu, aby je wydłużyć.
Tadeusz Kotarbiński

Stres fizyczny (nadmierna praca czy wyczynowe uprawianie sportu) i psychiczny to istotne elementy modyfikujące reakcje układu immunologicznego. Dodatkowo reakcja stresowa powoduje wyczerpanie składników odżywczych, które są niezbędne podczas trawienia, oczyszczania organizmu i zwalczania stanu zapalnego. W związku z tym stres, doprowadzający do przerwania integralności śluzówki oraz do niedoborów pokarmowych, pod wieloma względami zakłóca sprawne funkcjonowanie układu odpornościowego oraz powoduje zaburzenie równowagi całego organizmu.

Nadmiar hormonu stresu – kortyzolu – wyczerpuje nadnercza, upośledza funkcje tarczycy oraz reakcję na cukry proste, nasilając efekt hipoglikemii. Ponieważ kortyzol powstaje z tych samych substancji co hormony płciowe (z cholesterolu), zwiększenie jego poziomu ma wpływ na wytwarzanie hormonów płciowych. W sytuacji przewlekłego stresu zmniejsza się poziom hormonu DHEA, co prowadzi do spadku sił witalnych i libido oraz obniżenia nastroju. Z kolei zmniejszenie poziomu aldosteronu zaburza gospodarkę wodno-elektrolitową, nasilając gromadzenie się wody i obrzęki.

Nadnercza regulują wydzielanie hormonów stresu (kortyzolu i adrenaliny), normują procesy rozwoju mięśni i tkanki tłuszczowej oraz wspomagają utrzymywanie właściwego poziomu cukru we krwi. Odpowiadają za poziom energii oraz nastrój.

Brak snu, ciągły pęd, wyczerpująca praca wpędzają kobietę w błędne koło. Im bardziej się zamartwia, tym większe spustoszenie czyni w swoim organizmie. Nadmierne wydzielanie kortyzolu hamuje skuteczne spalanie tkanki tłuszczowej, bo organizm jest cały czas w trybie „stand by" – nieustannie gotowy do „ucieczki". To z kolei nasila problem z insulinoopornością.

Syndrom „wyczerpanych nadnerczy" doprowadza do permanentnego zmęczenia, problemów ze snem, kołatania serca, ataków paniki, stanów depresyjnych. Ponadto nasila powstawanie torbieli, endometriozę, zwiększa ryzyko nowotworów związanych z nadmiarem estrogenów (rak piersi), kandydozy, zespołu jelita drażliwego, zapalenia śluzówki żołądka i jelit, chorób autoimmunologicznych, nietolerancji, powoduje otyłość brzuszną i utrudnia zajście w ciążę. A to tylko niektóre aspekty problemów z nadnerczami. Aby je wyciszyć, należy pamiętać o trzech sprawach:

- Po pierwsze, **sen**. Minimum osiem godzin na dobę to podstawa w staraniach o prawidłową pracę tego narządu.

- Po drugie, **relaks i umiejętność wypoczywania**. W sytuacji problemów z nadnerczami należy pracować nad swoją psychiką, być może nie obędzie się bez wizyty u specjalisty. Należy znaleźć sposób na ukojenie emocji. Przydatne w tym celu mogą okazać się zajęcia jogi, medytacja, spa, masaże, co kto woli :)
- Po trzecie i najważniejsze, **dieta**. Wyczerpane nadnercza wymagają bezwzględnego wykluczenia kawy i napojów energetycznych oraz papierosów. Ponadto należy zrezygnować z produktów bogatych w cukry proste rafinowane (słodycze, soki owocowe), zawierających syrop glukozowo-fruktozowy, wysoko przetworzonych i konserwowanych chemią spożywczą (azotany soku, fosforany, barwniki, aromaty, hormony, sterydy, pestycydy) oraz z kosmetyków zawierających fluor, chlor (podpaski, wata, tampony – wybierać eko), aluminium (unikaj podgrzewania folii aluminiowej). Nie można też zapomnieć o prawidłowej podaży zdrowych węglowodanów, bez których nadnercza nie podejmą optymalnej pracy.

Choroby tarczycy

Tarczyca to organ regulujący nasz metabolizm. W ogromnym stopniu decyduje o zdolności do spalania tłuszczu. Zawiadywana przez przysadkę mózgową za pośrednictwem podwzgórza, tarczyca wytwarza tyroksynę T4, która ulega konwersji w aktywny biologicznie hormon T3. Przekształcenie to odbywa się w wielu tkankach, m.in. w jelitach (zaburzenia flory bakteryjnej utrudniają prawidłową konwersję), nerkach, wątrobie. Aktywna forma hormonu wpływa na różne procesy metaboliczne, w tym produkcję progesteronu czy neuroprzekaźnika dopaminy odpowiadającego za dobry nastrój

Każda komórka naszego ciała ma receptory dla hormonów tarczycy. Niskie stężenie tych hormonów doprowadza do podwyższenia poziomu cholesterolu i trójglicerydów, prowokuje powstawanie kamieni żółciowych, zaburzenia procesów trawienia i wydzielania enzymów trawiennych, prowadzące do wzdęć i zaparć. U kobiet w ciąży niski poziom hormonu grozi ryzykiem opóźnień w rozwoju umysłowym lub ruchowym dziecka.

Wydzielane przez tarczycę hormony tworzą się przy udziale zdrowych tłuszczów, pochodzących np. z awokado, oleju kokosowego, orzechów, oliwy, oleju lnianego czy nierafinowanego oleju rzepakowego tłoczonego na zimno.

Kiedy tarczyca szwankuje, dochodzi do podwyższenia (nadczynność) lub obniżenia (niedoczynność) stężenia hormonów we krwi. Problemy objawiają się gwałtownym tyciem lub chudnięciem, zaburzeniem tolerancji glukozy prowadzącym do insulinooporności i cukrzycy typu 2, zaburzeniem poziomu ferrytyny, wypadaniem włosów, nadmierną ospałością lub pobudliwością.

Zainwestuj w kosmetyki ekologiczne lub staraj się używać naturalnych produktów typu olej kokosowy, kawa, sól himalajska, ocet jabłkowy. Dobry kosmetyk to taki, który można zjeść :)

Domowe kosmetyki

Ponieważ skóra wchłania nałożone na nią substancje, kosmetyki powinny być produktami, które można byłoby po prostu zjeść.

PEELING DO TŁUSTEJ CERY – 2 łyżki miodu +1 łyżka płatków owsianych + 1 łyżka kaszki kukurydzianej + 1 łyżeczka soku z limonki

NAWILŻAJĄCY BALSAM KOKOSOWO-WANILIOWY – olej kokosowy z ziarenkami/esencją wanilii

MASKA DO WŁOSÓW SUCHYCH – 2 łyżki oleju kokosowego + 1 łyżka oliwy + 1 miękkie awokado – rozgnieść, zostawić na włosach nawet na noc

PŁUKANKA DO WŁOSÓW TŁUSTYCH – 1:1 woda + ocet jabłkowy

PEELING DO CIAŁA ANTYCELLULITOWY – 2 łyżki oleju kokosowego + 2 łyżki fusów grubo mielonej kawy + szczypta cynamonu

PEELING NAWILŻAJĄCY DO CIAŁA – 2 łyżki oleju kokosowego + 2 łyżki brązowego cukru + 2 łyżki miodu + 1 łyżeczka esencji waniliowej

Aby zdiagnozować stan tarczycy, należy oznaczyć we krwi hormon TSH, którego poziom u kobiet w okresie rozrodczym nie powinien przekraczać 1,5–2 mU/l! Trzeba też wykonać badanie fT3 (idealne w okolicach 70 procent górnej granicy normy), fT4 (idealne w okolicy 50 procent górnej granicy normy) oraz przeciwciała przeciwtarczycowe anty-TPO i anty-TG, aby sprawdzić ewentualność występowania choroby Hashimoto. Niekiedy niezbędne okazuje się też USG w celu wykluczenia potencjalnych guzków czy stanów zapalnych.

Uregulowanie czynności tarczycy jest milowym krokiem w walce z nadwagą i związanymi z nią chorobami. W razie schorzeń tego narządu często niezbędna okazuje się indywidualna suplementacja witamin D_3 i K_2, magnezu (400 mg), selenu, cynku i żelaza (laktoferyna).

Obciążona wątroba

Wątroba odgrywa niezmiernie ważną rolę w dostrajaniu metabolizmu i utracie zbędnych kilogramów przez prawidłową regulację obecności hormonów. Pamiętajmy też, że jest to swoista „oczyszczalnia ścieków" w naszym organizmie. Aby ulżyć jej w tym zadaniu detoksykacji, należy zadbać o podaż żywności pozbawionej toksyn i metali ciężkich. Przykładem tych drugich są ryby będące potencjalnym źródłem rtęci. Aby wyeliminować ryzyko nadmiaru tego toksycznego pierwiastka, należy unikać takich ryb, jak tuńczyk, łosoś norweski czy hodowlany i panga oraz ryb dużych i długo żyjących (merlin, miecznik, rekin). Dobrze jest wybierać natomiast gatunki małe: szprotki, sardynki, głębokowodne ryby morskie, pstrągi, karpie, sandacze.

Warto też wiedzieć, że część toksycznej rtęci może zostać zneutralizowana w diecie przez obecność produktów bogatych w witaminę E, dlatego należy wybierać nierafinowane oleje roślinne sprzedawane w szklanych, ciemnych butelkach (olej lniany, oliwa z oliwek, olej rzepakowy, olej z awokado, olej z czarnuszki). Więcej informacji na ten temat zamieściłam w dalszej części poradnika.

Pamiętajmy też o potencjalnie groźnych dla wątroby, toksycznych substancjach zawartych w lekach, dymie papierosowym, alkoholu, chemii zawartej w jedzeniu oraz w środkach czystości i kosmetykach.

Aby wspomóc oczyszczanie wątroby, warto włączyć do diety ostropest. Zioło to wspaniale wspiera detoksykację wątroby, usuwanie toksyn, metali, zbędnych produktów przemiany materii oraz wspiera funkcje trawienne, niweluje wzdęcia, zaparcia, uczucie ciężkości.

Kolejnym ważnym suplementem może okazać się glutation – silny antyoksydant odpowiadający za odporność w naszym organizmie oraz, co najważniejsze, za usuwanie toksyn. Wychwytuje i neutralizuje pestycydy, wolne rodniki. Jeśli mamy niedobory glutationu, nasze komórki starzeją się szybciej, a w organizmie nasilają się choroby autoagresji. Wg prof. Alicji Zobel z Laboratorium Spektroskopii Uniwersytetu Trent w Petersborough w Kanadzie co 10 lat podwaja się ilość toksyn w naszym otoczeniu. Przenikają one do nas w jedzeniu, przez przedmioty codziennego użytku wytworzone z syntetycznych materiałów, kosmetyki oraz leki i środki używane do przemysłowej uprawy i hodowli. Mają ogromny wpływ na wzrost chorób cywilizacyjnych, powstawanie nowotworów oraz przyspieszanie procesu starzenia się organizmu. Dzięki obecności glutationu w każdej komórce naszego ciała (najwięcej jest go w wątrobie, nerkach, łożysku oraz siarze – surowicy mleka matki) dysponujemy tarczą obronną. Ta substancja zbudowana jest z trzech aminokwasów. Dwa z nich łączą i wyłapują toksyny, a następnie w takim kompleksie przechodzą przez błonę komórkową, wyprowadzając szkodliwy związek z komórki. Zdaniem prof. Zobel właściwy poziom glutationu jest konieczny dla zdrowia. Aby go zapewnić, należy zadbać w diecie o podaż białek bogatych w cysteinę (np. jajek) oraz świeżych, nieprzetworzonych, surowych owoców i warzyw, gdyż niezbędne do wytwarzania glutationu są też witamina C, kwas glutaminowy i glicyna.

Zapasy glutationu w organizmie zubaża nadużywanie leków przeciwbólowych typu NLPZ (niesteroidowe leki przeciwzapalne), dieta oparta na węglowodanach, przetworzonym mięsie i żywności przetworzonej oraz stres. Prawidłowy poziom glutationu ułatwia syntezę białek i regenerację organizmu, zwiększa uwodnienie tkanek, uzupełnia zapasy glikogenu w wątrobie, przedłuża żywotność czerwonych krwinek oraz przyspiesza redukcję tkanki tłuszczowej. Wysoki poziom glutationu w łożysku chroni ciążę oraz sprzyja oczyszczaniu z toksyn krwi zasilającej organizm dziecka. Niestety, niski poziom przyczynia się do poronień.

Pokarmy bogate w glutation (produkty zawierające duże ilości siarki, warzywa krzyżowe) powinny znaleźć się w naszej codziennej diecie w postaci jak najmniej przetworzonej. Zaliczamy do nich awokado, truskawki, szparagi, kapustę, brokuły, kalafior, szpinak, jarmuż, czosnek, kurkumę, ostropest plamisty, orzechy włoskie, cebulę, serwatkę, surowe mięso. Długie gotowanie niszczy tę dobroczynną substancję. Jako suplement dobrze wchłania się tzw. forma lewoskrętna: L-glutation i L-cysteina, przyjmowane łącznie z witaminą C (dawka powinna być dobrana indywidualnie).

Aby wspomóc proces detoksykacji, warto włączyć do diety również kurkumę, w której pokłada się obecnie nadzieje na wspomaganie leczenia nowotworów i chorób zapalnych. Kurkumina zawarta w tej przyprawie wykazuje silne właściwości antyoksydacyjne, jednak żeby wydobyć z niej to, co najlepsze, produkt musi spełniać pewne warunki. Przede wszystkim kurkuma musi być oryginalna, organiczna i pozbawiona toksyn. Test jej jakości możemy wykonać sami – wystarczy wsypać ją do szklanki z wodą. Jeśli na dno opadną jakieś osady, to znaczy, że była „chrzczona" na przykład mąką. Ponadto warto wybierać kurkumę bio, ale nie z Chin, gdzie gleba jest zanieczyszczona metalami ciężkimi. Dobrym wyborem kraju pochodzenia jest Sri Lanka, gdzie dominuje rolnictwo tradycyjne.

Aby kurkuma była dobrze przyswajalna, należy sporządzić specjalną mieszankę i spożywać 1–3 g dziennie.

Mikstura z dodatkiem kurkumy (w lodówce przechowywać do 5 dni)

- 50 ml oliwy extra virgin lub gęstego mleka kokosowego bez konserwantów, lub oleju bio
- po ¼ łyżeczki świeżo mielonego pieprzu, chili i mielonej papryki (można dodać wszystkie lub jeden rodzaj)
- 3 łyżeczki kurkumy organicznej bio

Składniki wymieszać w słoiczku i spożywać po pół łyżeczki dziennie lub używać jako dodatek do potraw.

Zioła, które wspierają oczyszczanie wątroby z toksyn, to między innymi pokrzywa, mniszek lekarski, lukrecja, liść maliny, mięta oraz melisa. Można z nich sporządzić mieszankę – po 1 łyżce każdego zioła wymieszać razem i pić zaparzoną 1 łyżkę takiego specyfiku dziennie. Niemniej warto wybrać się do specjalisty zielarza i otrzymać zestaw dobrany indywidualnie dla siebie.

Problemy z metylacją

Metylacja to proces przekazywania grupy metylowej (-CH3) od jednej cząsteczki chemicznej do drugiej, niezbędny między innymi w regulacji ekspresji genów. Grupa metylowa przyłącza się do enzymu, który pełni daną funkcję. Metylacja jest niezbędna dla detoksu, regulacji genów, funkcjonowania hormonów wzrostu, regeneracji komórek, prawidłowej funkcji neuroprzekaźników (serotoniny, dopaminy, melatoniny). Jest niezbędna podczas syntezy DNA i RNA. Odpowiada za prawidłowe funkcje homocysteiny i metioniny, za tworzenie komórek odpornościowych, szczelnych błon komórkowych, eliminację histaminy (niwelując objawy alergii) i wiele innych procesów.

Gen kodujący metylację – MTHFR – decyduje o prawidłowym tworzeniu enzymu (reduktazy metylenotetrahydrofolianu) niezbędnego do przetwarzania aminokwasów oraz reakcji, w których uczestniczy kwas foliowy i jest przekształcany do postaci bioprzyswajalnej. Jeśli wspomniany gen jest uszkodzony, następuje zaburzenie przebiegu wielu procesów, w szczególności detoksykacji. Pociąga to za sobą szereg niekorzystnych konsekwencji, dotyczących m.in. efektywnego tworzenia białek i neuroprzekaźników, aktywnego wykorzystywania antyoksydantów oraz odpowiedniego usuwania toksyn, a także metabolizowania hormonów. W związku z tym w szczególności nie zachodzi prawidłowe przekształcenie kwasu foliowego, co niekorzystnie podnosi poziom prozapalnej homocysteiny, utrudnia przyswajalność witaminy B_{12} i zwiększa ryzyko schorzeń serca oraz chorób degeneracyjnych układu nerwowego. Bodaj najgorsze jest to, że wraz z uszkodzeniem genu MTHFR pojawia się problem z syntezą wspomnianego nieco wyżej glutationu – najważniejszego antyoksydantu oraz istotnego neuroprzekaźnika. W konsekwencji organizm jest bardziej narażony na ryzyko nowotworów, wad wrodzonych oraz problemów psychicznych.

Najczęściej mutacje genu MTHFR dotyczą osób z wysokim poziomem homocysteiny, z zakrzepicą oraz kobiet, które mają problem z zajściem w ciążę lub kilka razy poroniły. Objawy wskazujące na zaburzenia metylacji obejmują najczęściej problemy ze snem, chroniczne przemęczenie, depresję, rozchwianie hormonalne (wysoki poziom estradiolu), choroby tarczycy, wahania poziomu żelaza, poronienia, zespół jelita drażliwego, nadciśnienie.

Jeśli zachodzi podejrzenie lub potwierdzenie zaburzenia metylacji, należy przede wszystkim wprowadzić indywidualną suplementację zmetylowanymi formami brakujących witamin (głównie B_{12}, kwasu foliowego) oraz substancji, które mogą wspomóc proces metylacji, takich jak TMG (donor grupy metylowej), a także glutationu. Jednocześnie należy zadbać o wykluczenie z diety i otoczenia toksyn oraz konserwantów i zatroszczyć się o zdrowie jelit.

Problemy zdrowotne, które wymieniłam, nie wyczerpują wszystkich możliwości, jednak na ich przykładzie wyraźnie widać związek wielu zaburzeń z kwestią nadwagi. Otyłość i nadwaga prowadzą do licznych schorzeń ogólnoustrojowych – zespołu metabolicznego, insulinooporności, cukrzycy typu 2, powikłań sercowo-naczyniowych, miażdżycy, kamicy pęcherzyka żółciowego, układu moczowego i innych.

Tkanka tłuszczowa to największy organ wydzielania wewnętrznego. Komórki tłuszczowe wytwarzają adipocytokiny (związki o charakterze cytokin, czynników wzrostu, hormonów i innych), które wpływają m.in. na regulację metabolizmu tłuszczu i glukozy, angiogenezę, regulację ciśnienia, uczestniczą w funkcjonowaniu układu rozrodczego, regulują oś hormonalną podwzgórze–przysadka mózgowa–gonady oraz determinują produkcję gamet. Dodatkowo bezpośrednio z masą tkanki tłuszczowej koreluje stężenie leptyny, o której już pisałam; osoby z większą wagą ciała mają wyższy poziom leptyny, co prowadzi do leptynooporności.

Aby zawalczyć o siebie, należy uporać się z tymi problemami, a potem dbać o to, żeby nigdy nie powracały ani się nie nasilały. Szacuje się, że za sukces blisko w trzech czwartych odpowiada dieta, a tylko pewien udział ma w nim farmakologia.

Akcja – motywacja!

Większość otyłych kobiet nie jest zadowolona ze swojego wyglądu, traci pewność siebie oraz chęć i energię do podejmowania jakichkolwiek działań. Wpada w błędne koło pocieszania się łakociami, co oczywiście potęguje tuszę. Więcej słodyczy, większa insulinooporność, większa otyłość, większa depresja, więcej pocieszania się jedzeniem... Być może wiecie, o czym mówię.

Nie jest łatwo z tego wyjść, szczególnie jeśli wokół siebie nie mamy sprzymierzeńców. Rodzinka je słodycze, pije kolorowe napoje, wcina schaby w panierce, a my mamy świadomość, że nikt nam nie pomaga… Ale dobrze wiecie też, że nikt oprócz WAS nie jest w stanie tego zmienić!

To do Was należy decyzja, czy godzicie się na to, jak jest – na życie ze świadomością, że rozchorujecie się jeszcze poważniej. Tłumaczycie sobie często, że macie predyspozycje genetyczne, bo rodzice i dziadkowie też byli otyli, więc i Wy macie to jako bonus w życiowym pakiecie. Rozgrzeszacie swoje kolejne wpadki żywieniowe, mówiąc sobie, że to ostatni raz... Dietę zacznie się od poniedziałku, na wiosnę, po Nowym Roku...

Dość tego! Nie dajcie się zapędzić w kozi róg, będąc co rusz na jakiejś dziwnej diecie, z której rezygnujecie po trzech dniach. Przestańcie odchudzać się gotowymi koktajlami, dietą 1000 kcal czy jedzeniem samego białka. To są sposoby, które tylko pogłębiają problem z metabolizmem, obniżają Waszą wiarę w siebie i doprowadzają do niedoborów pokarmowych. Dajcie sobie jeszcze jedną, ostatnią szansę na uzdrowienie organizmu.

Musicie zrozumieć, że zdrowe życie to zdrowe jedzenie! Nie ma sensu zmieniać żywienia na 1–2 miesiące, a potem wracać do jedzenia śmieci! Od Was zależy własne zdrowie, szczęście i sprawność fizyczna i tylko Wy decydujecie, jak będziecie żyć.

Czas wziąć sprawy w swoje ręce i zmienić to, co jest w zasięgu Waszych możliwości. Czy to jest trudne? To zależy od podejścia. Ja jem w ten sposób od wielu lat, ponieważ mam silne genetyczne obciążenie cukrzycą ze strony babci i mamy. Moi pacjenci od dziesięciu lat świetnie radzą sobie z przeprowadzaniem żywieniowej rewolucji w swoich domach. Wyrzucają śmieciowe jedzenie z półek i lodówek, a zaopatrują się w pyszne, zdrowe, świeże i bezpieczne produkty bez konserwantów. Robią to, bo widzą efekty, sens takiego działania, poprawę swojego zdrowia i zdrowia bliskich. Tak, kiedy ktoś się u mnie odchudza, cała jego rodzina jest odtąd na zdrowej diecie – oczywiście z odpowiednimi modyfikacjami dla poszczególnych osób.

Widzę w tym sposobie żywienia ogromny potencjał i strasznie przykro jest mi patrzeć na osoby, które nie wierzą w swój sukces. Wiem, że to działa, że jest duża szansa wykaraskać się bez leków z wielu chorób, i niezmiernie zależy mi na tym, żeby jak największej liczbie osób się to udało! Dlatego mam do Was ogromną prośbę: podejmijcie wyzwanie!

WYKREUJ SWOJĄ RZECZYWISTOŚĆ, WYMODELUJ WŁASNY METABOLIZM

Na pewno zauważyłaś, że jeśli nastawisz się negatywnie do jakiejś sytuacji, to praktycznie Twoje przypuszczenia potwierdzą się w stu procentach. Na przykład, jeśli jadąc z wizytą do rodziny za którą nie przepadasz, przypominasz sobie niemiłe sytuacje związane z ich zachowaniem, to takie spotkanie spali na panewce i nie ma szansy być udane. To oznacza, że wszystko zależy od Ciebie! Tak! Wyobraź sobie, że jedziesz na takie spotkanie, zapominając o dawnych niesnaskach, jesteś wesoła i szczęśliwa, cieszysz się z ładnej pogody i nie wracasz myślami w przeszłość. Dajesz im drugą szansę. I co? Poznają Cię z tej optymistycznej i sympatycznej strony, zarażasz ich swoim śmiechem i zła aura znika! To się nazywa kreowanie rzeczywistości – będzie tak, jak sobie o tym pomyślisz. Zawsze staraj się widzieć szklankę do połowy pełną, a nie w połowie pustą. Nie nastawiaj się na nie wiadomo co, na nie wiadomo jakie ekstrasytuacje, powodzenie jakiegoś zadania czy superefekt. Nastaw się po prostu pozytywnie, a rozwiązanie, jeśli będzie jeszcze lepsze, niż sobie założyłaś, tylko Cię mile zaskoczy. Nie kreuj sytuacji niemożliwych do spełnienia, ale realne, widziane w jasnych barwach.

To nie jest wykład motywacyjny, bo jeszcze nie miałam okazji na takim być, to życiowe doświadczenie :) Osoby pozytywnie nastawione do świata rozsiewają wokół siebie dobre fluidy, w ich obecności uśmiech sam pakuje się na twarz i wszystko, co było nie tak, nagle znika. Bądźcie dla siebie dobre, nie roztaczajcie złej aury, nie nakręcajcie spirali smętnych myśli i wisielczego nastroju. I otaczajcie się ludźmi, którzy nie ciągną Was na dno swoim marazmem i malkontenctwem. Wtedy łatwiej realizować swoje postanowienia i plany i nawet jak nie uda się dziś, to uda się jutro! Piszę to, bo zawsze jak mi się nie chce, myślę o tych, którzy by chcieli, a nie mogą. Znam wiele osób, które mimo swoich ułomności pokonują codzienne przeszkody. Znam osoby, które po wypadku czy ciężkich chorobach mówią, że teraz doceniają życie, i zamiast użalać się nad sobą, czerpią je garściami, realizują swoje pasje i dbają o zdrowie, by przeżyć jak najwięcej wspaniałych chwil. Bierzmy z nich przykład i doceńmy, że mamy lepszą sytuację, a nasza ułomność, jaką jest nadwaga, jest tylko przejściowa i damy sobie z nią radę! Nadwaga to nie koniec świata ani kara od losu, to przejściowy stan, z którym sobie poradzimy i który nauczy nas, jak żyć zdrowo i jak dbać o nasze cenne życie, które mamy tylko jedno! Ta walka pokaże nam, jak od nowa wymodelować nasz metabolizm, aby od tej pory działał bez zarzutu.

Plan żywieniowy zawarty w tym poradniku jest skonstruowany dość konsekwentnie pod kątem detoksu i regeneracji organizmu. Natomiast zasady zdrowej diety są o wiele prostsze. Zaufajcie mi i przekonajcie się, że podjęcie walki o swoje zdrowie jest realne, łatwe i może sprawiać przyjemność. Daję Wam słowo, że nie pożałujecie :)

Do biegu... Gotowi... Start!

Zasady diety, które dalej poznacie, mają za zadanie wyciszyć układ immunologiczny, zadbać o zdrowie jelit i sprawić, żeby organizm zaczął się prawidłowo odżywiać, czerpiąc z pokarmu wszystkie niezbędne składniki oraz wyrównując niedobory charakterystyczne dla wyżej wymienionych chorób. Czasem nie obejdzie się bez niezbędnej suplementacji, ale gdy organizm wróci do równowagi, samo jedzenie stanie się najlepszym suplementem.

Nie jestem zwolenniczką diet, które są bardzo restrykcyjne, dlatego że trudno je utrzymać. Dość szybko przychodzi załamanie, przez co walka z chorobą jest niewyrównana.

Nie neguję popularnych diet paleo czy żywienia zgodnie z protokołem immunologicznym, ale nie wyobrażam sobie w dzisiejszych czasach oraz realiach życia w dużym mieście, by proponować pacjentowi, żeby od dziś kupował tylko mięso sarny, dzika i ekologicznego wołu czy wieprzowinę z hodowli, która nie stosuje dodatków do paszy, bo jest to po prostu mało realne. Oczywiście namawiam, żeby wybierać żywność dobrą jakościowo, ale też mówię, jak wybrnąć z sytuacji, kiedy nie mamy do niej dostępu.

W poradniku poznacie metody na to, jak, przynajmniej w pewnym stopniu, oczyścić produkty z chemii przemysłowej oraz jak wybierać mniejsze zło ze sklepowej półki. Taki sposób postępowania wydaje mi się pragmatyczny i wiem, że więcej osób zdecyduje się na takie poświęcenie niż na jedzenie samego mięsa, a najlepiej surowej wątróbki ;)

Ponadto nie jestem przekonana do diet mięsnych z powodu zanieczyszczeń tych produktów, do których dochodzi od etapu hodowli, przez warunki uboju do samej produkcji. W paszach używane są herbicydy, steroidy, antybiotyki i hormony wzrostu, których nie ma szansy potem całkowicie usunąć. Dlatego wysoka obecność mięsa w diecie nigdy nie będzie przeze mnie zalecana. W zbilansowanej diecie przeciwzapalnej mięso, a szczególnie ryby, mają swoje miejsce. Co ciekawe, na mięso w zasadzie nikt nie ma uczulenia, w odróżnieniu np. od pszenicy.

Nie jestem też zwolenniczką całkowitego wykluczania produktów węglowodanowych. Są one niezbędne dla organizmu w ilości minimum 100 g węglowodanów przyswajalnych dziennie.

Raz jeszcze pokreślę też, że moja propozycja to raczej zamiana złego na lepsze niż surowy reżim dietetyczny. Z doświadczenia wiem, że zasady, które daje się w praktyce realizować, bardzo szybko przekształcają się w nawyki, i to nie tylko pacjentów, ale ich całych rodzin. Wtedy dieta staje się po prostu przyjętym stylem żywienia. I właśnie o to chodzi. To nie ma być chwilowy reżim, którego przestrzega się przez wyznaczony czas, tylko styl odżywiania na zawsze. Inaczej nie ma sensu.

Oczywiście jednym zmiana nawyków przychodzi łatwiej, a innym trudniej. Dla niektórych dużym wyzwaniem jest rezygnacja z ciepłych kajzerek z masłem i szynką czy z pizzy. Dla innych, dbających o zdrowe menu, to codzienność.

Mam nadzieję, że moje zasady okażą się możliwe do wprowadzenia na stałe. Zresztą sama z nich korzystam na co dzień w domu – w żywieniu siebie i swojej rodziny. Dzięki temu, mimo silnych skłonności genetycznych do cukrzycy czy chorób tarczycy, trzymam formę, a moje dziecko nie jest uzależnione od słodyczy i do wieku ośmiu lat tylko jeden raz zażywało antybiotyk (zresztą w związku z sytuacją porodową, a nie infekcją wieku dziecięcego). To, że na przekąskę je orzechy, siemię lniane i nasiona słonecznika, pije wodę i świeżo wyciskane soki, a kasza jest głównym dodatkiem do obiadu, wywołuje pewne wzburzenie u babć, które traktują te zasady jako znęcanie się nad dzieckiem, jednak ja mam pewność, że dzięki temu w dorosłym wieku nie będą jej potrzebne porady w moim gabinecie… Na razie moja córka wie, że ma matkę wariatkę, która walczy o usunięcie automatu ze słodyczami ze szkolnego korytarza i prowadzi warsztaty edukacyjne o żywieniu w szkole, ale mam nadzieję, że kiedyś będzie jej łatwiej żyć w świecie pełnym śmieciowego jedzenia. Bo edukacja zaczyna się w domu!

Ponadto obiecuję Wam, że dzięki codziennemu zdrowemu odżywianiu będziecie mogli sobie pozwolić na kulinarne szaleństwa od święta bez zgubnego skutku dla zdrowia czy figury! Zatem chyba warto.

Trudne jest na pewno to, że choć w dzisiejszych czasach można wszystko kupić, większość z tego nie nadaje się do jedzenia. Wędliny z rakotwórczymi konserwantami, płatki śniadaniowe bazujące na mące i cukrze, słodzone na potęgę jogurty, soki odzyskiwane z zagęszczonej masy czy pieczywo nafaszerowane spulchniaczami sprawiają, że trzeba stać się prawdziwym sklepowym detektywem – tylko to może uratować wasze zdrowie i to nie są żarty.

Naprawdę nie spotkałam w swojej dziesięcioletniej praktyce dietetycznej osoby z nadwagą i zespołem metabolicznym czy chorobami autoimmunologicznymi, która stosowałyby się do zasad zdrowego żywienia. Choroby nie biorą się z sufitu. Dopóki nie zrozumiemy, że to, czym się karmimy, w rzeczywistości nas niszczy, nie osiągniemy sukcesu.

Nieodzownym elementem walki o zdrowie jest aktywność fizyczna, która musi być dobrana umiejętnie, by nie zaszkodzić i nie nasilić problemów, ale wspomóc proces wychodzenia na prostą. O tym więcej w rozdziale o sporcie, który specjalnie dla Was napisała osoba znająca się na tym bezbłędnie :)

Rozdział 2

Nie wystarczy jeść, trzeba się jeszcze odżywiać!

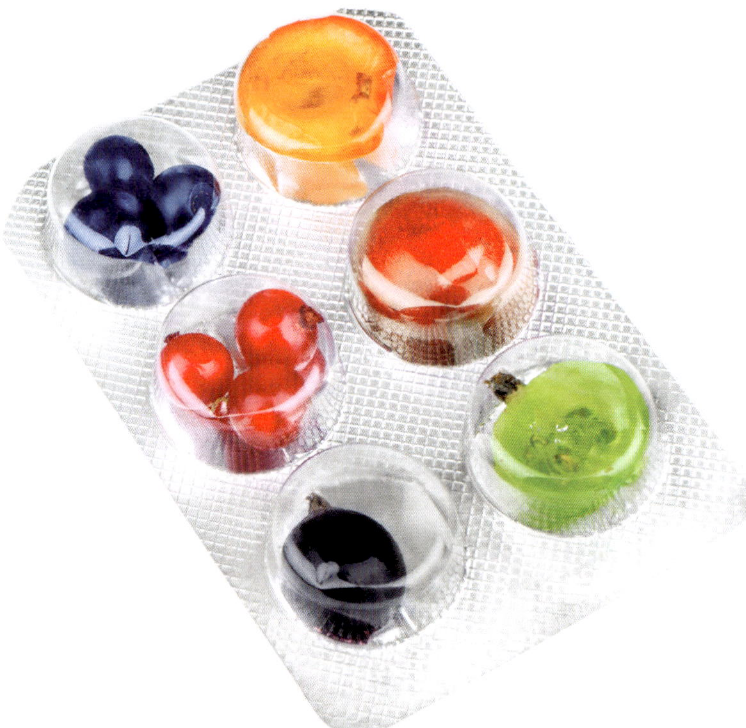

Powtórzę tytuł tego rozdziału: Nie wystarczy jeść, trzeba się jeszcze odżywiać! – bo uważam, że jest to hasło XXI wieku, czasów ciągłego pędu, jedzenia w biegu i stresującego trybu życia. Nasza świadomość żywieniowa jest głównym orężem w walce z chorobami. Postaram się Wam tę walkę ułatwić.

Program **diety przeciwzapalnej,** który proponuję, składa się z trzech etapów:

1. faza – ulecz jelita;
2. faza – stabilizacja parametrów krwi (insulina, kortyzol, hormony tarczycy);
3. faza – równowaga: zacznij nowe życie na diecie i wygraj z nadwagą na zawsze!

Moje porady oparte są na dostępnych obecnie doniesieniach naukowych, artykułach i publikacjach. Stosowanie tych zaleceń na co dzień daje zadowalająco szybkie efekty! Oczywiście jeśli cierpicie na jakiekolwiek nieuwzględnione tu nietolerancje pokarmowe, należy koniecznie wziąć je pod uwagę podczas układania diety. Moje propozycje z racji pewnej uniwersalności nie mogą być aż tak indywidualne, jak bym tego chciała. W razie jakichkolwiek pytań czy wątpliwości zachęcam do kontaktu ze mną przez stronę internetową www.centrum-natura.pl.

Ogólne zasady diety przeciwzapalnej w pierwszej fazie

Wszystko jest trucizną, decyduje tylko dawka.
Paracelsus

Produkty wskazane w pierwszej fazie diety

PRODUKTY Z WAPNIEM – napoje roślinne: mleko ryżowe, słonecznikowe, z komosy ryżowej, migdałowe, kokosowe, orzechowe, tahini (masło sezamowe), roślinne napoje fermentowane (jogurt kokosowy)

ZBOŻA – komosa ryżowa, kasza gryczana niepalona, kasza jaglana, płatki gryczane, amarantus

JAJKA – 3–4 w tygodniu, tylko od kur z wolnego wybiegu, oznaczone jako „0”

ZIARNA – słonecznik, dynia, migdały, siemię lniane, babka jajowata, chia, nasiona konopi, ostropest. (Aby czerpać korzyści z siemienia czy chia, należy bardzo dokładnie je pogryźć w czasie jedzenia, inaczej wyjdą w takiej formie, w jakiej weszły, i nie skorzystamy z bogactwa kwasów omega-3. Można też rozgnieść je w moździerzu przed posypaniem nimi potrawy.)

MĄKA – kokosowa, orzechowa, migdałowa (tej mąki używamy tylko do dań na zimno, bez obróbki termicznej), kasztanowa, ryżowa, gryczana

SÓL – himalajska, kłodawska szara nierafinowana

WARZYWA – domowe kiszonki, surowa marchew, surowe buraki, pietruszka, sałata, ogórki, cebula, pieczarki, brokuły, kalafiory, jarmuż, kapusta pekińska, kapusta biała, ogórki kiszone, fasolka szparagowa, cukinia, kabaczek, brukselka, pory, selery, szpinak, szparagi, brukiew, kalarepa, rzodkiewka, cykoria, botwinka, rzeżucha, kiełki, dynia, bataty, papryka żółta, pomidory dojrzałe

OWOCE – jagody, borówki, maliny, jeżyny, cytryny, limonki, kiwi, agrest, porzeczki, papaja, passiflora, granat, jagody, awokado, kokos, zielone banany – w połączeniu z orzechami, nasionami słonecznika i dyni, siemieniem lnianym

MIĘSO – indyk, kurczak hodowany bez antybiotyków i sterydów, kaczka, wolna od hormonów wieprzowina (polędwica, szynka, schab), wołowina, królik, dziczyzna; mięso kupujemy surowe, nieprzetworzone i sami dokonujemy obróbki termicznej dozwolonymi metodami

RYBY – najlepsze są ryby z dalekomorskich połowów oceanicznych: dorsz pacyficzny, makrela, sardynki, szprotki, łosoś dziki, oraz ryby słodkowodne (np. karp, amur, sandacz, troć, pstrąg) pochodzące z czystych zbiorników

TŁUSZCZE – 3–4 łyżki dziennie; do smażenia: olej kokosowy, olej rzepakowy nierafinowany tłoczony na zimno, masło klarowane; do sałatek: olej lniany budwigowy, olej z awokado, olej z czarnuszki, olej z pestek dyni, olej konopny

PŁYNY – 1,5–2 l dziennie wody niegazowanej niskosodowej lub lekko gazowanej; zioła: czystek, pokrzywa, skrzyp, liście brzozy, liście morwy białej; świeże tłoczone soki warzywne

DODATKI – zioła świeże i suszone (bazylia, oregano, tymianek, kolendra, melisa, mięta, szałwia, kminek, natka pietruszki, czosnek), przyprawy suszone (pieprz czarny, pieprz cytrynowy, pieprz ziołowy, czubryca, curry, gałka muszkatołowa, liść laurowy, ziele angielskie, papryka suszona, chili) oraz ocet balsamiczny, ocet jabłkowy, chrzan, skórka i sok z cytryny i limonki

SPOSOBY PRZYRZĄDZANIA POTRAW – gotowanie, duszenie, na parze, pieczenie w piekarniku w szklanych lub ceramicznych naczyniach, szybkie smażenie (3–5 minut)

LEKI NATURALNE – probiotyki, suplementy zgodnie z zaleceniami przy niedoborach (witaminy $D_3 + K_2$, B_{12}, C, PP, tran, cynk, selen, magnez, glutation, łupina babki jajowatej i inne)

KOŁO RATUNKOWE: w razie ataku łaknienia na słodycze proponuję zjeść łyżeczkę **masła orzechowego** (migdałowe, laskowe, z orzechów mieszanych). To skutecznie ukoi głód.

Ważne wskazówki

1. **Kaszę** płuczemy dokładnie pod ciepłą wodą, aż przestanie się pienić; dzięki temu usuwamy antyodżywczą saponinę.
2. **Warzywa krzyżowe** (kapusta, brukselka, kalafior, brokuły) muszą być poddane obróbce termicznej, bo w stanie surowym utrudniają przyswajanie jodu, co może zaburzać pracę tarczycy.
3. **Soja** jest wykluczona z diety, ponieważ badania naukowe wskazują na jej niekorzystny wpływ na pracę hormonów tarczycy.
4. **Ziarna i orzechy** moczymy, aby zmiękły, są wtedy lepiej przyswajalne, nie prażymy ich jednak, bo dobre kwasy omega-3 ulegają wtedy utlenieniu i stają się wręcz niezdrowe, prozapalne, utwardzone.
5. **Kiełkowanie ziaren i nasion** gryki, komosy ryżowej zwiększa ich strawność oraz bioprzyswajalność substancji odżywczych. Kiełki mają często kilkanaście razy więcej składników mineralnych i witamin, co jest niezmierne ważne dla osób z chorobami autoimmunologicznymi. W mojej diecie liczy się duża gęstość odżywcza produktu i jego przyswajalność – pozwala szybciej zniwelować niedobory pokarmowe.
6. **Ozonowanie** to jak na razie jedna z lepszych metod usuwania toksyn, metali ciężkich i hormonów z mięsa, ryb, owoców morza oraz pestycydów i herbicydów z owoców, warzyw, kaszy. Dzięki temu stają się one mniej szkodliwe i nie trzeba szukać tylko mięsa ekologicznego. Urządzenie emitujące ozon jest bardzo proste w obsłudze. Wystarczy włożyć mięso, owoce, warzywa lub kaszę do miski z wodą i umieścić w niej rurkę wydzielającą gaz. Aby oczyścić mięso, należy ozonować je przez 20 minut; warzywa, kasze i owoce około 10 minut. Proste, prawda? Urządzenie nie jest drogie (w granicach 150 zł). Można je kupić na aukcjach internetowych.
7. **Mycie** owoców i warzyw w specjalnych płynach, które oczyszczają te produkty z chemii przemysłowej (do kupienia np. przez internet).
8. **Moczenie** w roztworze wodnym o odczynie kwaśnym (1 l wody + 100 ml octu jabłkowego, soku z cytryny) oraz o odczynie zasadowym (1 l wody + 1 łyżka sody) pozwala na oczyszczanie warzyw i owoców z chemii i nawozów.
9. **Intuicja** – jak zauważyliście, nie ma w tym ani żadnym innym moim poradniku nawet wzmianki o kaloryczności posiłków. To celowy zabieg. Po pierwsze, nie znoszę rachunków i liczenia… Po drugie, to nie ma sensu, bo kaloria kalorii nierówna! Zjedzenie tortu z bitą śmietaną będzie odpowiadało kaloryczności steku z wołowiny. Jednak po torcie nie schud-

niemy, a po steku i owszem. Nie liczy się ilość, ale jakość kalorii. Dlatego porcje podane są orientacyjne, a Wy jedzcie tyle, ile potrzebuje Wasz organizm. Nie zdarzyło się, żeby ktoś na tej diecie chodził głodny. Kompozycja posiłków sprawi jednak, że będziecie nieświadomie zmniejszać porcje, więc kaloryczność dopasuje się do Was, a nie Wy do niej – i o to chodzi!

Produkty zakazane w pierwszej fazie diety leczącej jelita – czyli czego unikać jak ognia!

NABIAŁ – mleko, białe sery, twarogi, mozzarella, feta, ser żółty, ser topiony, sery pleśniowe, homogenizowane i inne przetwory mleczne.

GLUTEN – zboża (pszenica, orkisz, żyto, owies, jęczmień, pęczak, kasza krakowska, kuskus, bulgur, manna) i produkty mączne (pieczywo, wypieki, bułki, rogaliki, makarony, naleśniki, kluski, pierogi i inne wypieki z mąk glutenowych).

RYŻ

ORZECHY – orzechy arachidowe, nerkowce i inne ograniczamy.

NASIONA – groch, fasola, soczewica, kukurydza, soja, ciecierzyca.

CUKIER – biały rafinowany czy jego pochodne zawierające syrop glukozowo-fruktozowy, słodziki syntetyczne (np. aspartam), cukier trzcinowy, syrop klonowy, karmel, słody jęczmienne, syropy i inne formy cukru.

SÓL – biała rafinowana.

WARZYWA PSIANKOWATE – ziemniaki, bakłażan, niedojrzałe pomidory, owoce goji; za to **papryka żółta i dojrzałe pomidory** są dopuszczalne 2–3 razy w tygodniu.

OWOCE – owoce suszone siarkowane i w słodkich syropach, dojrzałe banany, winogrona, arbuzy, melony, gruszki, jabłka, pomarańcze, mandarynki, ananasy, brzoskwinie, śliwki, wiśnie, czereśnie, dżemy, soki owocowe, musy owocowe i inne owoce przetworzone.

MIĘSO – wędliny z glutaminianem sodu, azotanem sodu, fosforanami, barwnikami, aromatami, wędzone, solone, konserwy w puszce, kiełbasy, pasztety, parówki, kabanosy.

RYBY – łosoś hodowlany, łosoś norweski, tuńczyk, rekin, merlin, panga, sum afrykański, dorsz atlantycki i bałtycki, śledź bałtycki, halibut, ryba maślana, tilapia, flądra bałtycka – zanieczyszczenie rtęcią, dioksynami, kadmem i ołowiem rozszczelnia jelita.

WĘDZONKI (ryby i wędliny) – proces wędzenia jest rakotwórczy i na etapie oczyszczania wątroby te produkty są wykluczone.

TŁUSZCZE – oleje roślinne rafinowane w plastykowych, przezroczystych butelkach: słonecznikowy, z pestek winogron, kukurydziany; margaryny, roślinne tłuszcze utwardzone.

PŁYNY – napoje kolorowe, słodzone cukrem lub aspartamem, gazowane, soki owocowe z kartonów, sporządzone z zagęszczonych soków, cola, napoje energetyzujące, kawa, czarna herbata.

ALKOHOL – utrudnia wchłanianie składników odżywczych, osłabia działanie hormonów.

DODATKI – ocet spirytusowy, drożdże, majonez, sosy z torebki, przyprawy z glutaminianem sodu, ketchup itp.

LEKI – inhibitory pompy protonowej IPP, leki przeciwbólowe, antybiotyki – oczywiście jeśli pozwala na to stan zdrowia.

SPOSOBY PRZYRZĄDZANIA POTRAW – smażenie w panierce, smażenie w głębokim oleju, pieczenie w folii aluminiowej (zawiera toksyczny glin).

NIETOLERANCJE POKARMOWE – w diecie należy oczywiście uwzględnić wszystkie swoje nietolerancje.

PS Nie ma obawy, że eliminacja nabiału spowoduje niedobory wapnia. Jest go bardzo dużo w wielu produktach, takich jak:

- pasta tahini lub sezam – w 2 łyżkach jest aż 130 mg wapnia
- pomarańcza – szklanka soku ma 300 mg
- napoje roślinne migdałowe, orzechowe, ryżowe – 1 szklanka zawiera 200–300 mg
- amarantus – 1 szklanka ma ok. 275 mg
- rzepa – szklanka tartej rzepy to ok. 250 mg
- figi 4 5 sztuk to ok. 120 mg
- fenkuł (koper włoski) – średnia bulwa zawiera 115 mg
- jarmuż – szklanka ma 180 mg
- brokuły – w szklance jest ok. 95 mg
- masło migdałowe – 2 łyżki to 85 mg
- czarne porzeczki – szklanka ma 62 mg
- karczoch średni – 55 mg
- jeżyny – szklanka to 40 mg
- morele suszone niesiarkowane – w 50 g jest 35 mg

Czego unikać w diecie przeciwzapalnej – inne ujęcie

TŁUSZCZE TRANS – znajdują się m.in. w frytkach, chipsach, tłustym mięsie, produktach cukierniczych; powodują miażdżycę i choroby układu sercowo-naczyniowego, zaburzają syntezę żeńskich hormonów płciowych.

CUKRY PROSTE – zawarte w białym pszennym pieczywie, makaronie, wypiekach komercyjnych, słodyczach, słodkich napojach, dżemach, słodzonych jogurtach itp. Powodują wzrost poziomu glukozy we krwi i duże wahania poziomu insuliny, co może skutkować zaburzeniami hormonalnymi.

KOFEINA – przyczynia się do podwyższenia poziomu kortyzonu.

ALKOHOL – utrudnia wchłanianie witamin z grupy B, cynku, żelaza, jest toksyczny dla wątroby.

GLUTEN I NABIAŁ – wykazują działanie prozapalne, mogą prowadzić do nietolerancji pokarmowych i dysbiozy jelit.

PESTYCYDY – obciążają wątrobę i zatruwają cały organizm.

ŻYWNOŚĆ PRZETWORZONA – koncentraty zup, sosów, produkty instant, mrożone produkty mięsne, konserwy, fast foody, kolorowe słodycze zawierają konserwanty, sztuczne barwniki, aromaty i wzmacniacze smaku, zmniejszają przyswajanie składników odżywczych, mogą być przyczyną alergii, są słabej jakości.

KOLOROWE NAPOJE GAZOWANE – zawierają sztuczne aromaty i barwniki, kofeinę oraz dużo cukru; mogą podwyższać ciśnienie i zaburzać wydzielanie hormonu stresu.

SŁODZIKI (np. aspartam) – mogą powodować przeczyszczenie.

SÓL RAFINOWANA – powoduje obrzęki, nadciśnienie.

Zalecana suplementacja

Odpowiednia **suplementacja** jest podstawą walki o zdrowie. Musi być jednak dobrana indywidualnie.

- **Magnez z witaminą B_6** (chelatowany lub w formie cytrynianu) – pierwiastek antystresowy i wspomagający utrzymywanie cukru na stałym poziomie, zapobiega napadom wilczego głodu; zalecane 400 j. dziennie.

- **Ostropest plamisty** – przy problemach z wysokim cholesterolem, trójglicerydami, zaparciami i wzdęciami, detoksykuje wątrobę; 1–2 łyżeczki dziennie, popić wodą.
- **Łupina babki płesznik** – przy problemach z wysokim cholesterolem, zaparciami, biegunkami, nadwrażliwym jelitem, wrzodami; 1 łyżeczka w 1 szklance wody, popić wodą.
- **Morwa biała** (herbatka, wyciąg) – przy problemach z wysokim cukrem, nadmiernym apetytem na słodycze. Zalecane 1–2 filiżanki dziennie między posiłkami (niewskazana w razie insulinooporności i hipoglikemii).
- **Pokrzywa i skrzyp** (herbatka, wyciąg) – przy obrzękach, problemach z wypadającymi włosami, anemią; 1–2 filiżanki dziennie.
- **Napar z natki pietruszki** – na obrzęki, zatrzymywanie wody w organizmie, cellulit; zaparzyć pęczek natki w dwóch szklankach wrzącej wody, zagotować i wypić po ostudzeniu; 1–2 szklanki dziennie.
- **Imbir** – przy stanach zapalnych gardła, bólach stawowych, najlepszy w połączeniu z owocami dzikiej róży; pić dwa razy dziennie.
- **Kurkuma** – zawarta w niej kurkumina poprawia wrażliwość insulinową i działa antygrzybiczo na jelita, jest też silnym antyoksydantem.
- **Olej kokosowy** – zawiera tłuszcze o średniej długości łańcuchach atomów węgla (8–12 atomów), co sprawia, że są o wiele łatwiej trawione i przyswajalne. Poprawia pracę trzustki i usprawnia wydzielanie insuliny, przyspiesza wchłanianie wapnia i magnezu.
- **Witamina D** – 1000–5000 j. (stosownie do stwierdzonego niedoboru) + **Witamina K_2**.
- **Kwasy omega-3** – najlepiej z tranu pochodzenia ekologicznego.
- **Trimetyloglicyna (betaina)** – donor grup metylowych; obniża poziom zapalnej homocysteiny, wspomaga odtruwanie wątroby, zmniejsza wydzielanie insuliny.
- **Kwas alfa-liponowy** – poprawia wrażliwość insulinową komórek.
- **Probiotyki** (np. Sanprobi, Vivomixx) – odbudowują florę bakteryjną jelit i je uszczelniają, polepszają wchłanialność substancji odżywczych. Powinny zawierać w szczególności szczepy *Lactobacillus i Bifidobacterium.*
- **Witamina B complex** – witaminy z tej grupy odpowiadają za prawidłowe funkcjonowanie układu nerwowego, czyli przede wszystkim za nasze zdrowie psychiczne. Jedną z ważniejszych funkcji metabolicznych jest uczestnictwo w procesie przyswajania węglowodanów, zamianie glukozy na energię dostarczaną do naszego mózgu. Wpływają także na prawidłową pracę serca, odpowiadają za dobry stan naszych włosów, skóry, rozwój kości oraz uczestniczą w procesach syntezy hormonów płciowych.
- **Selen, cynk** – wspomagają konwersję hormonu tarczycy fT4 do fT3.

Szczególnie polecane przy zmniejszonej odporności:

- **Colostrum** – to wydzielina gruczołu mlekowego ssaków powstająca w ostatnim okresie przed porodem i w pierwszych dniach po porodzie. Substancja ta to jedyny w swoim rodzaju, silnie regenerujący organizm bioaktywny surowiec naturalny. Składa się z ponad 250 naturalnych związków chemicznych, takich jak czynniki wzrostu, hormony, enzymy, poliamidy, pochodne kwasów nukleinowych, pochodne aminokwasów i inne. Zawiera również substancje bakteriostatyczne, w tym immunoglobuliny, laktoperoksydazy, lakteniny, laktoferynę, lizozym i leukocyty. W skład wchodzą także wyjątkowo łatwo przyswajalne witaminy oraz związki mineralne, mające wpływ na ochronę i regenerację komórek.
- **Peobon** – „ze względu na zawartość cynku, miedzi, selenu i żelaza oraz ekstraktu z korzenia piwonii białej pomaga w prawidłowym funkcjonowaniu układu odpornościowego, w tym w zaburzeniach autoimmunologicznych, które odpowiadają m.in. za powstanie choroby Hashimoto. Ze względu na zawartość manganu i miedzi wspomaga zdrowie tkanki łącznej, zwłaszcza w przypadku jej chorób. Dzięki zawartości cynku, jodu, selenu i miedzi wzmacnia włosy (m.in. w łysieniu plackowatym) i wspomaga zdrowie skóry. Zawartość miedzi ułatwia utrzymanie właściwej pigmentacji skóry i włosów w przypadku odbarwień i przebarwień. Peobon pomaga także w ochronie przed stresem oksydacyjnym, który występuje m.in. w chorobach zapalnych stawów i kręgosłupa." (informacje ze strony: http://www.bonimed.pl/sklep/skora/peobon-suplement-diety.html)

Zdrowe tłuszcze w diecie przeciwzapalnej

Czego używasz do smażenia? Oczywiście oleju roślinnego – to odpowiedź, jaką usłyszymy od prawie każdej pani domu. Oleje roślinne są zdrowe, działają kardioprotekcyjnie, zapobiegają wysokiemu poziomowi cholesterolu i trójglicerydów oraz przeciwdziałają miażdżycy...

Czy aby na pewno? Okazuje się, że to nie jest takie oczywiste, jakby się wydawało. Aby olej roślinny spełniał wszystkie te zadania, musi charakteryzować się pewnymi właściwościami, w innym przypadku może wręcz szkodzić, nasilać stany zapalne oraz działać rakotwórczo! Cała tajemnica tkwi w zawartości kwasów tłuszczowych, ich rodzaju oraz wzajemnej proporcji, w jakiej występują.

W oleju roślinnym znajdziemy aż trzy rodzaje kwasów tłuszczowych. **Nasycone kwasy tłuszczowe**, występujące m.in. w oleju z awokado, owiane są złą sławą, jednak musimy wiedzieć, że groźne są te pochodzenia zwierzęcego, wykazując działanie prozapalne, pronowotworowe i promiażdżycowe.

Kwasy jednonienasycone, należące głównie do rodziny omega-9, występują w dużej obfitości w oliwie z oliwek, oleju z awokado czy oleju rzepakowym, rybach oraz mięsie. Mają działanie przeciwmiażdżycowe.

Niezbędne kwasy wielonienasycone nie są wytwarzane w organizmie, zatem musimy pobierać je z pożywieniem. Zaliczamy do nich kwasy omega-3 i omega-6. I tu zaczyna się istotna kwestia decydująca o zdrowotności danego oleju – ilość kwasu omega-3 oraz proporcja omega-6 do omega-3, która w idealnej sytuacji powinna wynosić 4:1. Niestety w związku z tym, że na co dzień w naszej diecie dominują kwasy omega-6 (rafinowane oleje roślinne, margaryny, komercyjne wypieki cukiernicze i piekarnicze, słodycze, wyroby garmażeryjne, a dla maluchów odżywki dla niemowląt) proporcja ta jest często wyraźnie zachwiana, co prowadzi do wielu stanów patologicznych: zakrzepicy, miażdżycy, nasilenia ogólnego stanu zapalnego, a nawet wspomnianych wcześniej nowotworów. Nadmiar kwasów omega-6 w diecie hamuje przekształcanie kwasów omega-3 (głównie linolenowego), w związku z czym blokuje ich biodostępność.

Co zatem zrobić, aby sobie nie szkodzić? Jak właściwie wybrać olej roślinny, aby nie obfitował w prozapalne kwasy omega-6? Powszechnie stosowane w naszej kuchni oleje – słonecznikowy, kukurydziany, z pestek winogron, dostępne często w formie rafinowanej, w plastykowych przezroczystych butelkach – to tylko tłuszcz do smażenia, bez żadnej wartości zdrowotnej. Co więcej stosunek kwasów omega-6 do omega-3 wynosi w nich odpowiednio 335:1, 141:1 oraz 173:1. Stwarza to zagrożenie alergiami, chorobami układu sercowo-naczyniowego oraz nowotworami.

Ponadto kolejnym problemem jest wyjątkowa podatność kwasu omega-6 linolowego na utlenianie. W porównaniu do kwasów tłuszczowych obecnych w tłuszczach zwierzęcych czy oleju kokosowym kwas linolowy utlenia się sto razy szybciej, a w porównaniu do oliwy z oliwek dziesięć razy szybciej. W związku z tym podczas spożywania produktów bogatych w kwasy omega-6 wzrasta zapotrzebowanie na antyoksydanty, zawarte m.in. w świeżych owocach, warzywach czy dobrej jakości czerwonym winie. Ponadto powinniśmy zadbać o podaż kwasów omega-3 w postaci ryb i owoców morza, żeby zrównoważyć negatywny stosunek omega-6 do omega-3, co zapewniałoby odpowiednią ochronę antyoksydacyjną.

Jednak największe zagrożenie niesie ze sobą **obróbka termiczna** olejów rafinowanych, takich jak słonecznikowy, sojowy czy z pestek winogron. Wysoka temperatura drastycznie przyspiesza proces utleniania zawartych w nich kwasów tłuszczowych. Pierwotnymi produktami utleniania są wodoronadtlenki i nadtlenki (rakotwórcze wolne rodniki), metabolizowane i neutralizowane przez zdrową florę bakteryjną jelit. Największe zagrożenie stanowią wtórne produkty oksydacji – aldehydy, ketony, kwasy, węglowodory powstające z pierwotnych produktów utleniania. Wykazują bowiem wysoką aktywność biologiczną, uszkadzają błony komórkowe, struktury wewnątrzkomórkowe, działają aterogennie (powodują zmiany miażdżycowe w naczyniach krwionośnych) i cytotoksycznie. Wywołują zaburzenia żołądkowo-jelitowe oraz wykazują działanie mutagenne. Wpływają też na spadek jakości odżywczej białka podgrzewanego na takim oleju. Ponieważ są dobrze wchłaniane z przewodu pokarmowego, mogą powodować uszkodzenia i dysfunkcje narządów wewnętrznych.

Jakie zatem tłuszcze nadają się do smażenia, a których warto używać tylko na zimno jako dodatku do warzyw, tak by skorzystać z dobrodziejstwa i prozdrowotnego działania kwasów omega-3? Do smażenia nadają się tłuszcze o **wysokiej temperaturze dymienia** (czyli takiej, w której produkt zaczyna się palić, wydzielając substancje rakotwórcze), gdyż nie palą się na patelni i są stabilne oksydacyjnie (nie ulegają utlenianiu). Najbardziej odporne na działanie wysokiej temperatury są tłuszcze nasycone. Zaliczamy do nich masło klarowane, tłuszcz gęsi czy olej kokosowy. Do krótkiego przesmażania nadaje się też oliwa z oliwek extra virgin, olej ryżowy oraz nierafinowany olej rzepakowy z pierwszego tłoczenia.

Olej kokosowy to stosunkowo nowy nabytek w naszej kulturze, ale znany od wieków w krajach azjatyckich. Wybierajmy zawsze olej nierafinowany extra virgin, taki zawiera pełny zestaw kwasów tłuszczowych oraz posiada właściwości antybakteryjne, przeciwgrzybicze, antyseptyczne i wspomaga wzrost dobroczynnej flory bakteryjnej. Mimo że olej z kokosa składa się aż w 90 procentach z kwasów tłuszczowych nasyconych, dzięki obecności 44 procent kwasu laurynowego nie zwiększa poziomu cholesterolu we krwi i nie „zatyka tętnic", tylko wykazuje działanie przeciwzapalne. Aby zwiększyć jego potencjał kardioprotekcyjny, warto wymieszać go z oliwą extra virgin, zawierającą dobroczynne kwasy omega-3. Smażenie na takim roztworze jest bezpieczne również dlatego, że ma on wysoką temperaturę dymienia.

Masło klarowane to kolejny tłuszcz, który nie stanowi zagrożenia dla zdrowia. Świeże masło pali się już w temperaturze 170°C, więc bezpiecznie możemy na nim usmażyć najwyżej jajecznicę. Masło klarowane (tzw. ghee) jest pozbawione laktozy i kazeiny, a jego temperatura dymienia to około 250°C, dlatego idealnie nadaje się do smażenia nawet na głębokim tłuszczu, oczywiście jeden raz. Podobne właściwości wykazuje **smalec gęsi**.

Olej ryżowy należy do tłuszczów jednonienasyconych, jednak zachowuje stabilność w wysokich temperaturach. Jego punkt dymienia to 230°C.

Oliwa extra virgin (z pierwszego tłoczenia) ma temperaturę dymienia na poziomie 170–210°C, toteż nadaje się do szybkiego obsmażania czy duszenia warzyw. Aby obniżyć temperaturę podczas smażenia, warto na patelnię wlać roztwór wodno-olejowy (najpierw wlać wodę, potem oliwę). Dzięki temu temperatura się nie podniesie, i w efekcie warzywa czy mięso będą sporządzone w sposób bezpieczny. Jednak oliwa jest oczywiście najzdrowsza wtedy, kiedy dodajemy ją do potraw bez podgrzewania. Stosunek kwasów omega-6 do omega-3 wynosi w niej 18:1.

Rafinacja oleju to proces pozbawiania go zanieczyszczeń, w tym metali ciężkich, ale niestety również cennych składników odżywczych i kwasów tłuszczowych. Tłuszcz otrzymany w wyniku ekstrahowania w wysokiej temperaturze za pomocą rozpuszczalników chemicznych nie ma żadnych wartości dla zdrowia, a może wręcz zawierać toksyczne tłuszcze trans, powstające podczas obróbki oleju w temperaturze powyżej 160°C. Oleje sprzedawane w przezroczystych plastykowych butelkach mogą zawierać groźne związki, zwane ksenoestrogenami, mające zdolność wchodzenia w interakcję z układem hormonalnym oraz indukowania zmian nowotworowych.

Oleje rafinowane powinny być usunięte z naszej kuchni bezpowrotnie! Ponadto powinniśmy ograniczyć smażenie na korzyść szybkiej obróbki termicznej, najlepiej duszenia z dodatkiem wody lub bulionu.

Z drugiej strony pamiętajmy, że oleje roślinne mają cenne działanie, jeśli są używane w formie naturalnej, czyli na zimno.

Olej rzepakowy tłoczony na zimno to także dobry tłuszcz do krótkiego przesmażania, pod warunkiem że nie dopuścimy do przegrzania go na patelni. Jest bogaty w kwasy omega-3 (w dobrym stosunku 2:1), jednak należy pamiętać, aby wybierać tylko olej nierafinowany. Olej rzepakowy ma skład bardzo zbliżony do oliwy, jednocześnie jest od niej o wiele tańszy i jest naszym rodzimym produktem. Kontrowersje budzi jednak sposób uprawy rzepaku przez nieuczciwych producentów, obfite stosowanie herbicydów oraz suszenie roślin za pomocą nielegalnego preparatu zawierającego glifosad, oskarżany o powodowanie wielu schorzeń oraz dysfunkcji flory jelitowej. Jeśli więc olej rzepakowy, to tylko z upraw ekologicznych, w ciemnych szklanych butelkach, z krótkim terminem przydatności do spożycia (około pięciu miesięcy). Idealny do potraw na zimno!

Olej lniany wiedzie prym wśród olejów o działaniu prozdrowotnym. Używany w diecie dr Budwig, wykazuje działanie antynowotworowe oraz przeciwzapalne. Ma zbliżony do ideału stosunek kwasów omega-6 do omega-3, który wynosi 0,7:1. Tłoczony na zimno (w temperaturze nieprzekraczającej 50°C) z nasion lnu i nieoczyszczony jest produktem o żółtym zabarwieniu i lekko orzechowym smaku, zachowując swoje naturalne struktury i właściwości biologiczne. Dzięki zawartości związków bioaktywnych, głównie nienasyconych kwasów tłuszczowych oraz lignanów, wykazuje właściwości lecznicze. Musi być przechowywany w lodówce w temperaturze 4–10°C, w ciemnej szklanej butelce. Okres przydatności do spożycia wynoszący 2–3 miesiące świadczy o dobrej jakości produktu. Używamy go wyłącznie jako dodatku na zimno.

Olej rydzowy – polski, tłoczony na zimno z lnianki siewnej – zawiera aż 90 procent nienasyconych kwasów tłuszczowych, w tym 54 procent omega-3 i omega-6 w stosunku 2:1. Jest bogaty w naturalny antyoksydant – witaminę E – przez co jego data przydatności wynosi około pół roku. Posiada lekko korzenny posmak z nutą cebuli i gorczycy, idealny do sałatek i warzyw.

Olej z czarnuszki siewnej to produkt, który warto poznać ze względu na cenne właściwości zdrowotne. Otrzymywany w procesie pierwszego tłoczenia na zimno, ma barwę brązową i korzenny aromat. Idealny do sałatek, zup, warzyw. Zawiera 85 procent kwasów tłuszczowych nienasyconych, olejek lotny (którego głównym aktywnym składnikiem jest tymochinon), białko, alkaloidy, flawonoidy, saponiny. Działa przeciwcukrzycowo, tłumi stany zapalne, neutralizuje wolne rodniki, działa przeciwbólowo i przeciwgorączkowo. Hamuje powstawanie wrzodów żołądka oraz wykazuje działanie cytoprotekcyjnie (w tym na miąższ wątroby i nerek). Ochrania narządy przed szkodliwym wpływem ksenobiotyków, zwiększa diurezę, oczyszcza organizm z toksyn oraz przywraca prawidłowy poziom markerów stresu oksydacyjnego. Ma działanie przeciwnowotworowe. Obniża ciśnienie krwi. Wykazuje także właściwości przeciwbakteryjne, przeciwgrzybicze, przeciwwirusowe i przeciwrobacze. Zmniejsza nasilenie ataków astmy oraz alergii i łuszczycy.

Olej konopny charakteryzuje się wysoką zawartością nienasyconych kwasów tłuszczowych, dlatego nie może być poddawany obróbce cieplnej. Należy go przechowywać w ciemnej, szklanej butelce w niskiej temperaturze. Nierafinowany olej konopny ma zielonkawy kolor oraz lekko orzechowy smak, idealnie nadając się do sałatek i dressingów oraz pieczonych warzyw. Stanowi bogactwo kwasów omega-3, witamin A, C, E, K i B, minerałów (cynku, wapnia, magnezu) oraz przeciwutleniaczy i fitosteroli, a ponadto zawiera niezbędne aminokwasy egzogenne. Wspomaga pracę serca, obniża ciśnienie tętnicze oraz poziom trójglicerydów, wspomaga pracę naczyń krwionośnych. Wykazuje działanie przeciwzapalne i przeciwbólowe. Bierze udział w formowaniu tkanki kostnej dzięki obecności witaminy K. Wspiera układ immunologiczny, zmniejsza stany zapalne stawów oraz niweluje napięcie przedmiesiączkowe.

Ważne – kupujmy oleje nierafinowane, z krótkim okresem przydatności do spożycia, w szklanych ciemnych butelkach i przechowujmy je w lodówce, bo kwasy omega-3 są bardzo wrażliwe na ciepło i szybko ulegają rozpadowi!

Olej z awokado, tłoczony na zimno i nierafinowany, zawiera kwasy tłuszczowe: oleinowy, linolowy, palmitynowy, stearynowy i linolenowy, a także zestaw witamin (A, B, D, E, H, K, PP) oraz cenne minerały (żelazo, mangan, fosfor, magnez, potas, cynk, sód), fitosterole, lecytynę, skwalen i duże ilości chlorofilu. Jest bogaty w kwasy omega-9, regulujące poziom „złego" cholesterolu. Wspomaga pracę wątroby, serca i mózgu. Jego orzechowy smak powinien jak najczęściej gościć w naszych potrawach.

Życzę Wam, aby w Waszej domowej apteczce znajdowały się tylko takie leki z natury, jak wymienione wyżej oleje!

Nawadnianie to podstawa

Woda to podstawa życia, stanowi 60–80 procent naszego ciała. Jest niezbędna do przebiegu wszelkich procesów związanych z odżywianiem: trawienia, wchłaniania, przyswajania substancji odżywczych, wydalania. W wodzie rozpuszczone są wszystkie składniki odżywcze transportowane do komórek. Z kolei zbędne produkty przemiany materii, toksyny, związki azotu, mocznik, dwutlenek węgla i inne substancje o działaniu przeciwzapalnym są odprowadzane z udziałem wody przez nerki, płuca, jelita i skórę.

Woda to także silny antyoksydant, który niweluje wolne rodniki. Jest niezbędna do produkcji energii, spalania tłuszczu i glukozy oraz wypłukiwania toksyn i tłuszczu z komórek podczas odchudzania. Ponadto picie wody ułatwia usuwanie wody obrzękowej z organizmu. Jest to tzw. paradoks wodny – im więcej pijemy, tym więcej wody usuwamy, bo organizm nawodniony nie musi zatrzymywać wody na zapas. Z kolei odwodnienie potęguje ryzyko insulinooporności oraz zaburza działanie estrogenu, zwiększa zmęczenie i osłabienie organizmu.

Powinno się pić około 1,5 litra czystej, filtrowanej wody niskozmineralizowanej i niskosodowej dziennie, najlepiej w porcjach na kwadrans przed posiłkiem. Dodam, że woda chlorowana może zaburzać długość cyklu miesiączkowego oraz negatywnie wpływać na czynność jajników i pracę wątroby.

Domowy ocet jabłkowy

Oprócz tego, że wspaniale zakwasza żołądek i wspomaga przyswajanie składników odżywczych (szczególnie w przypadku niestrawności i zgagi) oraz wspomaga trawienie, jest bardzo polecany jako dodatek w diecie oczyszczającej i wzmacniającej odporność. Zawiera cenne minerały (potas, sód, miedź, żelazo), witaminy A, B, C, E, P, antyoksydacyjne flawonoidy oraz pektyny i kwasy owocowe.

Ocet jabłkowy jest doskonałym dodatkiem do diety. Możemy go zarówno kupić (ważne, żeby był dobrej jakości, niefiltrowany, z certyfikatem bio), jak i zrobić samodzielnie. W przypadku zgagi i niedokwaszonego żołądka warto pić codziennie łyżeczkę octu rozmieszanego w szklance ciepłej wody.

Przepis na ocet jabłkowy

- 1 litr wody filtrowanej
- 1 kg kwaśnych dojrzałych jabłek bio (antonówki, papierówki, jonagold, reneta)
- 2 duże łyżki miodu naturalnego

Jabłka kroimy wraz z gniazdami nasiennymi i usuwamy ogonki. Przekładamy do szklanej misy, zalewamy wodą w temperaturze pokojowej wymieszaną z miodem. Jabłka przygniatamy lekko mniejszym od średnicy misy talerzykiem, aby dochodziło powietrze.

Misę przykrywamy gazą i zabezpieczamy gumką lub sznurkiem, aby gaza się nie zsunęła. Mieszamy co jakiś czas drewnianą łyżką, pilnując, aby jabłka były zanurzone. Po czterech tygodniach mamy gotowy ocet. Odcedzamy go od reszty mieszaniny, przelewamy do wyparzonych butelek i zamykamy. Przechowujemy w lodówce nawet do kilku lat.

Uwaga: jeśli podczas fermentacji na powierzchni utworzy się biały kożuch, należy wylać całą miksturę i zrobić ocet od nowa, używając dobrych jakościowo, ekologicznych jabłek.

Domowe kiszonki

O tym, że bakterie probiotyczne to prawdziwe dobrodziejstwo dla naszych jelit, wiemy nie od dziś. Wiadomo też, że najlepiej działają na jelita produkty pochodzenia naturalnego, bez dodatku chemii i sztucznych konserwantów. Dlatego gorąco namawiam Was do robienia własnych kiszonek, których dobroczynne działanie na układ immunologiczny znały już nasze babcie. Tak przygotowane kiszonki można przechowywać przez cały rok. (Niestety kiszonki dostępne na rynku lub w markecie, pakowane w folię, są często konserwowane sorbinianem sodu lub innymi szkodliwymi dla zdrowia substancjami.)

Kiszone ogórki na dwa sposoby – na zimno i na ciepło

(na litrowy słoik potrzeba 500 ml zalewy)

- średniej wielkości ogórki gruntowe, najlepiej ekologiczne (lub umyte w ekopłynach do oczyszczania z pestycydów); trzeba sprawdzić, czy nie są puste w środku
- przyprawy: świeży korzeń chrzanu, łodyga kopru z koszyczkiem, świeży czosnek polski (lekko różowa skorupka), liście dębu, czarnej porzeczki, wiśni
- sól himalajska lub kamienna (nierafinowana)
- nowe, wyparzone wrzątkiem słoiki (litrowe lub mniejsze)

Zalewę robimy według zasady: łyżka soli na litr wody. Możemy ją zagotować i zalewać słoiki na gorąco, a potem pasteryzować, lub zalać ogórki zimną zalewą i odstawić w zimne miejsce do ukiszenia.

Do słoików włożyć po 2–3 ząbki czosnku, 2–3 listki oraz kawałek kopru i chrzanu. Ogórki wkładać pionowo, jaśniejszym końcem do góry. Zalać zimną lub gorącą zalewą, pilnując, aby gwint i pokrywka pozostały suche. Dobrze zakręcić i odstawić do ukiszenia, z tym że te zalewane na gorąco pasteryzować 10–15 minut po 12 godzinach trzymania w cieple (przykrytych kocem).

Kapusta kiszona (biała lub czerwona)

- 3 kg białej kapusty + 5 łyżek soli himalajskiej (60 g) + 3 marchewki + 1 łyżeczka kminku lub gałązka kopru + 6 liści laurowych
- 3 kg czerwonej kapusty + 3 łyżki soli himalajskiej + 1 łyżka miodu (opcjonalnie)

Kapustę siekamy drobno, marchewkę ścieramy na grubych oczkach.

Kapustę ubijamy tłuczkiem w plastikowej misce tak długo, aż puści sok. Ewentualnie można dolać 200 ml zimnej wody.

Do kapusty dodajemy marchewkę, sól, kminek lub koper i liście laurowe, a do czerwonej – miód i sól. Następnie przekładamy całość do kamionkowej beczułki, przykrywamy talerzem ceramicznym i dociskamy czymś ciężkim, aby kapusta była cały czas przykryta sokiem. Pozostawiamy w temperaturze pokojowej.

Przez dziesięć dni będzie przebiegała fermentacja z bulgotaniem. Należy codziennie przebijać kapustę drewnianym końcem tłuczka, aby odgazować mieszankę. Następnie przełożyć do wyparzonych słoików i przechowywać w zimnej piwnicy lub lodówce.

Kiszone buraczki – 8 porcji

- 2 kg podłużnych lub małych okrągłych buraczków
- kromka chleba razowego na zakwasie
- główka czosnku polskiego
- 3 listki laurowe
- 6 ziarenek pieprzu
- 2 łyżki soli himalajskiej
- 2 litry wody filtrowanej

Buraczki obrać i pokroić na zgrabne kawałki. Włożyć do wyparzonych słoiczków. Na wierzchu ułożyć kawałek razowego chleba. Do każdego dodać po 2 obrane ząbki czosnku, 1–2 listki laurowe i 2 ziarenka pieprzu. Dwa litry ostudzonej wody wymieszać z 2 łyżkami soli. Zalać buraczki, przycisnąć i zakręcić słoiczki. Odstawić na 3–5 dni, aż na powierzchni wytworzy się piana. Następnie odstawić słoiki w zimne miejsce (lodówka, piwnica). Po 3–5 kolejnych dniach są gotowe do wykorzystania do surówek, zup, sałatek. Sok można zlać do butelki.

Sok z kiszonych buraków to prawdziwa skarbnica witamin i minerałów. Usprawnia metabolizm, przeciwdziała anemii, ma działanie przeciwbakteryjne i przeciwwirusowe. Poprawia wygląd włosów, skóry i paznokci. Łagodzi zgagę. W okresie jesienno-zimowym jest świetny na katar.

Sok z buraka warto pić raz dziennie po pół szklanki do obiadu lub śniadania, jeśli akurat nie mamy czasu na robienie surówki.

Rozdział 3

Redukcja wagi – pierwsza faza diety

Jesteśmy tym, co w swoim życiu powtarzamy.
Doskonałość nie jest jednorazowym aktem, lecz nawykiem.
Arystoteles

Cztery posiłki dziennie!
Co cztery godziny!
Ostatni trzy godziny przed snem!

Jestem zwolenniczką **niełączenia białka z węglowodanami**. Lepiej się wtedy trawi i nie ma dolegliwości układu pokarmowego. Za to posiłek z węglowodanami warto wzbogacić w zdrowy tłuszcz (orzechy, nasiona, oliwa) – wtedy węglowodany wchłaniają się wolniej i dłużej sycą.

W pierwszej fazie będą raczej dominowały nasiona słonecznika, pestki dyni i sezam, pojawią się też migdały, ze względu na ewentualną chorobę Hashimoto nie polecam za to orzechów. Jednak najważniejszym zaleceniem jest eliminacja produktów zbożowych glutenowych oraz nabiału!

W celu uzyskania optymalnych efektów ważne jest, żeby trzymać się podanej kolejności posiłków i dni w tej fazie!

Zasady komponowania posiłków w fazie redukcji wagi

- **ŚNIADANIE** = **jajko /ryba/mięso (150 g) + warzywa (300-400 g) + tłuszcz (2 łyżki)**

- **DRUGIE ŚNIADANIE** = **do wyboru :**

pieczywo – 2 kromki (gryczane – 100 g) + warzywa (250 g) + mięso, jajko, ryba (50 g) + tłuszcz (1 łyżka)

kasza quinoa, kasza jaglana lub płatki gryczane (100 g) + warzywa + tłuszcz (1 łyżka)

kasza (100 g)+ owoce (150 g) + orzechy (10 g)

- **OBIAD** = mięso/ryba/jajka (ok. 200 g) + warzywa + tłuszcz (1 łyżka)

- **KOLACJA** = warzywa + tłuszcz (1 łyżka) **lub** warzywa + kasza (płatki gryczane, kasza gryczana, kasza jaglana, komosa ryżowa – 30 g) **3 godziny przed snem**.

Przepisy na obiad i kolację są podane na dwie porcje (dwa dni), natomiast pierwsze i drugie śniadanie robimy co dzień od nowa.

Spożywamy cztery posiłki dziennie. W razie głodu możemy zwiększyć porcję, ale nie dodawajmy kolejnego posiłku, bo zaburzy to wydzielanie insuliny.

Porcje są orientacyjne i mają wielkość umowną. Jeśli okaże się, że podana porcja jest dla Ciebie za mała, śmiało możesz zjeść więcej. Ważne, abyś nie dokładała piątego posiłku, tylko zwiększyła jeden z czterech w ciągu dnia. To samo dotyczy osób, dla których porcje okażą się za duże; zresztą to bardziej prawdopodobne, gdyż posiłki są tak sycące, że raczej nie zjesz wszystkiego.

Jeśli nie lubisz jakiejś przyprawy, możesz jej nie używać, po prostu pomijając ją lub zamieniając na inną (np. ostry zwykły czosnek na delikatny niedźwiedzi).

Nie bój się użyć w daniu marchewki, buraka lub batatu. To forma węglowodanu, ale nawet przy insulinooporności w odpowiednio skomponowanej diecie na pewno Ci nie zaszkodzi, a ma bardzo dużo wartości odżywczych. Zaufaj diecie!

Sens białkowo-tłuszczowo-warzywnych śniadań wynika z fizjologii wydzielania hormonów w rytmie dobowym. Otóż w godzinach porannych, zaraz po przebudzeniu jest wyższe stężenie kortyzolu (o 20–30 procent), czyli hormonu stresu, który jest odpowiedzialny m.in. za utrzymanie prawidłowego poziomu glukozy we krwi. Pierwszy posiłek powoduje największy wyrzut insuliny, więc w tej sytuacji wysokowęglowodanowe śniadanie dodatkowo zwiększyłoby ten wyrzut, co spowodowałoby potem gwałtowny spadek cukru i problem z koncentracją, a nawet osłabienie, ospałość i nagły atak głodu. Z kolei posiłek białkowy nie powoduje tak gwałtownego podniesienia poziomu glukozy we krwi, a co za tym idzie wyrzutu insuliny. Ponadto dodatek tłuszczu sprawia, że takie śniadanie bardziej syci, podkręca metabolizm tłuszczu i nie powoduje leptynooporności (czyli stanu, w którym nie odczuwa się sytości).

Kiszonki jako dodatek do obiadu nie pojawiają się tu przypadkowo. Kwaśny smak niweluje chęć na słodkie, szczególnie po obiedzie. Dlatego staraj się jak najczęściej jeść domowe kiszonki.

DLA UŁATWIENIA

- Na pierwsze śniadanie wybieraj dowolne propozycje z diety fazy pierwszej lub drugiej. Można je stosować zamiennie, nieważna jest też kolejność dni, tylko rodzaj śniadania.
- Na drugie śniadanie zamiast sałatek z kaszą możesz jeść chleb gryczany z dodatkiem białkowym (zależnie od tego co w danym tygodniu przygotujesz: wędlinę, pasztet lub pasty). Moje propozycje są bardziej urozmaicone, ale z braku czasu możesz iść na łatwiznę :)

- Zawsze szykuj sobie śniadania lub ich składniki dzień wcześniej. Możesz je zjeść w domu lub zabrać do pracy.
- Gotuj zawsze na dwa dni, żeby oszczędzić czas.
- Między posiłkami popijaj małymi łyczkami wodę!
- Jeśli nie zdążysz zrobić śniadania, możesz zjeść to, co na obiad (jedną porcję). Posiłki śniadaniowe i obiadowe są komponowane na zasadzie łączenia białka i warzyw, tak że można jest stosować zamiennie.
- Im ściślej przestrzegasz diety i realizujesz przepisy, tym lepszy efekt. Powodzenia!

Styl gotowania

Ponieważ nikt z nas nie ma za dużo czasu, to po pierwsze, proponuję gotować na dwa dni to samo, wtedy posiłek już czeka na nas po przyjściu z pracy czy uczelni. Po drugie, jestem zwolenniczką szybkiego gotowania, zatem przyrządzenie przedstawionych potraw zajmie nie więcej niż 20–30 minut. Możecie też mrozić posiłki, a potem po prostu wyjmować je i podgrzewać. Warto mieć wtedy poporcjowane mięso czy rybę, aby łatwiej było je przygotować.

Moimi ulubionymi naczyniami w kuchni są wok, parowar i szybkowar. Dania, które zaproponuję, będą zawierały chrupkie warzywa i nie będą bardzo skomplikowane. Im prostszy posiłek, tym lepiej jest trawiony przez żołądek. Ponadto postaram się tak dobierać potrawy, żeby to, co zostanie, mogło być spożytkowane w następnym dniu. Taki zdrowy recykling.

Mój styl gotowania zamyka się w trzech słowach: łatwo, szybko, zdrowo. To taki błyskawiczny slow-food…

Potrawy muszą spełniać jeszcze jeden warunek – być pyszne. Inaczej pomyślicie, że „jesteście na diecie", tymczasem chodzi o to, żeby potrawy były tak smaczne, żebyście w ogóle nie miały w głowie myśli o „byciu na diecie". Potraktujcie jadłospis jako nowe pomysły na gotowanie, wtedy dieta realizuje się sama. Im mniej o tym myślimy, im mniej z tym związanego stresu, tym lepiej. Mam nadzieję, że jedzenie będzie Wam tak smakowało, że nie będziecie w stanie z niego zrezygnować – że takie gotowanie stanie się waszym stylem życia. Same się przekonacie :)

Wiadomo, że proponując ogólne zasady, nie jestem w stanie wszystkim dogodzić, mam jednak nadzieję, że każda z Was będzie w stanie dopasować dietę do swoich potrzeb. Jest to szczególnie istotne w przypadku innych nietolerancji pokarmowych oprócz nabiału czy glutenu. W takim wypadku trzeba wymienić niepożądany produkt na dozwolony, np. przy nietolerancji marchewki wybierać batat i dynię, a zamiast jajek jeść po prostu porcję mięsa lub ryby. Najtrudniej będzie odnaleźć się weganom i wegetarianom, ale to jest temat na następny poradnik…

Uwaga: Jeśli doskwierają Ci choroby autoimmunologiczne, **ale nie masz problemów z otyłością**, możesz stosować proponowane przeze mnie jadłospisy, jednak z pewną modyfikacją: do każdego posiłku dodaj porcję dozwolonych węglowodanów (kaszy, komosy ryżowej, chleba gryczanego czy w następnej fazie razowego chleba żytniego). Wtedy nie schudniesz, tylko doprowadzisz organizm do porządku.

Słowo dla osób ze zdiagnozowaną **insulinoopornością**: zachowując tę dietę w miarę dokładnie oraz wykluczając biały cukier, słodycze i syrop glukozowy-fruktozowy, nie trzeba się obawiać obecności pomarańczy, jabłka w surówce czy świeżej figi. To zdrowe węglowodany nieprzetworzone, których organizm potrzebuje. Zawsze będą tu występowały w towarzystwie tłuszczu (orzechów, pestek), spowolniającego wchłanianie cukru. Dlatego jeśli zobaczysz taki dodatek w potrawie, nie panikuj, że całe danie nie nadaje się dla osób z insulinoopornością. To naprawdę mniejsze zło niż ciastko!

Przydatne przepisy w I fazie

Chleb z czarnuszką

- 500 g kaszy gryczanej niepalonej (może być też jęczmienna lub krakowska)
- 1 łyżka oleju kokosowego lub rzepakowego nierafinowanego, lub oliwy z oliwek extra virgin
- 3 łyżeczki soli himalajskiej
- 700 ml wody + tyle, ile trzeba do uzupełnienia
- czarnuszka, siemię lniane
- dodatkowo: suszone pomidory, czosnek niedźwiedzi, ulubione zioła

Kaszę płuczemy na sicie pod bieżącą wodą. Wsypujemy ją do miski i zalewamy 700 ml wody. Zostawiamy na noc w chłodnym miejscu (ale nie w lodówce). Rano mieszamy i dolewamy tyle wody, aby jej poziom był lekko ponad poziomem kaszy. Ponownie odstawiamy na 8–10 godzin w chłodne miejsce (ale nie do lodówki). Odsączamy nadmiar wody, przekładamy napęczniałą kaszę do miski i miksujemy. Wlewamy olej i dodajemy pomidory, czosnek niedźwiedzi i ewentualnie ulubione zioła oraz sól. Przekładamy do keksówki wyłożonej papierem do pieczenia. Posypujemy nasionami. Wstawiamy do zimnego piekarnika na noc. Pieczemy w temperaturze 200°C przez niespełna godzinę.

Chleb ze skiełkowanych ziaren

- 500 g kaszy gryczanej niepalonej
- 100 g mąki amarantusowej
- 100 g mąki jaglanej
- 30 g siemienia lnianego
- 2 łyżki łupiny babki jajowatej
- 1 płaska łyżka soli himalajskiej
- 1 łyżka oleju kokosowego
- 1 łyżeczka kurkumy
- 150–200 ml wody
- czarnuszka

Kaszę płuczemy na sicie pod bieżącą wodą. Następnie przekładamy ją do szklanego naczynia i zalewamy wodą na noc. Rano odsączamy, płuczemy i ponownie zalewamy wodą. Powtarzamy przez dwa dni, płucząc dwa razy dziennie. Po dwóch dniach powinny pojawić się kiełki. Przesypujemy wypłukane skiełkowane nasiona do miski, dodajemy mąki, olej, sól, kurkumę, siemię i babkę oraz wodę i miksujemy. Masa powinna być lekko klejąca. W razie potrzeby dolewamy odrobinę wody.

Masę wlewamy do formy wyłożonej papierem do pieczenia, posypujemy czarnuszką i pieczemy mniej więcej przez 50 minut w 190°C, pilnując, aby góra się nie przypaliła. Kroimy po ostudzeniu. Przechowujemy w chłodnym miejscu.

Pasty do chleba i nadziewania warzyw

Pasta rybna

- 300 g ryby słodkowodnej (lin, karaś, szczupak, sandacz, pstrąg) pozbawionej ości
- 150 g dyni, batatu lub marchewki
- 1 łodyga selera naciowego
- 1 pietruszka
- 2 dojrzałe pomidory bez skórki
- 1 kawałek pora
- 1 l wody
- oregano, bazylia, cząber, liść laurowy, 2–3 ziarna ziela angielskiego, sól himalajska, szczypta kurkumy
- 1 łyżeczka oleju kokosowego

Warzywa drobno kroimy lub ścieramy na tarce.

Na patelni rozgrzewamy olej, wsypujemy przyprawy i delikatnie rozgrzewamy mniej więcej przez 1 minutę. Następnie dodajemy warzywa i smażymy je przez kolejną minutę. Wlewamy wodę i gotujemy na małym ogniu przez ok. 30 minut. Następnie dodajemy kawałki ryby bez ości. Dusimy razem jakieś 10 minut do miękkości warzyw i ryby. Wyjmujemy ziele i listek, a całość miksujemy i dusimy aż do uzyskania gęstej masy.

Pasta ze szpinaku i nasion konopi

- 100 g świeżego szpinaku
- 1 cebula szalotka
- ½ szklanki nasion dyni lub słonecznika, zalane ½ szklanki ciepłej wody
- 2 łyżki nasion konopi
- 3 łyżki oliwy lub oleju rzepakowego tłoczonego na zimno
- 2 ząbki czosnku
- sól himalajska, pieprz

Drobno kroimy i solimy cebulę. Zostawiamy na 10 minut. Następnie mieszamy ze szpinakiem, wyciśniętym czosnkiem, odsączonym słonecznikiem lub pestkami dyni i olejem. Miksujemy na pastę. Na koniec dodajemy nasiona konopi i przyprawiamy do smaku.

Pasztet z pstrąga

- 300 g pstrąga wędzonego pozbawionego ości
- 100 g sera białego twarogowego 3% tłuszczu, zmielonego
- 1 por
- 1 fenkuł
- 1 jabłko
- 1 łodyga selera naciowego z natką
- 1 jajko lub łyżka wymieszanego z wodą siemienia lnianego
- 2 ząbki czosnku
- 2 łyżki kaparów
- papryka ostra i słodka, tymianek, cząber, pieprz czarny lub zielony
- 1 łyżka oleju rzepakowego nierafinowanego lub oliwy z oliwek

Szklimy por i fenkuł na oliwie lub oleju przez ok. 1 minutę, dodajemy pokrojone jabłko, łodygę selera, czosnek oraz pieprz i dusimy przez przez 2–3 minuty do miękkości. Rybę miksujemy z se-

Pasta rybna

rem, jajkiem/ siemieniem i warzywami z patelni. Przyprawiamy ziołami i papryką, dodajemy kapary, mieszamy i przekładamy do naczynia żaroodpornego. Zapiekamy mniej więcej przez 30 minut w 180°C.

Pasztet warzywny warstwowy

- 4 buraki
- 4 marchewki lub 1 batat
- 1 szklanka ugotowanej białej fasoli
- 2 duże pory
- 2 garście szpinaku lub rukoli
- 1 cebula czerwona
- 1 szklanka posiekanego szczypiorku
- 2 ząbki czosnku
- 1 limonka
- rozmaryn, sól himalajska, pieprz, papryka słodka, gałka muszkatołowa, czosnek granulowany
- 4 łyżki mąki kukurydzianej lub z prażonego amarantusa
- 2 łyżki oleju kokosowego stałego
- 2 łyżki oliwy lub oleju rzepakowego nierafinowanego
- 100 ml mleczka kokosowego
- 3 jajka lub 3 łyżki siemienia wymieszanego z 5 łyżkami wody
- 1 łyżka czarnuszki

Buraki i batat/marchewki obieramy i kroimy w grubsze plastry. Skrapiamy oliwą i przyprawiamy: buraki – rozmarynem, batat – czosnkiem. Solimy je, kładziemy na folii, lekko przykrywamy i pieczemy do miękkości (ok. 30–40 minut w 200°C).

Na oliwie szklimy pory, czosnek i cebulkę, solimy. Przekładamy warzywa do miski, miksujemy je z mleczkiem i olejem kokosowym, jajkami/siemieniem, fasolą i mąką. Masę dzielimy na 3 części. Do pierwszej dodajemy szpinak/rukolę, szczypiorek, szczyptę gałki muszkatołowej oraz pieprz. Do drugiej dodajemy buraki i szczyptę rozmarynu. Do trzeciej dodajemy batat/marchewkę, pół łyżeczki skórki otartej z limonki, oraz paprykę w proszku. Wszystkie masy osobno miksujemy.

Na dno formy wyłożonej papierem wykładamy kolejno warstwę zieloną, żółtą i czerwoną. Posypujemy czarnuszką i pieczemy przez ok. 60 minut w 180°C. Kroimy po całkowitym ostudzeniu.

Pasta z pieczonych warzyw

- 1 papryka
- 1 cebula
- 1 mała główka czosnku
- sól himalajska, pieprz
- 2 łyżki pestek słonecznika
- 1 limonka
- 4 łyżki oliwy
- świeże zioła (bazylia)

Kroimy paprykę i cebulę na większe kawałki, skrapiamy je oliwą, a główkę czosnku przekrawamy w poprzek. Pieczemy warzywa na blasze mniej więcej przez 30 minut. Warzywa przekładamy do miski, wciskamy upieczone ząbki czosnku bez łupinek, dodajemy słonecznik, sok z limonki, przyprawy i zioła. Miksujemy wszystko.

Pasta rybna

- ryba pieczona lub gotowana (makrela, pstrąg)
- 8 czarnych oliwek
- 1 łyżka musztardy
- 5 suszonych pomidorów
- sól morska, pieprz
- posiekany szczypiorek lub natka

Makrelę/pstrąga oczyszczamy z ości, miksujemy z resztą składników na pastę, przyprawiamy solą i pieprzem.

Pasta chrzanowa z awokado

- 1 awokado
- 1 łyżka chrzanu
- 1 ząbek czosnku
- szczypta soli himalajskiej
- sok z limonki do smaku

Awokado obieramy, usuwamy pestkę i rozgniatamy. Wszystkie składniki mieszamy na gładką pastę.

Pasta ze słonecznika

- ½ szklanki słonecznika
- 2 łyżki oliwy
- 2 ząbki czosnku
- 1 limonka
- sól himalajska, pieprz czarny

Miksujemy wszystkie składniki na pastę, doprawiamy sokiem z limonki, solimy i pieprzymy do smaku.

Pasta słonecznikowa z jabłkiem

- ½ szklanki nasion słonecznika
- 200 ml oleju kokosowego
- 1 jabłko
- 1 cebula
- 1 łyżka majeranku
- sól morska, pieprz czarny, słodka papryka

Na patelni na oleju kokosowym szklimy mniej więcej przez 4 minuty posiekaną cebulkę, dodajemy pokrojone jabłko, przyprawy i dusimy ok. 10 minut. Na koniec dorzucamy majeranek i pestki słonecznika. Gdy zbrązowieją, przekładamy całość do słoika i zostawiamy do ostygnięcia.

Guacamole

- 1 dojrzałe awokado
- sok z ćwiartki limonki
- 1 ząbek czosnku
- świeża bazylia
- sól morska

Awokado rozgniatamy widelcem, dodajemy sól, wyciśnięty czosnek, sok z limonki i posiekaną drobno bazylię. Dokładnie mieszamy.

guacamole

Polędwiczka pieczona

- 500 g polędwiczki
- marynata: 3 łyżki musztardy, 2 łyżki octu balsamicznego, 2 łyżki oliwy
- 5 liści laurowych

Mieszamy składniki marynaty. Polędwiczkę zalewamy marynatą i obkładamy pokruszonymi liśćmi laurowymi. Marynujemy co najmniej przez 3 godziny lub przez noc. Pieczemy w naczyniu żaroodpornym przez ok. 25 minut.

Pasztet z indyka i wołowiny – 10 porcji

- 400 g mięsa wołowego
- 600 g mięsa z indyka
- 300 g wątróbki z drobiu
- 500 g borowików lub innych ulubionych grzybów
- 3 jajka
- warzywa: 2 małe marchewki, seler, 2 łodygi selera naciowego, pietruszka,1 mała cebula, 1 mały por, świeży czosnek
- rozmaryn, tymianek, majeranek, papryka ostra i słodka, sól himalajska, pieprz, czosnek niedźwiedzi, przyprawa bulionowa bez glutaminianu sodu lub lubczyk, liść laurowy, ziele angielskie
- 2 łyżki oleju rzepakowego nierafinowanego

Warzywa (oprócz cebuli i pora) obieramy i kroimy na mniejsze kawałki. Mięsa (wołowe i indycze) myjemy i kroimy na większe części, obtaczamy w suszonych sproszkowanych przyprawach i zostawiamy na 15 minut. Przekładamy do garnka, zalewamy litrem wody, dodajemy warzywa, lubczyk lub bulion, a także liście laurowe i ziele angielskie. Gotujemy przez ok. 1,5 godziny.

Na oleju podsmażamy przez 10 minut cebulę, pora i grzyby, dodajemy oczyszczoną wątróbkę i jeszcze chwilę przesmażamy. Przekładamy całość do miski, dodajemy ostudzone mięso i warzywa z wywaru i miksujemy. Przyprawiamy masę ziołami i przyprawami i dodajemy roztrzepane jajka. Mieszamy.

Blaszkę wykładamy papierem do pieczenia, umieszczamy masę i pieczemy przez 45–50 minut w 180°C, pilnując, aby się nie przypaliło (można przykryć od góry folią aluminiową).

Pasztet z wątróbki – 10 porcji

- 200 g fileta z indyka lub łopatki
- 800 g wątróbki drobiowej
- 40 ml rumu
- por
- cebula szalotka
- przyprawy: pieprz czarny, sól himalajska, majeranek, oregano, suszona papryka ostra i słodka, 1 łyżeczka suszonego czosnku
- 2 łyżki oleju rzepakowego nierafinowanego
- 100 ml mleka – do namoczenia

Wątróbkę oczyszczamy i zalewamy mlekiem, solimy i odstawiamy na 30 minut. Mięso z indyka lub łopatki mielimy, doprawiamy solą, pieprzem, papryką, majerankiem, oregano i czosnkiem. Wątróbkę odsączamy z mleka, zalewamy 40 ml rumu i odstawiamy ponownie na 20–30 minut.

Na oliwie podsmażamy mięso z indyka/łopatki mniej więcej przez 5 minut, dodajemy odsączoną wątróbkę, posiekaną cebulę i pora. Dusimy ok. 15 minut pod przykryciem.

Mięso i cebulę z patelni przekładamy do miski i mielimy na masę. Przekładamy masę do naczynia żaroodpornego i zapiekamy przez 30–40 minut w 180°C.

Pasztet z indyka z suszonymi pomidorami

- 500 g fileta z indyka
- 500 g golonki z indyka
- 10 suszonych pomidorów
- 3 ząbki czosnku
- 4 cebule szalotki lub 1 czerwona
- 1 por
- 3 jajka
- 15 oliwek zielonych lub czarnych
- 3 łyżki kaparów
- bazylia, majeranek, oregano, pieprz zielony w ziarenkach, sól himalajska, cząber, liść laurowy i ziele angielskie
- 2 łyżki oliwy

Na oliwie szklimy cebulę i pora, dodajemy pokrojone, osolone mięso, dolewamy odrobinę wody, wrzucamy liść laurowy i ziele angielskie. Dusimy pod przykryciem aż do miękkości – ok. 30–40 minut. Następnie wyjmujemy liść i ziele, dodajemy przyprawy i mielimy mięso w maszynce z czosnkiem i suszonymi pomidorami. Dodajemy ubite jajka, pokrojone oliwki, pieprz w ziarnach oraz kapary i mieszamy masę. Wykładamy masę do formy, wyłożonej papierem do pieczenia i posmarowanej oliwą. Pieczemy ok. 60–70 minut w 180°C.

Pasztet z łopatki i gotowanych warzyw

- 1 kg łopatki
- 300 g wątróbki wieprzowej
- 300 g golonki z indyka ze skórą
- włoszczyzna: 1 seler, 2 marchewki, 1 duży por
- 4 liście laurowe, 5 ziarenek ziela angielskiego, 1 łyżka czosnku granulowanego, 1 łyżka majeranku, 1 łyżka oregano, 1 łyżeczka gałki muszkatołowej, 1 łyżka soli, 1 łyżeczka mielonego kminku, 1 łyżeczka suszonej mięty, 1 łyżka cząbru, 1 łyżeczka pieprzu
- do posypania: 1 łyżka czarnuszki

Mięso myjemy i kroimy, dodajemy obrane i pokrojone warzywa, ziele angielskie, liść laurowy i sól, zalewamy wodą w garnku. Gotujemy ok. 1 godziny do miękkości mięsa.

Odlewamy powstały rosół, a mięso i warzywa mielimy na gładką masę 2–3 razy. Przyprawiamy do smaku.

Masę przekładamy do formy wyłożonej papierem do pieczenia, posypujemy czarnuszką i pieczemy w 180°C przez 60 minut. Kroimy po ostudzeniu.

Przyprawa:

Domowy bulion do zup i potraw z lubczykiem

- 0,5 kg marchewki
- 1 seler korzeniowy
- 2 łodygi selera naciowego
- 3 pietruszki
- 3 gałązki lubczyku
- 1 por
- 1 cebula
- 5 suszonych grzybów
- 3 pomidory lub 100 g pomidorów z puszki
- 3 łyżki oliwy lub oleju rzepakowego nierafinowanego
- 3 łyżki soli morskiej lub himalajskiej
- 5 liści laurowych
- 10 ziarenek ziela angielskiego
- 5 ziarenek czarnego pieprzu
- 5 ziarenek zielonego pieprzu
- 3 łyżki suszonych liści lubczyku
- 1 łyżka czosnku niedźwiedziego
- 3 ząbki czosnku zwykłego
- ½ łyżeczki rozmarynu
- 1 łyżeczka kurkumy
- starty kawałek (1 cm) świeżego imbiru
- ½ łyżeczki tymianku
- 1 łyżka suszonej bazylii
- 2 łyżki sosu sojowego

Wszystkie przyprawy rozdrabniamy na proszek za pomocą blendera, dodajemy pokrojoną cebulę i czosnek. Ponownie mielimy. Następnie wlewamy olej, dodajemy sól i znów mielimy na pastę. Warzywa ścieramy na tarce lub rozdrabniamy. Do garnka wlewamy litr wody, dodajemy warzywa oraz pastę z przyprawami i gotujemy na małym ogniu przez ok. 50 minut, aż masa zgęstnieje. Musimy ciągle sprawdzać bulion, aby się nie przypalił. Następnie powstałą masę miksujemy na gładko i przekładamy na gorąco do małych słoiczków. Słoiczki pasteryzujemy 15 minut i zostawiamy do ostygnięcia odwrócone do góry dnem. Przechowujemy w lodówce ok. 3–4 miesiący Najlepiej zamrozić bulion w pojemniczku do lodów. Gotowego bulionu używamy jako przyprawy bulionowej do zup i potraw.

UWAGA

Jeśli przygotowanie drugiego śniadania jest zbyt dużym wyzwaniem, róbmy po prostu kanapki z chleba dobrej jakości – to wygodny posiłek do pracy. Pamiętajmy jednak, że przez pierwszy okres diety powinno się zjadać **białkowo-tłuszczowo-warzywne** śniadania – pozwala to opanować skoki insuliny i szybko stabilizuje problem z insulinoopornością.

Jeśli brak nam czasu na zrobienie surówki do obiadu, można ją zastąpić dowolnym surowym warzywem, zjeść po prostu kapustę kiszoną czy ogórki kiszone albo wypić sok z kwaszonych buraków. Idealnie byłoby jednak przygotowywać proponowane surówki, żeby dieta była urozmaicona i pyszna.

I TYDZIEŃ

- **napoje:** woda z cytryną i imbirem – 2 plasterki imbiru i 3 plastry cytryny zalewamy wrzątkiem, pijemy po ostudzeniu.
- codziennie (po dowolnym posiłku) spożywamy 1 łyżkę **ostropestu**. Popijamy ją wodą lub pijemy w formie naparu.

Jak się przygotować: używajmy mikstury z dodatkiem kurkumy jako dodatku do potraw, upieczmy dowolny pasztet, ugotujmy domowy bulion, postarajmy się skiełkować dowolne kasze i nasiona (komosa, kasza gryczana, amarantus, pestki słonecznika, sezam), wtedy będą miały większą wartość odżywczą.

DZIEŃ 1–2

ŚNIADANIE:

100 g (2 plastry) pasztetu, dowolna ilość warzyw – sałatka z sałaty, rzodkiewki, pokrojonego ogórka, pokrojonego ½ awokado, polana 1 łyżką oliwy z oliwek lub oleju z konopi

DRUGIE ŚNIADANIE: Gryczanka z granatem

- 4 łyżki płatków gryczanych
- 1 szklanka mleka ryżowego lub kokosowego
- 200 g borówek
- 3 łyżki nasion granatu
- 1 łyżka pestek słonecznika lub nasion konopi

Płatki gryczane zalewamy gorącym mlekiem i zostawiamy, aż zmiękną. Podajemy z borówkami i ziarenkami granatu oraz pestkami lub nasionami konopi.

OBIAD: Ryba w papilotach – 2 porcje

- 2 filety z dowolnej świeżej ryby bez ości – dorsz atlantycki, łosoś dziki, sandacz, makrela – po 150–200 g każdy
- szczypta estragonu
- świeża bazylia
- po 2 łyżeczki sezamu białego i czarnego
- 1 łyżka oleju kokosowego
- 2 łyżki płatków migdałowych
- sos tahini – 3 łyżki tahini + 1 wyciśnięty ząbek czosnku + 1 łyżeczka cząbru + sok z ćwiartki limonki
- warzywa (ok 700 g) – brokuły, bataty, seler naciowy, fasolka szparagowa, ogórek kiszony
- **marynata** – 150 ml mleczka kokosowego, sok z połowy limonki, szczypta kurkumy, pieprz, szczypta soli himalajskiej. Wszystkie składniki dokładnie mieszamy.

Przygotowujemy 2 kawałki papieru do pieczenia w formie kwadratów lub prostokątów. Każdy z nich smarujemy porcją marynaty, kładziemy na nim kawałek fileta, ponownie smarujemy marynatą, posypujemy ziołami: estragonem, świeżymi listkami bazylii, po łyżce miksu sezamu i skrapiamy olejem kokosowym. Zawijamy szczelnie papiloty. Wkładamy do naczynia żaroodpornego do piekarnika nagrzanego do 180°C i pieczemy przez 8–10 minut.

Do ryby podajemy ugotowane na parze warzywa i pokrojonego ogórka kiszonego, polane sosem z tahini i posypane płatkami migdałowymi.

KOLACJA: Zupa pomidorowa z kaszą gryczaną/ amarantusem – 2 porcje

- 50 g skiełkowanej kaszy gryczanej/amarantusa (z 5 łyżek suchych ziaren)
- 2 cebule
- kawałek pora
- 4 łyżki posiekanego szczypiorku
- 3 dojrzałe pomidory
- 300 ml przecieru pomidorowego
- sól himalajska, pieprz, czosnek granulowany, ekoprzyprawa do bulionu lub bulion domowy, liść laurowy, ziele angielskie
- 2 łyżki oliwy
- 2 łyżki pestek dyni
- 1 litr bulionu

Do garnka wlewamy litr bulionu (z ekoprzyprawy lub domowego), dorzucamy liść laurowy i ziele angielskie. Zagotowujemy.

Na oliwie szklimy 2 posiekane cebule i pora mniej więcej przez 2 minuty. Dodajemy do wrzącego bulionu, gotujemy 5 minut. Na pozostałej na patelni oliwie podsmażamy pokrojone pomidory, doprawiamy je czosnkiem, solą i pieprzem. Dusimy ok. 5 minut. Dodajemy do bulionu i gotujemy przez 10 minut. Wyjmujemy liść i ziele, dolewamy przecier i miksujemy na krem. Gotujemy jeszcze 5 minut.

W tym czasie gotujemy kaszę gryczaną na półtwardo. Podajemy zupę z kaszą, posypaną pestkami dyni i szczypiorkiem.

DZIEŃ 3–4

ŚNIADANIE: Omlet ze szpinakiem/jarmużem – 2 szt.

- 2 jajka
- 1 cebulka dymka ze szczypiorkiem
- 1 kawałek czerwonej cebulki
- 2 garście szpinaku świeżego lub mrożonego albo sparzonego wrzątkiem jarmużu
- 2 ząbki czosnku
- 1 łyżka otrąb gryczanych
- kumin, gorczyca, czosnek niedźwiedzi, sól morska, pieprz
- 2 łyżki oliwy
- **sos jogurtowy**: 100 ml gęstego mleczka kokosowego, szczypta curry, sól morska, kurkuma, mięta posiekana. Składniki sosu mieszamy.

Na oliwie smażymy szczyptę kuminu, gorczycy, świeży czosnek, posiekaną cebulkę mniej więcej przez minutę. Następnie dodajmy szpinak/jarmuż, przyprawiamy i dusimy ok. 3 minut.

Jajka roztrzepujemy z solą i czosnkiem niedźwiedzim (ewentualnie zwykłym) oraz szczypiorkiem. Doprawiamy pieprzem. Zalewamy szpinak na patelni masą jajeczną i podsmażamy aż do zarumienienia. Podajemy z sosem.

DRUGIE ŚNIADANIE: Sałatka z komosy i nasion konopi/słonecznika/migdałów – 4 porcje

- 1 szklanka skiełkowanej komosy ryżowej, kaszy gryczanej lub amarantusa
- 3 łyżki nasion konopi/słonecznika/migdałów
- 1–2 cebule szalotki
- szczypiorek lub natka pietruszki
- sól himalajska, pieprz
- 2 łyżki oliwy lub oleju rzepakowego nierafinowanego

Kaszę dokładnie płuczemy pod kranem w zimnej wodzie, odsączamy. Przekładamy do rondelka. Dodajemy łyżkę oliwy, sól, pieprz i zalewamy 2 szklankami wody. Gotujemy 15 minut, następnie

zostawiamy pod przykryciem i czekamy, aż wchłonie cały płyn. Na oliwie szklimy cebulkę, mieszamy z kaszą. Dodajemy nasiona i posiekaną zieleninę.

OBIAD: Kotlety wołowe z pieczarkami – 2 porcje

- 300 g mięsa wołowego
- 1 łyżka musztardy Dijon
- 300 g pieczarek
- 2 cebule
- 2 ząbki czosnku
- sól himalajska, pieprz, świeży tymianek
- 2 łyżki oliwy lub oleju rzepakowego nierafinowanego

Mięso mielimy. Dodajemy do niego łyżkę musztardy Dijon, wyciśnięty czosnek, sól, pieprz i świeży tymianek. Wyrabiamy dokładnie z łyżką zimnej wody. Odstawiamy na kilka minut.

W tym czasie kroimy pieczarki i cebulę. Doprawiamy solą i pieprzem. Dusimy ok. 10 minut na łyżce oliwy.

Ze zmielonego mięsa formujemy kotleciki i przesmażamy na łyżce oliwy po 2 minuty z każdej strony, następnie 5–7 minut dusimy pod przykryciem na małym ogniu.

Podajemy z pieczarkami i surówką z kapusty kiszonej.

Surówka z kiszonej młodej kapusty – 2 porcje

- 350 g kiszonej młodej kapusty
- 2 cebule szalotki
- 1 małe jabłko
- 1 marchewka
- 3 łodyżki koperku lub natki
- sól himalajska, pieprz
- 2 łyżeczki oleju rzepakowego tłoczonego na zimno
- 1 łyżka zmiażdżonego w moździerzu siemienia lnianego

Marchewkę i jabłko ścieramy na tarce, szalotkę i koperek siekamy, wszystkie składniki mieszamy z młodą kapustą. Przyprawiamy, polewamy olejem i posypujemy siemieniem.

KOLACJA: Warzywa z mleczkiem kokosowym – 2 porcje

- 250–300 g fasolki szparagowej lub zielonych szparagów
- 1 mała cytryna
- 2 marchewki
- 1 cukinia
- 1 brokuł
- 1 por
- 1–2 ząbki czosnku
- kawałek (1 cm) imbiru
- 2 łyżeczki sezamu
- 100 ml mleczka kokosowego
- 2 łyżki oliwy
- 1 łyżeczka pasty z zielonego curry, szczypta kurkumy

Brokuła dzielimy na różyczki, cukinię i marchewkę kroimy w plastry, wyszorowaną cytrynę – w cienkie plasterki. Fasolkę lub szparagi kroimy na mniejsze kawałki, a pora w talarki.

Na patelnię wlewamy 2 łyżki oliwy, dodajemy wyciśnięte ząbki czosnku, 4 plasterki cytryny ze skórką, starty na tarce imbir i pora. Dusimy ok. 2 minut. Dodajemy wszystkie pozostałe warzywa i dusimy pod przykryciem ok. 10 minut, w razie czego podlewając wodą. Wlewamy mleczko kokosowe, mieszamy, dodajemy kurkumę i dusimy do redukcji sosu. Przyprawiamy do smaku pastą curry. Podajemy posypane sezamem.

DZIEŃ 5–6

ŚNIADANIE:

100 g (2 plastry) pasztetu, podawane z surówką z kapusty kiszonej i warzyw.

Surówka z kapusty kiszonej i warzyw – 2 porcje

- 300–400 g kapusty kiszonej (odsączamy, jeśli jest za kwaśna)
- 1 marchewka
- 1 por
- 1 łodyga selera naciowego
- 1 jabłko
- 1 cebula
- szczypiorek lub natka pietruszki
- 2 łyżki oliwy
- 1 łyżeczka płynnego miodu
- 2 łyżki nasion konopi/słonecznika/migdałów/siemienia lnianego
- sól himalajska, pieprz

Marchewkę i jabłko ścieramy na tarce, pora i cebulkę siekamy. Selera kroimy na plasterki. Zieleninę siekamy.

Oliwę mieszamy z miodem, solimy i posypujemy pieprzem.

Pokrojone warzywa mieszamy z kapustą, polewamy sosem i odstawiamy na 30 minut. Podajemy posypane nasionami.

DRUGIE ŚNIADANIE: Włoska sałatka z cukinią – 2 porcje

- 1 mała cukinia
- 1 filet z drobiu (100 g)
- 1 łyżka musztardy
- 1 limonka
- sól himalajska, szczypta pieprzu

- 2 garście rukoli
- 4 liście sałaty lodowej
- 1 garść roszponki lub cykoria
- 10 dojrzałych pomidorków koktajlowych
- kilka listków świeżej kolendry lub natki pietruszki
- 2 łyżki orzechów piniowych lub pestek dyni i słonecznika
- 2 łyżeczki oliwy
- **dressing z limonki:** 1 limonka, 2 łyżki oliwy, miód, starty świeży imbir, sól i pieprz do smaku. Wyciskamy sok z limonki, mieszamy z pozostałymi składnikami.

Mieszamy musztardę z oliwą, sokiem z limonki, solą i pieprzem. Marynujemy w tym mięso ok. 15–30 minut. Grillujemy na rumiano.

Cukinię kroimy obieraczką na długie wstążki. Mieszamy z sałatami. Dodajemy pokrojone pomidorki i posiekaną kolendrę/natkę. Posypujemy uprażonymi orzeszkami/pestkami i polewamy dressingiem.

OBIAD: Ryba ze szpinakiem – 2 porcje

- 2 filety bez ości (ok. 300 g) z łososia dzikiego lub innej ryby
- 300 g szpinaku
- 2 ząbki czosnku
- 1 cukinia
- 50 ml mleczka kokosowego
- 2 łyżki płatków migdałowych/nasion konopi/słonecznika/orzechów
- 2 łyżeczki masła klarowanego lub oliwy
- 1 limonka
- sól himalajska, pieprz zielony, suszony cząber
- 1 por
- 1 łyżeczka oliwy

Rybę skrapiamy sokiem z limonki. Oprószamy solą i pieprzem.

Na patelni rozpuszczamy masło, dodajemy umyty i odsączony szpinak, posiekany czosnek, sól, pieprz i dusimy mniej więcej przez 5 minut. Zdejmujemy z patelni. Podgrzewamy mleczko kokosowe z odrobiną soku z limonki przez 2 minuty, dodajemy posiekane migdały lub orzechy i mieszamy.

Na dno naczynia układamy pora pokrojonego w talarki, wymieszanego z plastrami cukinii, skropione oliwą i przyprawione cząbrem, solą i pieprzem. Na to układamy rybę, a na niej szpinak. Na wierzch wylewamy mleczko kokosowe z limonką i migdałami/orzechami. Pieczemy 25 minut bez przykrycia w piekarniku nagrzanym do 180°C. Podajemy z surówką.

Surówka z awokado i młodej kapusty – 2 porcje

- 2 szklanki drobno posiekanej młodej kapusty
- 1 małe awokado
- 1 mała cebulka szalotka
- 4 suszone pomidory w oliwie
- 1 małe jabłko
- ½ szklanki posiekanej natki pietruszki
- 1 limonka
- 2 łyżeczki oliwy z pomidorów
- szczypta soli himalajskiej i pieprzu

Kapustę mieszamy z posiekaną szalotką, solimy, pieprzymy i skrapiamy sokiem z limonki. Dodajemy pokrojone pomidory, starte jabłko, posiekaną natkę oraz pokrojone w kostkę awokado. Delikatnie mieszamy i polewamy oliwą.

KOLACJA: Fasolka z pieczarkami – 2 porcje

- 400 g fasolki szparagowej
- 100 g pieczarek (lub kurek)
- 1 por
- 1 mała czerwona cebula
- 1 łyżka masła klarowanego
- 1 łyżka sezamu
- sól morska, pieprz czarny
- 2 łyżeczki oleju z nasion konopi lub lnianego budwigowego

Fasolkę gotujemy w lekko osolonej wodzie ok. 15 minut. W tym czasie na maśle klarowanym szklimy posiekanego pora i cebulkę, dusimy ok. 6 minut z grzybami, doprawiamy solą i pieprzem. Do grzybów dodajemy odsączoną fasolkę i posypujemy sezamem. Przed podaniem skrapiamy olejem z konopi lub lnianym.

DZIEŃ 7

ŚNIADANIE:

100 g (2 plastry pasztetu), kilka plasterków awokado i ogórka kiszonego, rzodkiewka, sałata w dowolnej ilości

DRUGIE ŚNIADANIE: Quinoa ze szpinakiem – 2 porcje

- 1 szklanka skiełkowanej quinoa, kaszy gryczanej lub amarantusa
- 1 por
- 100 g szpinaku
- 2 ząbki czosnku
- 1 dymka ze szczypiorkiem
- świeża bazylia
- 1 limonka
- pieprz czarny, sól morska, ekoprzyprawa do bulionu
- 2 łyżki oliwy z oliwek
- 2 łyżki pestek dyni, nasion konopi/słonecznika/migdałów/siemienia lnianego rozgniecionego
- 100 ml mleczka kokosowego

Kaszę płuczemy. Pora szklimy na oliwie, wsypujemy sól, pieprz, kaszę i dolewamy 1,5 szklanki wody, dodajemy przyprawę bulionową i gotujemy ok. 15 minut. Następnie dodajemy szpinak, czosnek, bazylię, mleczko kokosowe i dusimy mniej więcej przez 6 minut. Doprawiamy sokiem z limonki, dodajemy szczypiorek i posypujemy migdałami/pestkami/nasionami.

OBIAD: Pulpeciki z cukinią – 2 porcje

- 200 g mielonego mięsa z indyka
- 1 duża cukinia
- 1 por
- 1 szalotka lub cebula dymka ze szczypiorkiem
- 1 łyżka masła klarowanego, oliwa do smażenia

- świeża bazylia
- sól morska, pieprz czarny, 2 ząbki czosnku
- 3 łyżki otrąb gryczanych

Pół cukinii ścieramy na tarce o dużych oczkach. Solimy. Odsączamy z nadmiaru soku. Łyżką soku z cukinii zalewamy otręby i odstawiamy na 5 minut. Pora szklimy na maśle i solimy.

W misce mieszamy mięso, startą cukinię, pora, posiekany szczypiorek, cebulkę i czosnek, świeże zioła i otręby. Wyrabiamy masę, ewentualnie zagęszczając otrębami. Doprawiamy do smaku solą i pieprzem.

Pulpeciki dusimy na patelni na łyżce oliwy pod przykryciem przez 10–15 minut, podlewając delikatnie wodą. Obok grillujemy pozostałą cukinię pokrojoną w plastry, polaną oliwą i posypaną ziołami. Podajemy z surówką z marchewki.

Surówka z marchewki i pomarańczy z nutą imbiru – 1 porcja

- 2 duże marchewki
- ½ fenkułu lub kawałek pora
- 2 garście roszponki
- kawałek (0,5 cm) świeżego imbiru
- 1 mała pomarańcza
- 1 limonka
- 1 łyżka musztardy
- 2 łyżki nasion słonecznika

Fenkuł lub por kroimy na cienkie plasterki, marchewkę strugamy na wstążki obieraczką do warzyw lub ścieramy na tarce o grubych oczkach.

Wyciskamy sok z połowy pomarańczy i limonki, dodajemy do niego starty imbir i musztardę. Marynujemy w tym marchewkę i fenkuł/por ok. 15 minut. Sałatę mieszamy z wyjętymi z zalewy marchewką i fenkułem. Dodajemy cząstki pomarańczy i otartą skórkę z limonki. Polewamy pozostałym sosem i posypujemy słonecznikiem.

KOLACJA: porcja kaszy ze szpinakiem

II TYDZIEŃ

- **napój:** sok z aloesu w rozcieńczeniu 50 ml soku na 500 ml wody
- codziennie (po dowolnym posiłku) spożywamy 1 łyżkę **ostropestu**. Popijamy ją wodą lub pijemy w formie naparu.
- **przydatne przepisy**: pieczony indyk, kiszone buraczki i sok (pić ½ szklanki dziennie do jednego posiłku)

DZIEŃ 1–2

ŚNIADANIE: Omlet z pieczarkami i szynką – 1 porcja

- 1 jajko
- 10 szt. pieczarek
- 1 plaster szynki bez konserwantów
- pęczek szczypiorku
- 1 czerwona cebula
- kilka gałązek natki
- 1 łyżeczka oleju kokosowego lub oliwy
- sól himalajska, pieprz
- pomidory
- świeża bazylia

Cebulę siekamy, szklimy na oleju mniej więcej przez 1 minutę, doprawiamy solą i pieprzem. Dodajemy pokrojone pieczarki i dusimy ok. 2 minut. Jajko roztrzepujemy trzepaczką, dodajemy pokrojoną szynkę, posiekany szczypiorek i natkę i wlewamy na patelnię z pieczarkami. Zmniejszamy ogień pod patelnią i smażymy bardzo powoli pod przykryciem, żeby omlet się ściął bez konieczności przewracania na drugą stronę. Podajemy z pomidorami i świeżą bazylią.

DRUGIE ŚNIADANIE: Pudding z chia i malinami – 2 porcje

- 2 szklanki mleka kokosowego, migdałowego lub orzechowego
- 3 łyżki nasion chia
- 200 g malin świeżych lub mrożonych
- 2 łyżki pokruszonych nasion konopi/słonecznika/migdałów
- kawałek laski wanilii
- kilka listków świeżej mięty

Mleko zagotowujemy z laską wanilii, dodajemy chia i mieszamy trzepaczką. Odstawiamy na 30 minut do ostudzenia.

Na dno pucharka wlewamy 1 porcję mleka z chia, posypujemy nasionami, na wierzch kładziemy maliny i dekorujemy miętą. Drugą porcję przechowujemy w lodówce na następny dzień.

OBIAD: Cukinie faszerowane – 2 porcje

- 2 cukinie
- 250 g chudego mielonego mięsa drobiowego
- 10-15 pieczarek
- ½ szklanki posiekanej natki pietruszki
- 1 por
- sól, pieprz, szczypta kurkumy, czosnek świeży lub granulowany
- 2 łyżki oliwy

Cukinie myjemy, przekrawamy wzdłuż na pół i usuwamy nasiona. Posypujemy solą i pieprzem.

Pora kroimy w plasterki i podduszamy na oliwie, dodajemy pieczarki i czosnek, kurkumę, pieprz i sól i dusimy całość jeszcze przez ok. 5 minut. Mieszamy z surowym mięsem i posiekaną natką.

Napełniamy cukinie farszem. Przekładamy do naczynia żaroodpornego. Pieczemy 30 minut w piekarniku nagrzanym do 180° C. Podajemy z surówką z buraczka.

Surówka chrzanowa z buraczka – 2 porcje

- 2 buraki świeże lub kiszone
- 1 marchewka
- 1 jabłko
- 3 łyżki gęstego mleczka kokosowego
- 1 łyżeczka chrzanu
- sól himalajska, pieprz

Mleczko mieszamy z chrzanem i przyprawiamy. Warzywa i jabłko obieramy i ścieramy na tarce o małych oczkach. Dodajemy sos i mieszamy. Odstawiamy na chwilę, żeby smaki się połączyły.

KOLACJA: Zupa tajska z kurczakiem i kolendrą – 2 porcje

- 2 szklanki bulionu warzywnego
- 200 ml mleczka kokosowego
- 150 g fileta z kurczaka/indyka albo 10 krewetek
- 1 cebula
- kurkuma (lub mieszanka kurkumy z olejem, papryką i pieprzem – str 35), kumin, pieprz, sól morska, świeży imbir, duża szczypta mielonej kolendry, ząbek czosnku
- warzywa: po 50 g brokułu, fasolki szparagowej i cukinii, kawałek pora
- pęczek kolendry/natki pietruszki
- sok z limonki
- 2 łyżki oliwy z oliwek lub oleju rzepakowego

Cebulę kroimy w piórka i szklimy na oliwie z pokrojonym kurczakiem/indykiem lub krewetkami ok. 5 minut. Następnie dodajemy kawałek startego imbiru i wyciśnięty czosnek. Mieszamy, solimy, dodajemy po szczypcie kuminu, mielonej kolendry i pieprzu oraz łyżeczkę kurkumy. Zalewamy bulionem, gotujemy przez 2 minuty i dolewamy mleczko kokosowe. Doprawiamy sokiem z limonki i zagotowujemy. Dodajemy pokrojone warzywa i gotujemy do miękkości. Podajemy obficie posypane świeżą kolendrą lub natką.

DZIEŃ 3–4

ŚNIADANIE: Zawijańce z indyka i sałaty – 2 porcje

- 4 liście sałaty lodowej
- 4 plastry (100 g) pieczonego indyka
- garść listków rukoli
- 4 plastry pomidora
- 6 plastrów awokado
- kilka listków bazylii
- 1 łyżka oliwy z oliwek
- szczypta soli morskiej i zielonej czubrycy
- świeży pieprz

Na liściu sałaty skropionej oliwą i oprószonej solą, pieprzem i czubrycą układamy niewielkie plasterki indyka, pomidora, awokado, listki bazylii i rukolę. Delikatnie zawijamy całość i spinamy wykałaczką. Jemy od razu po przygotowaniu lub zabieramy do pracy.

DRUGIE ŚNIADANIE:

2 placuszki z kaszy z ogórkiem i szczypiorkiem

Placuszki z kaszy – 2 porcje

- 100 g kaszy gryczanej/amarantusa
- 1 kawałek pora
- sól morska, pieprz, czosnek niedźwiedzi
- 1 łyżka mielonego siemienia lnianego zalana wrzątkiem
- szczypiorek
- olej rzepakowy
- oliwa

Kaszę gotujemy, odsączamy i studzimy (można ją przygotować poprzedniego dnia). Miksujemy kaszę z siemieniem, przyprawiamy, dodajemy przesmażonego na oliwie pora i świeży szczypiorek. Formujemy łyżką placuszki i obsmażamy na rumiano z obu stron na małej ilości oleju.

Podajemy z dowolnymi warzywami: ogórkami kiszonymi, kapustą kiszoną, rzodkiewkami, sałatą (dowolna ilość) lub z sezamową surówką.

Sezamowa surówka z ogórkiem – 2 porcje

- 2 duże ogórki – ok. 400 g
- 2 łyżeczki ciemnego sezamu
- 1 łyżka oleju sezamowego
- 1 łyżka octu jabłkowego niefiltrowanego
- 4 łyżki posiekanego szczypiorku
- 2 łyżki kiełków lub rzeżuchy

Ogórki kroimy w cienkie plasterki, mieszamy ze szczypiorkiem i kiełkami, polewamy olejem sezamowym i skrapiamy octem. Posypujemy sezamem.

OBIAD: Kminkowy kurczak z grillowaną sałatą i cukinią – 2 porcje

- 4 pałki z kurczaka
- **marynata do mięsa:** 1 łyżeczka suszonej papryki, ½ łyżeczki mielonego kminku, 2 wyciśnięte ząbki czosnku, szczypta mielonej kolendry, 1 łyżeczka oliwy, 1 łyżka musztardy, szczypta soli i pieprzu. Wszystkie składniki dokładnie mieszamy.
- 2 sałaty rzymskie mini
- 1 cukinia
- kawałek pora
- garść rukoli
- świeży czosnek, suszony cząber, tymianek, oregano, pieprz, sól morska do warzyw
- 2 łyżki oliwy

Z pałek zdejmujemy skórę, nacinamy je i marynujemy mniej więcej przez 1 godzinę. Przekładamy pałki do woreczka do pieczenia i pieczemy przez 30–40 minut w 170°C.

Sałatę rzymską przekrawamy na pół, kroimy cukinię i pora w plasterki, następnie posypujemy ziołami, polewamy oliwą i odstawiamy na 10 minut. Grillujemy warzywa ok. 5 minut z każdej strony. Podajemy ciepłe z kurczakiem i rukolą.

KOLACJA: Fasolka z sezamem – 2 porcje

- 3 łyżki sezamu lub pasty sezamowej tahini
- 1 limonka
- 700 g fasolki szparagowej
- 1 szklanka jarmużu
- 100 g pieczarek
- 100 ml mleczka kokosowego
- natka pietruszki lub świeża kolendra
- 2 łyżki czarnego sezamu
- 100 ml bulionu warzywnego
- świeży imbir, pieprz, sól himalajska, curry
- 2 łyżeczki masła klarowanego lub oleju rzepakowego

Tahini lub sezam mieszamy z mleczkiem kokosowym, świeżymi ziołami, łyżeczką soku z limonki. Ugotowaną al dente fasolkę wrzucamy na patelnię na masło, dodajemy jarmuż i podsmażamy minutę, mieszamy z sosem sezamowym, wlewamy bulion, przyprawiamy, dorzucamy pokrojone na plasterki pieczarki i dusimy mniej więcej przez 4 minuty. Podajemy posypane czarnym sezamem.

DZIEŃ 5–6

ŚNIADANIE: Omlet z indykiem i szczypiorkiem – 1 porcja

- 1 duże jajko
- 1 wyciśnięty ząbek czosnku
- 1 łyżka szczypiorku
- 1 łyżka posiekanej natki pietruszki
- ½ posiekanej drobno cebulki
- 2 plasterki (40 g) pieczonego indyka
- 1–2 łyżeczki otrąb gryczanych do zagęszczenia masy
- szczypta soli i pieprzu, czubrycy zielonej lub ulubionych ziół
- 1 łyżeczka oliwy

Jajko roztrzepujemy widelcem, dodajemy pokrojonego w kosteczkę indyka, cebulę i posiekany szczypiorek, czosnek oraz przyprawy i otręby. Dokładnie mieszamy. Smażymy na patelni teflonowej na łyżeczce oliwy. Przed podaniem posypujemy pietruszką. Podajemy z ulubionymi warzywami z listy dozwolonych w tej fazie.

DRUGIE ŚNIADANIE:

100 g (2 plastry) pieczonego indyka z surówką z buraczka

Surówka z grillowanego/kiszonego buraczka – 2 porcje

- 1 burak świeży lub kiszony
- 1 awokado
- mix sałat z rukolą lub roszponką 100 g
- 2 łyżeczki tahini
- 1 ząbek czosnku lub szczypta czosnku niedźwiedziego
- sok z limonki
- sól himalajska, pieprz, świeża bazylia
- ½ łyżeczki oleju kokosowego nierafinowanego

Buraczka kroimy w plasterki, solimy, posypujemy pieprzem i smażymy na oleju kokosowym przez minutę. Jeśli używamy kiszonego buraczka, nie smażymy go.

Do tahini dodajemy wyciśnięty czosnek/czosnek niedźwiedzi, sok z limonki, sól, łyżkę posiekanej bazylii i mieszamy.

Awokado wyjmujemy łyżką z łupiny, skrapiamy sokiem z limonki i delikatnie solimy, mieszamy z sałatami, buraczkiem, polewamy sosem.

OBIAD: Tagliatelle warzywne z rybą – 2 porcje

- 200 g łososia dzikiego, pstrąga lub dorsza
- pieprz cytrynowy
- 1 łyżeczka startego imbiru
- 1 limonka
- czubryca zielona
- musztarda Dijon
- 1 cukinia
- 1 fenkuł/koper włoski – niekoniecznie
- 1 marchewka
- 1 seler
- por
- korzeń pietruszki
- 2 łyżki oleju rzepakowego nierafinowanego
- 2 ząbki czosnku
- 1 łyżka migdałów lub pestek dyni

Kawałki łososia/pstrąga/dorsza skrapiamy sokiem z limonki, smarujemy musztardą, oprószamy pieprzem cytrynowym, czubrycą i imbirem. Odstawiamy na 10 minut. Rybę grillujemy mniej więcej przez 3 minuty. W tym czasie kroimy pora w talarki, a resztę warzyw – w paski za pomocą obieraczki.

Na rozgrzanej patelni z 2 łyżkami oleju podsmażamy pora przez 5 minut. Następnie wrzucamy pozostałe warzywa, wsypujemy łyżeczkę czubrycy oraz szczyptę soli i dodajemy wyciśnięty czosnek. Podduszamy przez 15–20 minut, podlewając wodą. Gotowe warzywa przekładamy na talerz. Na to wykładamy kawałki łososia i posypujemy migdałami lub pestkami.

KOLACJA: Zupa krem z brokułów – 2 porcje

- 1 brokuł
- kawałek pora
- 1–2 ząbki czosnku
- 1 łyżka oliwy z oliwek lub oleju rzepakowego
- 50 ml mleka ryżowego, migdałowego lub kokosowego
- 2 łyżki płatków migdałowych/rozgniecionego siemienia lnianego
- 1 litr wody/bulionu warzywnego

Pora kroimy w talarki i podsmażamy przez minutę w garnuszku na łyżce oliwy. Zalewamy wodą/bulionem. Dodajemy różyczki brokułu i gotujemy do miękkości, mniej więcej przez 15 minut. Dodajemy mleko, wyciśnięty czosnek i miksujemy. Podajemy posypane migdałami lub siemieniem.

DZIEŃ 7

ŚNIADANIE: Toskańska sałatka Finocchio – 2 porcje

- 100 g fileta z indyka
- 2 łyżki nasion konopi/słonecznika/migdałów
- fenkuł/por
- 1 mała czerwona cebulka
- 2 garście rukoli
- 1 pomarańcza
- 3 łyżki ziaren granatu
- 1 łyżka oliwy
- 1 limonka
- sól himalajska, pieprz
- **winegret z pietruszki**: 6 łyżek posiekanej natki pietruszki, sok z połowy limonki, 3 łyżki oliwy, szczypta soli i pieprzu, 1 łyżka miodu, 3 łyżki ciepłej wody. Miksujemy wszystkie składniki.

Z połowy pomarańczy wyciskamy sok, dodajemy sok z limonki, sól, pieprz i oliwę. Marynujemy w tym pokrojone na kawałki mięso ok. 20 minut lub przez noc.

Na patelnię wysmarowaną oliwą kładziemy kawałki mięsa oraz pokrojony w plastry, lekko posolony fenkuł/por. Grillujemy mniej więcej przez 3 minuty z obu stron, aż mięso będzie gotowe.

W misce mieszamy rukolę, cząstki pomarańczy (bez skórek), cienkie plasterki cebulki, kawałki mięsa i fenkuła/pora. Posypujemy ziarnami granatu i nasionami/migdałami. Polewamy winegretem z pietruszki.

DRUGIE ŚNIADANIE: Sałatka z kaszy jaglanej z granatem – 1 porcja

- ½ szklanki kaszy jaglanej/ komosy ryżowej/amarantusa
- 3 łyżki nasion granatu
- świeża natka pietruszki lub kolendra
- limonka
- 3 łyżki nasion konopi/słonecznika/migdałów/rozgniecionego siemienia
- **sos limonkowy:** sok z 1 limonki, ½ łyżeczki soli morskiej, 1 łyżka octu balsamicznego, 3 łyżki oliwy, cynamon. Wszystkie składniki mieszamy.

Kaszę płuczemy we wrzątku, a następnie prażymy mniej więcej przez 2 minuty na suchej patelni. Dolewamy 1,5 szklanki wody, solimy i gotujemy przez 15–20 minut. Do wystudzonej kaszy dodajemy ziarenka granatu, posiekaną natkę lub kolendrę oraz nasiona i szczyptę otartej skórki z limonki, skrapiamy limonką i polewamy sosem.

OBIAD: Makaron warzywny à la spaghetti – 1 porcja

- 1 cukinia
- 1 marchewka
- 1 szklanka pulpy pomidorowej
- 1 mała szalotka lub czerwona cebula
- 1 ząbek czosnku i szczypta czosnku niedźwiedziego
- 150 g mielonego mięsa drobiowego
- 2 łyżki pestek dyni lub migdałów
- sól morska, pieprz czarny, zioła prowansalskie, szczypta cynamonu, świeża bazylia
- oliwa

Cebulę kroimy i podsmażamy na oliwie z przyprawionym solą i pieprzem mięsem mniej więcej przez 3 minuty, dodajemy pulpę pomidorową, czosnek niedźwiedzi, bazylię, zioła prowansalskie, szczyptę cynamonu. Podduszamy przez ok. 7 minut.

Cukinię i marchewkę kroimy w szerokie wstążki, układamy na patelni posmarowanej oliwą, solimy, dodajemy wyciśnięty czosnek, podduszamy jakieś 5 minut.

Warzywa wykładamy na talerz, dodajemy mięso z sosem, posypujemy pokruszonymi nasionami.

KOLACJA:

porcja sałatki toskańskiej

III TYDZIEŃ

- **napoje:** 1 filiżanka herbaty matcha dziennie
- codziennie (po dowolnym posiłku) spożywamy 1 łyżkę **ostropestu**. Popijamy ją wodą lub pijemy w formie naparu.
- **przydatne przepisy:** chleb gryczany, polędwiczka pieczona

DZIEŃ 1–2

ŚNIADANIE: Frittata z polędwiczką – 2 porcje

- 2 jajka
- 100 ml mleka ryżowego
- 2 plastry cienko pokrojonej polędwiczki wieprzowej
- pęczek szczypiorku
- szklanka szpinaku
- 1 ząbek czosnku lub 1 łyżeczka czosnku niedźwiedziego
- 1 szklanka pokrojonej cukinii
- 2 łyżki oleju kokosowego nierafinowanego
- sól, pieprz
- ogórki kiszone

Na patelni rozgrzewamy olej, wrzucamy pokrojoną cukinię, czosnek, przyprawiamy solą i pieprzem, smażymy mniej więcej przez 2 minuty.

Jajka roztrzepujemy z mlekiem, solimy, oprószamy pieprzem, dodajemy szpinak i pokrojoną polędwiczkę. Masę wlewamy na patelnię z cukinią, posypujemy szczypiorkiem i smażymy na małym ogniu pod przykryciem, aż masa się zetnie, czyli ok. 5 minut. Podajemy z ogórkami kiszonymi.

DRUGIE ŚNIADANIE:

2 kromki chleba gryczanego z pastą z awokado, plastrami polędwiczki, ogórkiem, sałatą w dowolnej ilości.

OBIAD: Delikatne curry z rybą i warzywami – 2 porcje

- 350 g ryby (podduszamy, a następnie odkładamy 50 g do pasty rybnej na następny dzień) – sandacz, łosoś dziki, dorsz, pstrąg
- 1 główka brokułu
- 1 kawałek pora
- 250 ml mleczka kokosowego z puszki bez zagęstników
- 100 ml bulionu warzywnego
- 1 limonka
- 1 szklanka szpinaku
- 1 ząbek czosnku
- plasterek (1 cm) świeżego imbiru, sól, pieprz
- 1 cebula szalotka
- 1 szczypta kurkumy lub 1 łyżeczka mikstury z dodatkiem kurkumy
- 2 łyżeczki oleju kokosowego

Podduszoną rybę kroimy na małe kawałki i skrapiamy sokiem z limonki, posypujemy solą i pieprzem.

Na patelnię wrzucamy posiekaną drobno szalotkę, grubiej pokrojonego pora, rozdrobniony czosnek, starty imbir, szczyptę kurkumy (miksturę) i olej, podsmażamy kilka sekund, dolewamy bulion i zagotowujemy. Dolewamy mleczko kokosowe, wrzucamy różyczki brokułu i dusimy pod przykryciem mniej więcej przez 5 minut. Następnie dodajemy kawałki ryby i dusimy jeszcze przez 2 minuty. Na talerzu posypujemy szpinakiem. Można podawać z sokiem z kiszonego buraczka lub surówką z kiszonego buraczka.

Surówka z kiszonego buraczka – 2 porcje

- 2 kiszone buraczki (ok. 200 g)
- 1 jabłko
- 1 kawałek pora
- kilka gałązek szczypiorku
- 1 łyżka oliwy
- 1 ząbek czosnku
- 1 cytryna
- sól himalajska, pieprz

Buraczki i jabłko ścieramy na tarce, mieszamy.

Pora kroimy drobno, wrzucamy na patelnię, dodajemy oliwę, starty czosnek i szczyptę soli i dusimy ok. minuty. Dodajemy do startego buraczka z jabłkiem, mieszamy, posypujemy szczypiorkiem, przyprawiamy pieprzem i skrapiamy cytryną.

KOLACJA: Pieczone bataty z sosem tahini – 2 porcje

- 1 batat (ok. 200 g)
- 1 łyżka oleju kokosowego
- zioła: rozmaryn, estragon, bazylia, cząber, sól himalajska, pieprz, szczypta kuminu
- 3 łyżki tahini
- 1 limonka
- 2 ząbki czosnku
- kilka listków natki pietruszki

Batat obieramy i kroimy w słupki, smarujemy lekko olejem kokosowym i posypujemy ziołami, solą i pieprzem. Pieczemy w piekarniku ok. 20 minut w 180°C lub smażymy na patelni grillowej przez 6–8 minut.

W tym czasie przygotowujemy sos: mieszamy tahini z sokiem z połowy limonki, posiekaną natką i wyciśniętym czosnkiem. Polewamy sosem gotowe bataty.

DZIEŃ 3–4

ŚNIADANIE: Dojrzałe pomidory faszerowane pastą z ryby i awokado – 2 porcje

- 4 duże dojrzałe pomidory
- 50 g duszonej ryby (przygotowanej poprzedniego dnia) lub sardynek/szprotek
- 1 dojrzałe awokado
- 1 łyżeczka musztardy Dijon
- sól morska lub himalajska, pieprz, kilka listków świeżej bazylii
- 1 posiekana dymka
- 1 wyciśnięty ząbek czosnku

Rybę rozdrabniamy, mieszamy z rozgniecionym awokado, dymką, musztardą, szczyptą soli i pieprzu oraz czosnkiem na pastę.

Pomidory wydrążamy. Miąższ mieszamy z pastą z ryby.

Faszerujemy pomidory, dekorujemy bazylią. Przechowujemy w lodówce.

DRUGIE ŚNIADANIE:

2 kromki chleba gryczanego posmarowane olejem kokosowym, z 2–3 plastrami polędwiczki, rzodkiewką, szczypiorkiem, plastrami żółtej papryki

OBIAD: Rosół z pulpecikami – 2 porcje

składniki na wywar

- włoszczyzna bez kapusty
- 1 cebula
- świeży lub suszony lubczyk
- sól himalajska, pieprz, kurkuma
- liść laurowy, ziele angielskie
- 2 łyżki oleju rzepakowego nierafinowanego

na pulpeciki

- 200 g mielonego mięsa wołowego lub drobiowego
- kilka listków świeżej mięty
- 1 limonka
- 1 czerwona cebula lub szalotka
- 1 pęczek natki pietruszki

Na oleju szklimy pora i cebulę, dodajemy pokrojone warzywa z włoszczyzny, przyprawy, lubczyk i przesmażamy mniej więcej przez 2 minuty. Zalewamy 500 ml wody, dodajemy liść laurowy i ziele angielskie. Gotujemy na małym ogniu.

W tym czasie przygotowujemy pulpeciki: mięso mieszamy z 3 łyżkami posiekanej natki, miętą, solą i pieprzem, skórką otartą z limonki oraz posiekaną cebulką. Formujemy małe kuleczki.

Wrzucamy kuleczki do bulionu i gotujemy do miękkości, czyli ok. 15 minut. Podajemy posypane natką.

KOLACJA: Warzywa pieczone z guacamole – 2 porcje

warzywa

- kawałek dyni bez skórki
- marchewka
- seler
- burak
- pietruszka
- kalarepka
- 1 łyżeczka rozgniecionego siemienia lnianego
- **marynata:** 2–3 łyżki oliwy, sól morska, 2 ząbki czosnku, 1 łyżeczka miodu, szczypta cynamonu, mielona kolendra. Wyciśnięty czosnek rozcieramy z solą i mieszamy z pozostałymi składnikami.

Warzywa kroimy w słupki i pokrywamy marynatą (buraka oddzielnie, aby nie zabarwił pozostałych warzyw). Zostawiamy na 15 minut. Pieczemy na blasze wyłożonej papierem do pieczenia posmarowanym oliwą w 180°C przez 25 minut. Podajemy posypane siemieniem z guacamole (przepis na str. 70).

DZIEŃ 5–6

ŚNIADANIE: Szakszuka czyli jajecznica po tunezyjsku – 1 porcja

- 1 jajko
- 2 plasterki polędwiczki
- 1 dojrzały pomidor bez skórki
- 1 żółta papryka
- ½ małego awokado
- 1 cebulka szalotka
- 1 ząbek czosnku
- 1 gałązka natki pietruszki
- cząber, oregano, bazylia, kurkuma lub ½ łyżeczki mikstury z dodatkiem kurkumy
- 1 łyżka oleju kokosowego

Na patelni rozgrzewamy olej, wrzucamy wyciśnięty czosnek, cebulkę, pokrojoną paprykę, przyprawy i dusimy mniej więcej przez 2 minuty. Dorzucamy pokrojonego pomidora i dusimy przez 5 minut. Dodajemy pokrojone plasterki polędwiczki, wbijamy jajko i przykrywamy. Smażymy na małym ogniu, aż białko się zetnie, podajemy z plasterkami awokado, posypane pietruszką.

DRUGIE ŚNIADANIE:

2 kromki gryczanego chleba z olejem kokosowym, polędwiczką i ogórkiem kiszonym oraz dowolnymi kiełkami

OBIAD: Ragoût z indykiem i migdałami/pestkami – 2 porcje

- 250 g fileta z indyka
- **przyprawy do mięsa:** sól morska roztarta z czosnkiem, suszone oregano, suszony cząber, pieprz czarny
- 3 kolorowe papryki

- 1 cukinia
- kilka zielonych oliwek
- 1 puszka krojonych pomidorów
- 1 fenkuł
- 3 łodygi selera naciowego
- 1 por
- 1 limonka
- 2 łyżki oliwy
- świeża bazylia
- 2 łyżki nasion konopi/słonecznika/migdałów/rozgniecionego siemienia lnianego

Mięso myjemy i kroimy w plastry. Nacieramy przyprawami, skrapiamy oliwą i sokiem z limonki. Odstawiamy na godzinę.

W tym czasie przygotowujemy warzywa: pora podsmażamy na oliwie, dodajemy pokrojone w paski: papryki, fenkuła i selera naciowego, dorzucamy krojone pomidory. Dusimy ok. 10 minut, ciągle mieszając. Przyprawiamy do smaku solą, pieprzem i cząbrem. Na koniec dodajemy pokrojoną w kostkę cukinię i oliwki, dusimy jeszcze 5 minut, podlewając wodą w razie potrzeby.

Filety pieczemy na patelni grillowej po 7–8 minut z każdej strony. Podajemy z ciepłymi warzywami, posypane nasionami i posiekaną bazylią.

KOLACJA: Zupa krem z dyni i jarmużu – 2 porcje

- 300 g dyni
- kawałek (2 cm) świeżego imbiru
- szczypta kurkumy lub mikstury z oleju kokosowego z kurkumą
- 300 ml bulionu warzywnego
- 100 ml mleczka kokosowego/innego roślinnego
- 1 kawałek pora
- 1 szklanka jarmużu
- 2 łyżki masła klarowanego lub oliwy
- 2 ząbki czosnku
- 1 cebulka szalotka
- 2 łyżki pestek dyni/sezamu/rozgniecionego siemienia lnianego
- sól himalajska, pieprz czarny, gałka muszkatołowa

Dynię kroimy w kostkę, pora, szalotkę i jarmuż siekamy. Smażymy wszystko na łyżce masła mniej więcej przez 4 minuty. Dodajemy czosnek, sól, pieprz i dusimy przez 2 minuty. Zalewamy bulionem, przyprawiamy solą, pieprzem i gałką muszkatołową oraz startym imbirem i gotujemy ok. 15 minut. Dolewamy mleczko/mleko i dodajemy kurkumę. Gotujemy jeszcze 5 minut i miksujemy na krem.

Zupę na talerzu posypujemy pestkami, sezamem lub siemieniem.

DZIEŃ 7

ŚNIADANIE: Sałatka z indykiem na ciepło – 1 porcja

- 1 filet (ok. 100 g) z kurczaka lub indyka
- 100 g fasolki szparagowej – może być mrożona
- 1 cebula
- 1 cukinia
- czosnek granulowany, sól morska, pieprz czarny, kurkuma
- 2 łyżki oliwy
- kilka gałązek szczypiorku, natka pietruszki

Filet nacieramy oliwą z oliwek i posypujemy czosnkiem granulowanym, solą i pieprzem. Smażymy w woku lub na patelni mniej więcej przez 5 minut.

Cukinię kroimy w kostkę, a cebulę w piórka. Polewamy je oliwą i posypujemy solą, pieprzem oraz kurkumą. Dorzucamy do mięsa i dusimy przez 5–8 minut, ciągle mieszając. Dorzucamy fasolkę i dusimy przez kolejne 5 minut. Podajemy posypane natką pietruszki i szczypiorkiem.

DRUGIE ŚNIADANIE: Sałatka z kaszy quinoa i selera – 2 porcje

- 1 szklanka kaszy quinoa (komosy ryżowej) lub amarantusa
- 1 łodyga selera naciowego
- 2 ząbki czosnku
- 100 g dyni, np. hokkaido
- 1 szklanka jarmużu

- szczypta tymianku, sól himalajska, świeży imbir, kurkuma, pieprz
- 200 ml bulionu warzywnego
- 2 łyżki pestek dyni/słonecznika/rozgniecionego siemienia
- 2 łyżki oliwy lub oleju kokosowego

Na patelni rozgrzewamy oliwę, dodajemy pokrojonego selera, plasterki czosnku, kawałki dyni, szczyptę kurkumy, nieco startego imbiru, sól oraz pieprz i dusimy mniej więcej przez 2 minuty. Wsypujemy wypłukaną kaszę, jarmuż, wlewamy bulion, dodajemy szczyptę tymianku i dusimy na małym ogniu przez 10–15 minut, uważając, aby się nie przypaliło. W razie potrzeby podlewamy bulionem. Podajemy posypane nasionami.

OBIAD: Ryba z grilla w sosie kurkowym – 1 porcja

- 200 g fileta z ryby (łosoś dziki, pstrąg, sandacz)
- 200 g kurek lub pieczarek
- 1 kawałek pora
- 1 limonka
- 200 ml mleczka kokosowego
- 2 ząbki czosnku
- koperek
- sól himalajska, pieprz, tymianek/rozmaryn
- 2 łyżki masła klarowanego, zwykłe masło do posmarowania patelni
- 100 ml bulionu

Rybę skrapiamy limonką i oprószamy solą, pieprzem i rozmarynem/tymiankiem. Zostawiamy na kilka minut.

Na patelni topimy masło klarowane i dusimy na nim posiekanego pora i czosnek mniej więcej przez 1 minutę. Następnie dodajemy kurki/pieczarki i dusimy jeszcze 3 minuty. Wlewamy bulion i gotujemy całość przez kolejne 3 minuty. Następnie wlewamy mleczko kokosowe i dusimy ok. 2 minut, do miękkości grzybów.

Rybę grillujemy na patelni wysmarowanej masłem po 2 minuty na każdej ze stron. Wykładamy na talerz, polewamy sosem kurkowym i posypujemy koperkiem.

Podajemy z ½ szklanki soku z kiszonego buraczka lub surówką z kiszonego buraczka z czarnuszką.

Surówka z kiszonego buraczka z czarnuszką – 2 porcje

- 2 kiszone buraki (ok. 200 g)
- 1 jabłko
- 1 ząbek czosnku lub łyżeczka czosnku niedźwiedziego
- 1 szalotka lub mała czerwona cebulka
- 1 ogórek kiszony
- 2 łyżeczki oliwy/oleju z konopi/lnianego/rzepakowego nierafinowanego

- ½ łyżeczki nasion czarnuszki
- sól himalajska, pieprz
- świeża natka pietruszki

Buraczki i jabłko ścieramy na tarce o drobnych oczkach. Ogórka kroimy w kostkę, a cebulkę i czosnek drobno siekamy (lub dosypujemy łyżeczkę czosnku niedźwiedziego). Wszystko mieszamy. Dodajemy olej, posiekaną natkę i szczyptę przypraw. Ponownie mieszamy, podajemy posypane czarnuszką.

KOLACJA:

porcja sałatki z kaszy quinoa i selera

IV TYDZIEŃ

- **napoje**: herbatka z czystka
- codziennie (po dowolnym posiłku) spożywamy 1 łyżkę **ostropestu.** Popijamy ją wodą lub pijemy w formie naparu.
- **przydatne przepisy**: dowolna pasta z ryby, bulion warzywny

DZIEŃ 1–2

ŚNIADANIE: Surowa cukinia nadziewana tatarem z makreli – 2 porcje

- 1 awokado
- 1 świeża makrela/łosoś dziki/pstrąg (ok. 100 g ryby)
- 1 mała cebulka dymka ze szczypiorkiem
- 2 łyżeczki soku z limonki
- sól morska, pieprz czarny
- 2 łyżeczki oliwy z oliwek
- kilka listków świeżej bazylii
- 1 cukinia

Makrelę/łososia/pstrąga czyścimy z ości i kroimy. Dodajemy posiekaną dymkę ze szczypiorkiem, sok z limonki, sól i pieprz. Awokado kroimy w kosteczkę i skrapiamy limonką. Łączymy wszystko z oliwą i posiekaną bazylią.

Cukinię wydrążamy i faszerujemy tatarem. Przykrywamy od góry drugą połową cukinii. Danie można podawać pokrojone w plastry.

DRUGIE ŚNIADANIE: Warstwowy deser z owocami leśnymi – 2 porcje

- 6 łyżek owoców jagodowych: jeżyny, maliny, truskawki, jagody, borówki amerykańskie
- 2 łyżki natki pietruszki

- 2 łyżki wiórków kokosowych
- 2 łyżki płatków gryczanych
- 300 ml gęstego mleczka kokosowego
- 1 łyżka nasion chia lub siemienia lnianego

Na dno pojemnika do koktajli wsypujemy 3 łyżki owoców, na tym układamy posiekaną natkę i 1 łyżkę płatków gryczanych. Kolejno wlewamy 150 ml mleczka kokosowego, wymieszanego z nasionami chia lub siemieniem, i posypujemy łyżką wiórków kokosowych. W podobny sposób przygotowujemy drugą porcję. Przechowujemyw lodówce.

OBIAD: Wiosenny indyk w warzywach – 2 porcje

- 300 g fileta z indyka
- młoda włoszczyzna – por, marchewka, seler zwykły i naciowy, pietruszka
- 1 kalarepka
- 2 czerwone cebule
- 1 cebula dymka ze szczypiorkiem
- ziele angielskie, liście laurowe, sól morska, czosnek, tymianek
- 2 łyżki oleju rzepakowego
- 1 szklanka bulionu bez glutaminianu sodu

Solankę (1 litr wody, 3 liście laurowe i 3 ziarenka ziela angielskiego, łyżka soli) zagotowujemy i do ostudzonej solanki wkładamy filet z indyka. Odstawiamy na 2 godziny.

Warzywa kroimy w paski. Cebulę ze szczypiorkiem przekrawamy na pół.

Na oleju podsmażamy z obu stron odsączonego i osuszonego z zalewy indyka.

Przekładamy go do formy żaroodpornej, nacieramy tymiankiem i wyciśniętym czosnkiem. Na patelni po indyku podduszamy warzywa mniej więcej przez 5 minut, przyprawiając solą i pieprzem. Następnie przekładamy je do formy z indykiem, podlewamy bulionem i pieczemy ok. 40 minut. Podajemy z surówką z dyni z jabłkiem i porem.

Surówka z dyni z jabłkiem i porem – 2 porcje

- 2 szklanki startej na grubych oczkach surowej dyni
- 1 limonka

- 1 małe kwaśne jabłko
- 4 łyżki nasion granatu
- ½ małej pomarańczy
- 1 kawałek pora
- 1 marchewka
- 2 łyżki posiekanej natki pietruszki
- 2 łyżki oleju lnianego/awokado/z konopi
- 2 łyżki pokruszonych orzechów/pestek dyni/słonecznika
- szczypta pieprzu, cynamonu, soli himalajskiej

Mieszamy w misce startą dynię, jabłko, marchewkę, pokrojone cząstki pomarańczy, drobno posiekanego pora, przyprawiamy cynamonem, solą i pieprzem. Polewamy olejem, skrapiamy sokiem z limonki. Mieszamy i posypujemy nasionami granatu, natką pietruszki i orzechami/pestkami.

KOLACJA: Sałatka z cukinią z grilla – 2 porcje

- 3 garście roszponki
- 1 cukinia
- 2 ząbki czosnku
- 5 pomidorków koktajlowych
- pęczek szczypiorku
- 2 łyżki pestek słonecznika
- sól himalajska, pieprz czarny
- 1 łyżka oliwy
- 6 czarnych oliwek
- 3 łyżki nasion granatu
- **musztardowy dressing z tahini:** 1 łyżeczka musztardy, 1 łyżeczka tahini, 2 łyżeczki oliwy, 2 łyżki mleka kokosowego, 1 łyżeczka soku z limonki, 1 łyżeczka posiekanego koperku. Wszystkie składniki dressingu mieszamy.

Cukinię kroimy obieraczką na wąskie paseczki, polewamy łyżką oliwy z wyciśniętym czosnkiem i delikatnie mieszamy. Przyprawiamy solą i pieprzem. Następnie grillujemy na łyżce oliwy przez 2–4 minuty.

Roszponkę mieszamy z pokrojonymi pomidorami, oliwkami i posiekanym szczypiorkiem. Na wierzch kładziemy cukinię, posypujemy nasionami granatu, polewamy dressingiem i posypujemy pestkami słonecznika.

DZIEŃ 3–4

ŚNIADANIE: Szakszuka z pieczarkami/kurkami – 1 porcja

- 1 jajko
- 10 kurek/ pieczarek
- 1 cebula szalotka
- 1 ząbek czosnku
- mały kawałek pora
- 1 łyżka oleju kokosowego
- 3 łodyżki natki pietruszki
- szczypta kurkumy/ ½ łyżki mikstury z dodatkiem kurkumy

Na patelni topimy olej kokosowy, dodajemy posiekanego pora, czosnek, cebulkę, kurkumę/miksturę z dodatkiem kurkumy i dusimy mniej więcej przez minutę. Następnie wsypujemy pokrojone kurki/pieczarki i dusimy jeszcze 3 minuty. Wbijamy jajko i podsmażamy pod przykryciem na małym ogniu aż do ścięcia białka. Podajemy posypane natką.

DRUGIE ŚNIADANIE: Makaron warzywny z pastą migdałową – 2 porcje

- 2 marchewki
- 1 cukinia
- 1 por
- pęczek szczypiorku
- dowolne kiełki (brokułu, rzodkiewki)
- 4 suszone pomidory
- oliwa
- sól, pieprz

- **pasta migdałowa:** szklanka namoczonych przez noc i odsączonych migdałów, 1 łyżka sezamu, 1 łyżka oleju rzepakowego, 1 ząbek czosnku, sól, pieprz, sok z 1 limonki, 2 łyżeczki tahini, 4 łyżki mleczka kokosowego. Wszystko razem blendujemy na gładko.

Warzywa kroimy na drobne paseczki, pora na talarki, przyprawiamy solą i pieprzem i podduszamy na łyżce oliwy mniej więcej przez 2 minuty. Wykładamy na talerz. Dodajemy pastę migdałową i posypujemy pokrojonymi suszonymi pomidorami, szczypiorkiem i kiełkami.

OBIAD: Dorsz zapiekany z warzywami i oliwkami – 2 porcje

- 300 g fileta z dorsza bez ości
- 2 czerwone cebule
- 4 słodkie pomidory lub puszka krojonych
- łodyga selera naciowego
- 1 papryka żółta
- 1 mała cukinia
- 1 limonka
- 1 fenkuł – niekoniecznie
- 6 zielonych oliwek
- cebula dymka ze szczypiorkiem
- kawałek pora
- czosnek świeży, sól himalajska, pieprz
- 2 łyżeczki oliwy/oleju rzepakowego nierafinowanego

Rybę dzielimy na kawałki, skrapiamy sokiem z limonki, posypujemy solą i pieprzem. Odstawiamy na 10 minut. Pokrojone cebule i posiekanego pora szklimy na oliwie. Dodajemy czosnek, pokrojone warzywa: fenkuł (opcjonalnie), seler naciowy, paprykę, i dusimy ok. 5 minut. Na dnie formy układamy warstwami: część warzyw, rybę, resztę warzyw i pokrojone pomidory. Na wierzchu układamy plastry cukinii i oliwki, posypujemy szczypiorkiem i zapiekamy ok. 20 minut w 180°C.

KOLACJA: Tabbouleh z dynią, komosą i sosem jabłkowym – 2 porcje

- 200 g dyni masłowej lub hokkaido obranej ze skórki
- 1 szklanka komosy ryżowej
- 2 łyżki oleju rzepakowego/oliwy
- kilka łyżek nasion granatu
- kilka listków rozmarynu
- 2 łyżki orzechów laskowych/włoskich/rozgniecionego siemienia lnianego
- po 100 g rukoli i szpinaku
- garść liści mięty
- sól himalajska, pieprz czarny
- **sos jabłkowy** – 100 ml mętnego tłoczonego soku jabłkowego, 2 łyżki octu jabłkowego, 2 łyżki posiekanych cebulek szalotek, 2 łyżki musztardy Dijon, 2 łyżki oliwy, sól himalajska, pieprz czarny. Podgrzewamy sok, ocet i cebulki w garnuszku mniej więcej przez 8 minut, aż płyn zgęstnieje. Dodajemy musztardę i oliwę, przyprawiamy solą himalajską i pieprzem, po czym dokładnie mieszamy.

Kaszę płuczemy dokładnie i gotujemy ok. 10 minut w lekko osolonej wodzie. Odsączamy na sitku.

Dynię kroimy w kosteczkę, polewamy olejem, posypujemy rozmarynem, pieprzem i szczyptą soli himalajskiej. Mieszamy. Układamy na blasze. Pieczemy mniej więcej przez 15 min w 220°C, odwracamy i dopiekamy do zarumieniania jeszcze jakieś 10 minut.

Do miski przekładamy rukolę i szpinak, mieszamy z upieczoną dynią, nasionami granatu i ugotowaną kaszą. Tabbouleh polewamy sosem i posypujemy orzechami oraz posiekaną miętą.

DZIEŃ 5–6

ŚNIADANIE: Muffinki mięsne nadziewane – 6 szt.

- 200 g mielonej piersi z kurczaka z wolnego wybiegu, piersi indyka lub szynki
- 1 mała cebula
- 1 białko
- sól himalajska, pieprz, czosnek świeży, cząber,
- 1 łyżka otrąb gryczanych

- **nadzienie do wyboru:**
- połówka czerwonej/pomarańczowej/żółtej papryki, posiekana i przyprawiona solą, pieprzem i oregano
- 10 pieczarek podduszonych na patelni (trzeba je lekko posolić)

Mięso mieszamy z drobno posiekaną cebulką, dodajemy do masy po ½ łyżeczki przypraw, otręby i białko. Zagniatamy.

Na spód foremek do muffinek układamy porcję mięsa, w środek łyżką wciskamy farsz i przykrywamy ponownie porcją mięsa.

Wkładamy do piekarnika nagrzanego do 180°C na ok. 25–30 min.

Podajemy z ogórkiem kiszonym lub dowolnymi warzywami.

DRUGIE ŚNIADANIE: Naleśniki z kaszy gryczanej z farszem szpinakowym – 2 szt.

- ½ szklanki kaszy gryczanej niepalonej
- 1 łyżka zmielonego siemienia lnianego lub łupiny babki jajowatej
- sól himalajska, pieprz, kurkuma,
- woda
- 2 łyżki oleju kokosowego
- **farsz:** 1 szklanka szpinaku, kawałek pora, 1 mała cebulka, 1 szklanka cukinii, 2 ząbki czosnku, kilka łyżek mleczka kokosowego, 2 łyżki orzechów laskowych

Kaszę płuczemy i przesypujemy do miseczki. Zalewamy wodą trochę ponad powierzchnię kaszy. Zostawiamy na noc. Rano odlewamy wodę, płuczemy kaszę, dodajemy siemię lniane lub łupiny babki jajowatej, przyprawiamy szczyptą kurkumy, soli i pieprzu. Miksujemy masę, wlewając odrobinę wody tak, aby uzyskać konsystencję gęstej śmietany. Smażymy na oleju kokosowym z obu stron.

Na patelni na łyżce oleju kokosowego szklimy drobno posiekanego pora i cebulkę, dodajemy szpinak, startą cukinię, i czosnek. Dusimy mniej więcej przez 5 minut. Dodajemy kilka łyżek mleczka kokosowego, pokruszone orzechy, mieszamy i redukujemy masę, aż będzie gęsta.

Naleśniki smarujemy farszem i zawijamy w rulon. Podajemy z ogórkiem kiszonym lub surówką z marchewki i kalarepki.

Surówka z marchewki i kalarepki – 2 porcje

- marchewka
- kalarepka
- **sos pomarańczowy**: sok z ćwiartki pomarańczy, sok z ćwiartki limonki, 2 łyżki oliwy/oleju rzepakowego/z nasion konopi, szczypta soli i pieprzu. Wszystkie składniki mieszamy.

Warzywa kroimy na wstążki obieraczką do warzyw. Mieszamy i polewamy sosem pomarańczowym.

OBIAD: Zupa chińska z wołowiną – porcja na 2 dni

- 150 g świeżej wołowiny
- mrożona mieszanka chińska z grzybami mung i pędami bambusa (400 g)
- 4 duże dojrzałe pomidory bez skóry
- 1 cebula czerwona
- 2 łyżeczki curry, trawa cytrynowa, sól himalajska, 3 liście laurowe i 3 ziarenka ziela angielskiego, pieprz czarny
- 350 ml bulionu warzywnego
- 1 łyżka oliwy

Pomidory kroimy i przesmażamy na łyżce oliwy z cebulą pokrojoną w piórka, dodajemy sól, pieprz, curry.

Wołowinę dzielimy na 3–4 kawałki, oprószamy pieprzem, zalewamy bulionem, dodajemy ziele angielskie, liść laurowy, trawę cytrynową w kawałku (rozgniecioną tłuczkiem, żeby wydobyć aro-

mat). Gotujemy ok. 30 minut. Wyjmujemy mięso i dzielimy widelcem na mniejsze włókna. Wrzucamy z powrotem do bulionu i dodajemy mrożone warzywa oraz przesmażone pomidory. Doprawiamy do smaku curry i solą. Gotujemy całość mniej więcej przez 20 minut.

KOLACJA: Brukselka z migdałami na ostro – 2 porcje

- 400 g brukselki
- 1 cebula szalotka
- ½ szklanki migdałów
- szczypta startego imbiru, pieprz, 1 ząbek czosnku, sól himalajska
- 1 łyżka sezamu
- 1 łyżka oliwy

Brukselkę kroimy na połówki i gotujemy w lekko osolonym wrzątku przez 6 minut. Odcedzamy.

Na patelni rozgrzewamy oliwę, dodajemy pokrojoną szalotkę i wyciśnięty czosnek. Wrzucamy brukselki. Obsypujemy sezamem, mieszamy i podsmażamy mniej więcej przez 1 minutę. Przekładamy całość do miski, dodajemy migdały, sól, pieprz i imbir i dokładnie mieszamy.

DZIEŃ 7

ŚNIADANIE: Jajko sadzone ze szparagami/fasolką szparagową – 1 porcja

- 1 jajko
- 6 szt. zielonych szparagów/50 g zielonej fasolki szparagowej
- 1 czerwona papryka
- 1 ząbek czosnku
- 1 łyżka oliwy
- szczypiorek
- 2 łyżki skiełkowanego słonecznika lub kiełki brokułu
- sól himalajska, pieprz

Ze szparagów odkrawamy dwucentymetrowe końcówki. Szparagi kroimy we wstążki obieraczką, a paprykę w kosteczkę. Fasolkę szparagową gotujemy do miękkości w wodzie przez ok. 8 minut.

Warzywa przekładamy na patelnię, dodajemy oliwę, czosnek i smażymy mniej więcej przez 2 minuty. Na to wbijamy jajko, posypujemy szczypiorkiem i smażymy powoli pod przykryciem aż do uzyskania ulubionej konsystencji. Przed podaniem przyprawiamy i posypujemy kiełkami.

DRUGIE ŚNIADANIE: Pudding kurkuma latte z miętą – 1 porcja

- 150 ml napoju migdałowego/ryżowego
- 100 ml mleka kokosowego
- 1 laska wanilii
- ½ małego zielonego banana
- ½ łyżeczki kurkumy
- ½ łyżeczki imbiru
- 1 łyżka nasion chia
- kilka listków świeżej mięty

Mleka mieszamy w garnuszku, dodajemy wanilię i kurkumę i gotujemy. Miksujemy z bananem i imbirem. Dosypujemy nasiona chia i dokładnie mieszamy trzepaczką. Po ostygnięciu dekorujemy miętą.

OBIAD: Klopsiki z jarmużem i pistacjami w kokosowym sosie z koperkiem – 1 porcja

mięso

- 100 g zmielonego mięsa: chudej cielęciny/indyka/szynki
- 2 łyżki wyłuskanych posiekanych pistacji
- garść posiekanego jarmużu lub szpinaku
- 1 mały kawałek pora (2 łyżki po posiekaniu)
- ½ pęczka koperku
- 1 cytryna sparzona wrzątkiem
- 2 szklanki bulionu warzywnego
- sól himalajska, pieprz

sos kokosowy

- 100 ml mleczka kokosowego z puszki
- 1 centymetrowy kawałek trawy cytrynowej
- 2 łyżki koperku
- 1 łyżka bulionu warzywnego

Mięso przekładamy do miski. Mieszamy z posiekanym porem, koperkiem i jarmużem/szpinakiem. Dodajemy 1 łyżeczkę skórki otartej z cytryny i pistacje, doprawiamy solą i pieprzem. Formujemy kulki.

Gotujemy kuleczki w bulionie ok. 10 minut.

W garnuszku rozgrzewamy mleczko kokosowe, dodajemy rozbitą tłuczkiem trawę cytrynową, łyżkę bulionu i koperek. Mieszamy.

Klopsiki polewamy sosem i podajemy z surówką z kapusty kiszonej z pestkami dyni.

Surówka z kapusty kiszonej z pestkami dyni – 2 porcje

- 200 g kapusty kiszonej z marchewką
- 1 jabłko
- szczypta nasion kminku
- 1 cebula czerwona

- garść pestek dyni
- 1 łyżka oleju rzepakowego
- 1 łyżka natki pietruszki
- sól morska, pieprz świeży

Kapustę siekamy, jabłko ścieramy ze skórką, cebulę kroimy w kosteczkę. Oprószamy pieprzem i solą. Mieszamy z olejem i kminkiem. Odstawiamy na 10 minut. Podajemy posypane pestkami i natką pietruszki.

KOLACJA: Pieczony kalafior z kokosem i nasionami granatu – 1 porcja

- 1 miseczka (ok. 150 g) różyczek kalafiora
- szklanka szpinaku
- garść rukoli
- 1 świeża figa
- ½ granatu lub 10 jeżyn
- 1 łyżka oleju kokosowego nierafinowanego
- kilka listków natki pietruszki
- łodyga selera naciowego
- **sos z tahini z kokosem:** 2 łyżki tahini,1 ząbek czosnku, 2 łyżki wiórków kokosa, 1 łyżeczka oliwy, sok z ćwiartki limonki. Wszystkie składniki mieszamy.

Kalafiora dzielimy na różyczki, gotujemy al dente mniej więcej przez 10 minut w lekko osolonej wodzie lub na parze. Odcedzamy.

Na patelni grillowej rozgrzewamy olej kokosowy i smażymy cząstki kalafiora do zrumieniania ok. 5 minut.

W miseczce mieszamy kalafiora ze szpinakiem, rukolą, pokrojonym na drobne talarki selerem, nasionami granatu/jeżynami i pokrojoną w ćwiartki figą. Polewamy sosem z tahini i posypujemy natką.

Rozdział 4
Powrót do równowagi – druga faza diety

Motywacja jest tym, co pozwala Ci zacząć. Nawyk jest tym, co pozwala Ci wytrwać.
Ryum Jim

Produkty wskazane w drugiej fazie diety

- PRODUKTY Z WAPNIEM – napoje roślinne: mleko ryżowe, słonecznikowe, z komosy ryżowej, migdałowe, kokosowe, orzechowe, tahini (masło sezamowe), roślinne napoje fermentowane (jogurt kokosowy) + sporadycznie jogurt naturalny bio (jeśli jest tolerowany), feta, mozzarella, ser kozi, mleko owsiane
- JAJKA – 6–7 razy w tygodniu, tylko od kur z wolnego wybiegu, oznaczone jako „0"
- ZBOŻA – komosa ryżowa, kasza gryczana niepalona, kasza jaglana, płatki gryczane, amarantus + chleb żytni na zakwasie, płatki owsiane, zarodki, otręby owsiane
- ORZECHY – orzechy laskowe, włoskie, brazylijskie, nerkowce, pekan, makadamia, piniowe, słonecznik, dynia, migdały, siemię lniane, babka jajowata, chia, nasiona konopi, ostropest
- MĄKA – kokosowa, orzechowa, migdałowa (używana tylko do dań na zimno bez obróbki termicznej), kasztanowa, ryżowa, gryczana + owsiana i żytnia razowa
- SÓL – himalajska, kłodawska szara nierafinowana
- WARZYWA – surowa marchew, surowe buraki, pietruszka, sałata, ogórki, cebula, pieczarki, brokuły, kalafiory, jarmuż, kapusta pekińska, kapusta biała, ogórki kiszone, fasolka szparagowa, cukinia, kabaczek, brukselka, pory, selery, szpinak, szparagi, brukiew, kalarepa, rzodkiewka, cykoria, botwinka, rzeżucha, kiełki, dynia, bataty + pomidory, paryka kolorowa, bakłażan
- OWOCE – jagody, borówki, maliny, jeżyny, cytryny, limonki, kiwi, agrest, porzeczki, papaje, passiflory, granaty, jagody, awokado, kokos, zielone banany – w połączeniu z orzechami, nasionami słonecznika i dyni, siemieniem lnianym
- MIĘSO – indyk, kurczak hodowany bez antybiotyków i sterydów, kaczka, wolna od hormonów wieprzowina (polędwica, szynka, schab), wołowina, królik, dziczyzna. Mięso kupujemy surowe, nieprzetworzone i sami dokonujemy obróbki termicznej dozwolonymi metodami

- RYBY – najlepsze są ryby z dalekomorskich połowów oceanicznych: dorsz pacyficzny, makrela, sardynki, szprotki, łosoś dziki, oraz ryby słodkowodne (np. karp, amur, sandacz, troć, pstrąg) pochodzące z czystych zbiorników
- TŁUSZCZE – 3–4 łyżki dziennie; do smażenia: olej kokosowy, olej rzepakowy nierafinowany tłoczony na zimno, masło klarowane; do sałatek: olej lniany budwigowy, olej z awokado, olej z czarnuszki, olej z pestek dyni, olej konopny
- PŁYNY – woda niegazowana niskosodowa lub lekko gazowana; zioła: czystek, pokrzywa, skrzyp, z liści brzozy, z liści morwy białej: świeże tłoczone soki warzywne
- DODATKI – zioła świeże i suszone (bazylia, oregano, tymianek, kolendra, melisa, mięta, szałwia, kminek, natka pietruszki, czosnek), przyprawy suszone (pieprz czarny, pieprz cytrynowy, pieprz ziołowy, czubryca, curry, gałka muszkatołowa, liść laurowy, ziele angielskie, papryka suszona, chili) oraz ocet balsamiczny, ocet jabłkowy, chrzan, skórka i sok z cytryny i limonki
- SPOSOBY PRZYRZĄDZANIA POTRAW – gotowanie, duszenie, na parze, pieczenie w piekarniku w szklanych lub ceramicznych naczyniach, szybkie smażenie (3–5 minut)

I TYDZIEŃ

- **napoje:** napar ze skrzypu
- codziennie (po dowolnym posiłku) spożywamy 1 łyżkę **ostropestu**. Popijamy ją wodą lub pijemy w formie naparu.
- **przydatne przepisy:** pasta ze słonecznika

DZIEŃ 1–2

ŚNIADANIE: Jarmuż z jajkiem i szynką – 1 porcja

- 1 jajko
- 100 g szynki parmeńskiej bez konserwantów
- 2 szklanki liści jarmużu/szpinaku
- 1 cebulka
- 1 ząbek czosnku
- 10 pomidorków koktajlowych
- 2 łyżki orzechów laskowych/pestek słonecznika
- 2 łyżki oleju kokosowego
- szczypta soli himalajskiej

Jarmuż wrzucamy na patelnię, zalewamy ½ szklanki wody z solą i dusimy mniej więcej przez 5 minut, aż woda wyparuje. Dodajemy łyżkę oleju, posiekaną cebulkę, pokrojony czosnek i dusimy ok. 3 minut. Wbijamy jajko, dodajemy kawałki szynki, przykrywamy i dusimy całość, aż jajko się zetnie. Podajemy posypane orzechami, z pokrojonymi pomidorkami.

DRUGIE ŚNIADANIE: Muffinki gryczane z pieczarkami – 2 porcje (ok. 6–8 szt.)

- 1 torebka kaszy gryczanej
- 100 g pieczarek
- 1 cebula
- 3 łyżki siemienia lnianego

- 3 łyżki sezamu
- 2 łyżki otrąb gryczanych
- tymianek suszony, sól morska, pieprz czarny, czosnek niedźwiedzi lub granulowany
- 2 łyżki oliwy
- 2 łyżki pestek dyni

Siemię lniane mielimy blenderem i zalewamy 3 łyżkami gorącej wody.

Ugotowaną kaszę miksujemy z zalanym wodą siemieniem, otrębami, szczyptą tymianku, czosnkiem niedźwiedzim, solą i pieprzem oraz sezamem. Odstawiamy na 20 minut.

W tym czasie na oliwie szklimy cebulę, dodajemy starte na tarce o grubych oczkach pieczarki i przyprawiamy do smaku. Mieszamy kaszę z farszem i umieszczamy masę w foremkach do muffinek. Posypujemy pestkami dyni. Pieczemy ok. 25 minut w 180°C. Podajemy z ogórkiem kiszonym, kapustą kiszoną lub surówką z ogórkiem i awokado.

Surówka z ogórkiem i awokado na zielono – 2 porcje

- 1 szklanka szpinaku świeżego/rukoli
- 1 duży ogórek
- ½ małego awokado
- kilka gałązek natki pietruszki
- kilka gałązek szczypiorku
- 1 limonka
- kawałek imbiru
- olej z awokado/konopi/lniany
- sól himalajska, pieprz czarny, ocet jabłkowy niefiltrowany, czosnek niedźwiedzi

Ogórka i awokado kroimy w kostkę, polewamy sokiem z limonki, posypujemy szczyptą soli i pieprzu, czosnkiem niedźwiedzim oraz szczyptą startego imbiru. W misce mieszamy szpinak lub rukolę, dodajemy pokrojone warzywa, posiekany szczypiorek i natkę, polewamy olejem i skrapiamy octem jabłkowym.

OBIAD: Dorsz w mleczku kokosowym – 2 porcje

- 350 g dorsza – fileta bez skóry i ości
- 100 ml mleczka kokosowego/bulionu warzywnego ekologicznego z kostki
- 3 kolorowe papryki
- 1 cebula dymka ze szczypiorkiem
- 1 czerwona cebula
- 1 limonka
- kurkuma/mikstura z dodatkiem kurkumy, kolendra, curry, pieprz, sól himalajska
- 2 łyżki oliwy/oleju rzepakowego nierafinowanego

Rybę skrapiamy sokiem z limonki, doprawiamy solą i pieprzem.

Na oliwie szklimy posiekaną cebulkę i dymkę bez szczypiorku, dodajemy pokrojone papryki i dusimy ok. 5 minut. Przyprawiamy kurkumą, curry, solą, pieprzem i kolendrą. Dolewamy mleczko kokosowe. Układamy na warzywach kawałki ryby i dusimy mniej więcej przez 10 minut, nie mieszając. Przed podaniem posypujemy szczypiorkiem.

KOLACJA: Sałatka z grillowanych warzyw z fetą – 2 porcje

- 1 cukinia
- 2 pomidory
- 1 duża cebula
- po 2 garście świeżej mięty i bazylii
- 5 suszonych pomidorów
- 6 oliwek
- 3 łyżki posiekanych migdałów
- 50 g sera feta
- 2 łyżki oliwy
- sól himalajska, pieprz
- 2 ząbki czosnku

Kroimy: cebulę i pomidory w plastry, cukinię we wstążki, czosnek w plasterki, skrapiamy oliwą i lekko solimy. Grillujemy warzywa przez 3–4 minuty.

Przekładamy na talerz, dodajemy oliwki, zioła, pieprz, pokrojone suszone pomidory i migdały. Posypujemy pokruszonym serem feta.

DZIEŃ 3–4

ŚNIADANIE: Wrapy z omletów – 2 porcje (4–6 szt.)

- 2 jajka
- 2 łyżki wody
- 2 łyżki posiekanej bazylii i natki pietruszki
- sól himalajska, pieprz, czosnek niedźwiedzi
- 2 łyżki oleju kokosowego
- **dodatki:** liście sałaty, plasterki mozzarelli, suszone pomidory, plastry polędwiczki wieprzowej, szynka parmeńska bez konserwantów, plastry awokado, plastry łososia wędzonego na zimno

Jajka miksujemy z wodą, ziołami i przyprawami.

Na patelni rozgrzewamy olej kokosowy i smażymy cieniutkie omlety.

Na każdy placek kładziemy dowolne dodatki, np. sałatę, awokado, plaster łososia lub szynki, plaster mozzarelli. Zwijamy w rulony.

Podajemy z sałatką z rzodkiewkami.

Sałatka z rzodkiewkami – 2 porcje

- 1 pęczek rzodkiewek
- 6 pomidorków koktajlowych
- 1 zielony ogórek
- kilka liści sałaty lodowej
- garść rukoli
- 1 dymka ze szczypiorkiem
- **dressing:** jogurt naturalny, czubryca zielona lub cząber, czosnek, natka pietruszki, 1 łyżeczka musztardy, sól himalajska, pieprz. Wszystkie składniki mieszamy.

Rzodkiewki kroimy w plasterki, a pomidorki w ćwiartki. Dodajemy do sałaty z rukolą, wsypujemy posiekany szczypiorek z dymką, pokrojonego w kosteczkę ogórka i mieszamy. Polewamy dressingiem.

DRUGIE ŚNIADANIE: Cukinie nadziewane komosą i warzywami – 4 porcje

- 2 cukinie
- ½ szklanki ugotowanej komosy ryżowej (quinoa)
- 2 duże dojrzałe pomidory
- kawałek pora
- ½ łyżeczki kurkumy, szczypta kuminu, szczypta słodkiej papryki, oregano, sól himalajska
- 2 łyżki pokruszonych orzechów włoskich/laskowych/pestek słonecznika
- 2 łodygi natki pietruszki
- 1 łyżka oleju kokosowego

Cukinie przekrawamy wzdłuż na połówki i wydrążamy środek. Kroimy miąższ bez pestek.

Podsmażamy na oleju drobno pokrojonego pora, dodajemy przyprawy, obrane i pokrojone pomidory oraz miąższ z cukinii. Dusimy ok. 5 minut. Mieszamy warzywa z kaszą, natką pietruszki i orzechami. Faszerujemy wydrążone cukinie i pieczemy mniej więcej przez 25 minut w 190°C.

OBIAD: Gołąbki po włosku – 2 porcje

- 300 g fileta z kurczaka lub indyka – 4 sznycle
- 4 liście włoskiej kapusty
- 2 plastry szynki podwędzanej szwarcwaldzkiej/parmeńskiej bez konserwantów
- 6 suszonych pomidorów
- 2 ząbki czosnku
- kulka mozzarelli
- papryka słodka i ostra, sól himalajska, pieprz
- świeża bazylia
- 200 ml passaty pomidorowej/3 pokrojone pomidory bez skórki (mogą być z puszki)
- 300 ml bulionu warzywnego

Filety kroimy na sznycle i rozbijamy na cienkie plastry. Nacieramy papryką, solą i pieprzem.

Liście kapusty przelewamy wrzątkiem, na każdym kładziemy plaster mięsa, pół plastra szynki, 2–3 kawałki suszonego pomidora, odrobinę wyciśniętego czosnku i plaster mozzarelli. Zawijamy ściśle jak zwykłego gołąbka, ewentualnie obwiązujemy nitką. Układamy gołąbki tuż obok siebie w naczyniu żaroodpornym, zalewamy bulionem i pomidorami i zapiekamy przez 30–40 minut w 180°C pod przykryciem. Podajemy posypane bazylią, z ogórkami kiszonymi, kapustą kiszoną lub surówką coleslaw.

Surówka coleslaw z nutą kokosa – 2 porcje

- 2 szklanki posiekanej drobno białej kapusty
- 1 mała marchewka
- 1 małe jabłko
- 1 mały kawałek pora
- ½ szklanki liści świeżej bazylii
- 2 gałązki natki pietruszki
- 2 łyżki niefiltrowanego octu jabłkowego
- **sos kokosowy:** 4 łyżki gęstego mleczka kokosowego, kurkuma lub ½ łyżeczki mikstury z dodatkiem kurkumy, szczypta soli himalajskiej, ½ łyżeczki musztardy bez cukru. Wszystkie składniki mieszamy.

Posiekaną kapustę mieszamy z octem i odstawiamy na 10 minut. Dorzucamy posiekanego pora, starte jabłko, marchewkę, natkę pietruszki i listki bazylii. Dodajemy sos i dokładnie mieszamy.

KOLACJA: Zupa pomidorowa z makaronem warzywnym i bazyliowym pesto – 2 porcje

- 300 ml przecieru pomidorowego lub kilogram świeżych pomidorów bez skórki
- 150 ml wody
- 1 cebula
- suszone zioła: oregano, zioła prowansalskie, tymianek – do smaku
- sól himalajska, pieprz, liść laurowy, ziele angielskie, czosnek niedźwiedzi lub granulowany
- 3 łyżeczki oliwy
- 1 cukinia
- 1 marchewka
- 2 łyżeczki pesto z bazylii
- szczypiorek
- 1 łyżeczka rozgniecionego siemienia lnianego

Cebulkę szklimy na oliwie, dodajemy przecier lub pomidory, suszone zioła, sól i pieprz. Zalewamy wodą, dodajemy liść laurowy i ziele angielskie. W razie potrzeby rozrzedzamy wodą i miksujemy. Gotujemy ok. pół godziny. Cukinię i obraną marchewkę kroimy na wstążki obieraczką do warzyw, skrapiamy oliwą, posypujemy czosnkiem, solą i pieprzem i odstawiamy na 10 minut. Na talerz wykładamy porcję wstążek warzywnych, wlewamy porcję wrzącej zupy i dodajemy odrobinę bazyliowego pesto. Przed podaniem posypujemy posiekanym szczypiorkiem i siemieniem lnianym.

DZIEŃ 5–6

ŚNIADANIE: Carpaccio – 2 porcje

- 8 bardzo cienkich plastrów surowej lub lekko obgotowanej wołowiny – 60 g
- awokado
- cebula
- 1 burak
- kilka listków cykorii lub sałaty
- 2 łyżki oliwy/nierafinowanego oleju rzepakowego tłoczonego na zimno
- kilka zielonych oliwek
- 1 łyżka kaparów
- sok z ½ cytryny
- 1 łyżka octu balsamicznego
- odrobina soli himalajskiej, pieprzu zielonego
- 2 łyżki pestek dyni

Buraka obieramy i kroimy na cienkie plasterki.

Wołowinę przyprawiamy solą i pieprzem i zawijamy w folię spożywczą. Gotujemy 4 minuty we wrzątku. Można też pokroić w plastry surowy, przemrożony kawałek mięsa.

Na talerzu układamy listki cykorii lub sałaty. Rozkładamy na nich plastry wołowiny, awokado i surowego buraczka.

Oliwki kroimy w plasterki, cebulę w krążki, kładziemy na wołowinie, posypujemy kaparami i przyprawami.

Przygotowujemy sos z oliwy, soku z cytryny i octu balsamicznego. Carpaccio polewamy sosem i posypujemy pestkami dyni.

DRUGIE ŚNIADANIE: Sałatka z kaszy gryczanej i kalafiora – 2 porcje

- 1 szklanka kaszy gryczanej
- 1 kawałek pora
- 1 cebulka szalotka
- 2 ząbki czosnku
- 2 szklanka różyczek kalafiora/brokułu
- 1 szklanka jarmużu
- 2 szklanki bulionu warzywnego
- 1 łyżka oleju kokosowego nierafinowanego
- 1 czubata łyżka pokruszonych migdałów/orzechów laskowych/pekanów
- kurkuma, gałka muszkatołowa, cząber, kumin

Dokładnie płuczemy kaszę pod bieżącą wodą. Na patelni rozgrzewamy olej, dodajemy po dużej szczypcie przypraw, wsypujemy pokrojonego pora, czosnek i szalotkę. Podsmażamy ok. minuty. Dodajemy wypłukaną kaszę, drobne różyczki kalafiora/brokułu oraz liście jarmużu i zalewamy 2 szklankami bulionu. Dusimy na wolnym ogniu mniej więcej przez 15 minut. Delikatnie mieszamy i odstawiamy do wchłonięcia bulionu. Sałatkę podajemy posypaną pokruszonymi migdałami/orzechami.

OBIAD: Filet faszerowany zielonym pesto – 2 porcje

- 2 filety z kurczaka lub sznycel z indyka (ok. 300 g)
- 100 g rukoli
- 2 łyżki orzechów piniowych lub włoskich
- kawałek pora
- 2 ząbki czosnku
- 2 łyżki oliwy
- sól morska, pieprz, zielona czubryca
- mix sałat (100 g)
- papryka czerwona
- 50 g sera feta
- 1 cebula dymka ze szczypiorkiem
- 6 rzodkiewek

Każdy z filetów/sznycli lekko rozbijamy i nacinamy w środku. Przyprawiamy czubrycą, solą i pieprzem.

Orzechy piniowe/włoskie prażymy na suchej patelni mniej więcej przez 2 minuty.

Pora szklimy na oliwie, dodajemy rukolę, czosnek, czubrycę, sól, pieprz, orzechy i 25 g sera feta. Rozdrabniamy w blenderze.

Faszerujemy filety farszem, owijamy je sznurkiem i polewamy oliwą. Pieczemy w naczyniu żaroodpornym lub rękawie do pieczenia przez 30 minut w 180°C. Podajemy z miksem sałat wymieszanym z resztą fety, pokrojoną papryką i posiekaną dymką ze szczypiorkiem oraz pokrojonymi rzodkiewkami. Można też podać z surówką z kiszonej czerwonej kapusty.

Surówka z kiszonej czerwonej kapusty – 2 porcje

- 300 g kiszonej czerwonej kapusty
- 1 mała szalotka
- 1 ogórek kiszony
- kilka gałązek szczypiorku, koperku lub natki pietruszki
- 2 łyżki nierafinowanego oleju rzepakowego/lnianego/z konopi
- sól himalajska, pieprz

Warzywa i zieleninę siekamy, mieszamy i przyprawiamy do smaku.

KOLACJA: Aromatyczna zupa rybna po włosku – 2 porcje

- 2 kawałki (150 g) ryby – dorsz, łosoś dziki, pstrąg, sandacz bez ości
- 100 g brokułu
- fenkuł –niekoniecznie
- 1 por
- 1 cebula szalotka lub dymka
- 2 łyżki oliwy
- 4–5 pokrojonych pomidorów bez skórki krojonych (może być też 1 puszka pomidorów)
- rukola
- kalarepka
- 2 młode marchewki
- 1 cukinia
- 2 gałązki selera naciowego

- ½ szklanki ugotowanego i obranego bobu
- 1 limonka
- pęczek zielonych szparagów lub 100 g fasolki szparagowej
- świeża bazylia
- 800 ml bulionu
- sól, pieprz

Rybę skrapiamy limonką, oprószamy solą i pieprzem.

Na oliwie podsmażamy posiekane warzywa: cebulę, pora, marchewkę, selera, kalarepkę i ewentualnie fenkuła. Dokładamy brokuł i mieszamy. Przyprawiamy solą i pieprzem. Zalewamy niespełna litrembulionu i gotujemy mniej więcej przez 15 minut. Dodajemy pokrojoną w kosteczkę cukinię i pomidory, świeżą bazylię i szparagi oraz kawałki ryby. Gotujemy przez 6–8 minut. Pod koniec gotowania dorzucamy ugotowany bób. Podajemy posypane bazylią i posiekaną rukolą.

DZIEŃ 7

ŚNIADANIE:

porcja zupy rybnej

DRUGIE ŚNIADANIE:

2 kromki żytniego chleba z pastą ze słonecznika, plastrami awokado i pomidora oraz kiełkami

OBIAD: Makrela w papilotach z kolendrą i szparagowym tagliatelle – 2 porcje

- świeża makrela lub inna ryba (ok. 300 g)
- 1 mała limonka
- 500 g szparagów zielonych lub fasolki szparagowej
- 1 mała cukinia
- 2 małe marchewki
- 1 kawałek pora
- 2 ząbki czosnku
- 2–3 łyżki oliwy
- sól himalajska, pieprz
- 2 łyżki pokruszonych orzechów laskowych lub brazylijskich/migdałów
- **marynata do ryby:** świeży czosnek, 1 łyżeczka startego imbiru, szczypta zielonego pieprzu, szczypta kuminu, 1 łyżka posiekanej natki pietruszki/świeżej kolendry, szczypta soli himalajskiej, 2 łyżki oliwy. Wszystkie składniki mieszamy.

Nacinamy skórkę makreli, smarujemy rybę marynatą, obkładamy kilkoma plastrami bardzo cienko pokrojonej limonki i zawijamy w papiloty z papieru do pieczenia. Pieczemy w piekarniku mniej więcej przez 25 minut w 180°C.

W tym czasie przygotowujemy szparagi. Odcinamy dwucentymetrowe końcówki. Szparagi kroimy na wstążki obieraczką do warzyw. To samo robimy z marchewką, porem i cukinią. Do warzyw dodajemy wyciśnięty czosnek, polewamy oliwą i dokładnie mieszamy. Przyprawiamy solą i pieprzem. Odstawiamy na 5 minut, a następnie dusimy na patelni przez 2–4 minuty, aż warzywa zmiękną.

Upieczoną rybę wykładamy na talerz, dodajemy warzywa i posypujemy orzechami/migdałami. Podajemy z surówką z kapusty i pora.

Surówka z kapusty i pora – 2 porcje

- 1 średni kawałek pora
- 2 szklanki poszatkowanej białej kapusty
- 1 jabłko
- kilka gałązek natki pietruszki
- **biały sos musztardowy:** 3 łyżki gęstego mleczka kokosowego, 1 łyżeczka musztardy, 1 łyżka oleju rzepakowego, 1 łyżka soku z cytryny lub octu jabłkowego, sól himalajska, pieprz. Mieszamy wszystkie składniki.

Drobno siekamy pora, dodajemy starte jabłko, kapustę i dokładnie ugniatamy. Przyprawiamy solą i czekamy, że masa zmięknie. Mieszamy z sosem musztardowym i natką pietruszki.

KOLACJA: Carpaccio z dyni – 1 porcja

- 2 plastry dyni pozbawionej pestek i skórki lub batat (ok. 200 g)
- 2 świeże figi
- 30 g sera feta
- świeża mięta
- mix sałat z rukolą
- garść świeżego szpinaku
- 1 łyżka pestek granatu
- 6 posiekanych orzechów brazylijskich
- **marynata do dyni:** kilka ziarenek kardamonu uprażonych na suchej patelni i rozgniecionych, szczypta mielonego cynamonu i kurkumy, 1 łyżeczka sosu sojowego, 2 łyżki oliwy, pieprz. Wszystkie suche składniki ugniatamy w moździerzu. Dodajemy sos sojowy i oliwę.
- **dressing z oleju z dyni:** 2 łyżki oleju z dyni, 2 łyżki oliwy, 2 łyżki octu jabłkowego, pieprz. Wszystkie składniki mieszamy.

Dynię/batat kroimy na cienkie plasterki, smarujemy marynatą i odstawiamy mniej więcej na 15 minut. Następnie grillujemy plastry na patelni ok. 5 minut. Układamy je na sałacie wymieszanej ze szpinakiem. Polewamy potrawę dressingiem i posypujemy pokruszoną fetą, świeżą miętą i nasionami granatu, kawałkami figi oraz orzechami.

II TYDZIEŃ

- **napoje:** woda z cytryną i imbirem
- codziennie (po dowolnym posiłku) spożywamy 1 łyżkę **ostropestu**. Popijamy ją wodą lub pijemy w formie naparu.
- **przydatne przepisy:** guacamole z awokado

DZIEŃ 1–2

ŚNIADANIE: Omlet z warzywami – 1 porcja

- 1 cebulka szalotka
- 1 łyżka szczypiorku
- 5 pieczarek
- kawałek papryki
- 1 jajko
- sól, pieprz, oregano, bazylia – szczypta
- 1 łyżeczka oliwy

Warzywa i pieczarki kroimy i dusimy na łyżeczce oliwy. Zalewamy roztrzepanym jajkiem, przyprawiamy i przykrywamy, aby masa się ścięła. Podajemy posypane szczypiorkiem, z dojrzałymi pomidorami, sałatą lub awokado.

DRUGIE ŚNIADANIE: Sałatka figowa z quinoa i miętą – 2 porcje

- 1 szklanka czerwonej i białej quoina
- 4 świeże figi
- pęczek szczypiorku
- świeża mięta i bazylia
- ok. 6 czarnych lub zielonych oliwek
- 2 łyżki orzechów nerkowca lub pekan

- pomidorki koktajlowe
- 100 g świeżego szpinaku
- pęczek rukoli
- 1 łyżka oliwy

Płuczemy kaszę i gotujemy ją w 1,5 szklanki wody z odrobiną soli. Figi kroimy w plastry.

Quinoa mieszamy ze szczypiorkiem, pokrojonymi pomidorkami, oliwkami i ziołami. Dodajemy szpinak, rukolę i orzechy. Polewamy oliwą i delikatnie mieszamy. Na wierzchu układamy figi.

OBIAD: Gulasz z warzywami – 2 porcje

- 300 g mięsa wieprzowego (polędwiczka) lub z indyka
- 1 mały batat
- 1 por
- 1 duża cebula
- 2 ząbki czosnku
- 300 ml bulionu warzywnego
- **gulaszowa przyprawa do mięsa:** po szczypcie słodkiej i ostrej papryki, czosnku niedźwiedziego, majeranku, cząbru, kminku, suszonej cebuli, tymianku, ziela angielskiego, pieprzu i kurkumy.
- 2 łyżeczki oleju kokosowego

Mięso kroimy w kostkę, przyprawiamy i skrapiamy olejem. Odstawiamy na kilka minut. W woku rozgrzewamy olej, dodajemy mięso, kawałki batatu i talarki pora, posiekaną cebulkę oraz czosnek pokrojony w plasterki. Podsmażamy ok. 5 minut, mieszając, aby danie się nie przypaliło. Wlewamy bulion i dusimy na małym ogniu ok. 30 minut. Podajemy z surówką z kapusty.

Surówka z młodej kiszonej kapusty – 2 porcje

- 200 g kiszonej młodej kapusty
- 2 cebule szalotki
- 1 małe jabłko
- 1 marchewka
- koperek lub natka
- sól himalajska, pieprz
- 2 łyżeczki oleju rzepakowego tłoczonego na zimno

Ścieramy na tarce marchewkę i jabłko. Siekamy szalotkę i koperek lub natkę. Mieszamy kapustę z pozostałymi składnikami. Przyprawiamy i polewamy olejem.

KOLACJA: Sałatka z grillowaną brzoskwinią i awokado – 2 porcje

- 1 dojrzałe awokado
- mix sałat z rukolą
- 1 brzoskwinia
- 1 kulka mozzarelli
- 2 łyżki posiekanych orzechów laskowych/piniowych/włoskich
- ½ granatu
- świeże zioła: mięta, bazylia, oregano
- **dressing z granatem:** ok. 4 łyżki soku z limonki, 2 łyżeczki musztardy, 2 łyżki oliwy, 2 łyżki soku z granatu, szczypta posiekanej świeżej mięty. Wszystkie składniki mieszamy.

Kroimy awokado w kosteczkę. W misce mieszamy sałaty z awokado. Kroimy brzoskwinię w plastry i grillujemy mniej więcej przez 3 minuty na patelni. Dodajemy do sałatki, doprawiamy ziołami, mieszamy, posypujemy porwaną mozzarellą i ziarenkami granatu oraz orzechami. Polewamy dressingiem.

DZIEŃ 3–4

ŚNIADANIE: Warzywa nadziewane pastą sardynkową – 2 porcje

- 4 żółte papryki lub dojrzałe pomidory
- 50 g sardynek
- ½ awokado
- 1 łyżeczka musztardy
- 3 łyżki szczypiorku
- 3 łyżki natki
- sól himalajska, pieprz czarny

W miseczce rozgniatamy widelcem sardynki z awokado. Mieszamy z musztardą, zieleniną i szczyptą przypraw. Faszerujemy papryki lub pomidory.

DRUGIE ŚNIADANIE: Kasza gryczana na czerwono z figami – 2 porcje

- 1 szklanka kaszy gryczanej palonej
- 2 szklanki soku pomidorowego
- pęczek szczypiorku
- 4 gałązki natki pietruszki
- 1 kawałek pora
- 2 łyżki orzechów włoskich
- 1 łyżka oliwy
- 2 świeże figi
- sól, pieprz

Kaszę płuczemy pod bieżącą wodą, wsypujemy do garnuszka i zalewamy sokiem pomidorowym. Dodajemy ½ szklanki wody, sól i pieprz i gotujemy na małym ogniu mniej więcej przez 15 minut. Zostawiamy do wchłonięcia. W tym czasie na łyżce oliwy dusimy pora pokrojonego na większe kawałki. Mieszamy kaszę z porem, orzechami i posiekanym szczypiorkiem. Dodajemy pokrojone w ćwiartki figi. Posypujemy natką.

OBIAD: Potrawka z indyka z orzechami i surówką brokułową – 2 porcje

- 300–400 g fileta z indyka lub kurczaka
- 2 łyżki posiekanych orzechów nerkowca/włoskich/arachidowych lub masła orzechowego z nerkowców/orzechów arachidowych
- 500 g fasolki szparagowej
- 100 ml jogurtu greckiego lub mleczka kokosowego
- świeże zioła: natka pietruszki/kolendra
- 100 ml bulionu warzywnego
- świeży imbir, pieprz, sól himalajska, curry, kurkuma lub mikstura z dodatkiem kurkumy
- 2 łyżeczki masła klarowanego/oleju rzepakowego

Posiekane orzechy lub masło orzechowe mieszamy z jogurtem, świeżymi ziołami, łyżeczką curry i kurkumą lub miksturą z dodatkiem kurkumy.

Filet kroimy w kostkę, przyprawiamy solą i pieprzem, rumienimy na maśle mniej więcej przez 5 minut. Mieszamy z sosem jogurtowo-orzechowym, wlewamy bulion, dodajemy fasolkę szparagową, pół łyżeczki startego imbiru i dusimy ok. 10 minut. Podajemy z surówką brokułową.

Surówka brokułowa – 2 porcje

- 1 brokuł
- 1 kawałek pora lub cebuli dymki
- 1 ząbek czosnku
- 4 łyżki nasion granatu
- 1 łyżka czarnego sezamu/czarnuszki
- 1 łyżka oliwy/oleju kokosowego
- sól himalajska, pieprz

Brokuł dzielimy na różyczki i gotujemy maksymalnie 3 minuty we wrzącej, lekko osolonej wodzie.

W tym czasie kroimy pora i czosnek na plasterki, przekładamy na patelnię, dodajemy olej, przyprawiamy szczyptą soli, pieprzu i dusimy mniej więcej przez 1 minutę.

Wyjmujemy brokuł z wrzątku i odsączamy na sitku. Kroimy go drobno, mieszamy z podduszonym porem i czosnkiem z patelni, delikatnie mieszamy. Posypujemy granatem i sezamem/czarnuszką.

KOLACJA: Ratatouille warzywne z posypką z orzechów – 2 porcje

- 1 cukinia
- 1 bakłażan
- 1 cebula czerwona
- 3 kolorowe papryki
- pęczek szparagów lub 200 g ugotowanej al dente fasolki szparagowej
- 1 por
- świeża natka lub kolendra
- kilka oliwek
- 3 ząbki czosnku

- 50 ml bulionu
- 2 łyżki oliwy, sól morska, pieprz czarny, liść laurowy, ziele angielskie, lubczyk suszony, czarnuszka, natka pietruszki lub świeża kolendra
- starty parmezan lub **posypka orzechowa** – ½ szklanki migdałów obranych ze skórki lub nerkowców, 2 łyżki płatków drożdżowych lub parmezanu, szczypta soli himalajskiej. Migdały namoczyć we wrzątku przez noc. Wszystkie składniki zmiksować.

Cukinię, bakłażana i papryki kroimy w grubą kostkę, a cebulę i pora – w plasterki. Z oliwy, posiekanego czosnku, soli i pieprzu robimy marynatę i smarujemy nią warzywa.

Na patelnię wlewamy łyżkę oliwy, przesmażamy pora i cebulkę mniej więcej przez 3 minuty. Przyprawiamy solą, pieprzem i lubczykiem, dodajemy resztę warzyw i przesmażamy ok. 6 minut. Zalewamy całość bulionem, dodajemy liść laurowy i ziele angielskie, dusimy pod przykryciem jakieś 10 minut, mieszając, aby się nie przypaliło. Na koniec dodajemy szparagi lub fasolkę oraz pokrojone oliwki i podduszamy jeszcze mniej więcej przez 5 minut. Posypujemy podprażoną na patelni czarnuszką i parmezanem lub posypką orzechową, a na wierzch jeszcze natką lub kolendrą.

DZIEŃ 5–6

ŚNIADANIE: Burgery z łososia i szpinaku – 2 porcje (ok. 6 szt.)

- 300 g surowej ryby pozbawionej ości (łosoś dziki, pstrąg, sandacz lub inna dozwolona)
- 1 szklanka szpinaku
- 4 łyżki posiekanego szczypiorku
- 1 szklanka startej i odsączonej z soku cukinii
- 1 jajko
- sól himalajska, pieprz, tymianek, oregano, cząber
- 1 łyżka sezamu
- warzywa – sałata lodowa, dojrzałe pomidory, ogórek kiszony, dowolne kiełki (np. z brokułu)

Szpinak wrzucamy na patelnię, wlewamy odrobinę wody i podgrzewamy przez minutę, żeby liście nieco zmiękły. Odsączamy.

Rybę siekamy drobno, mieszamy ze szczyptą każdej przyprawy, solą i pieprzem. Dodajemy cukinię, szczypiorek, jajko i liście szpinaku. Łączymy w jednolitą masę.

Z masy formujemy burgery, obtaczamy je delikatnie w sezamie i smażymy na oleju mniej więcej przez 3 minuty na każdej ze stron.

Podajemy na sałacie lodowej z pomidorami, ogórkiem kiszonym i kiełkami.

Podajemy z **sosem jogurtowym:** 100 ml jogurtu greckiego, 2 łyżki soku z cytryny, odrobina skórki startej z cytryny, 1 ząbek czosnku, 1 łyżka posiekanego szczypiorku, sól, pieprz. Wszystkie składniki mieszamy.

Lub **sosem holenderskim:** 1 żółtko, 25 g masła, kilka kropel soku z cytryny, szczypta soli i pieprzu. Rozpuszczamy masło. Żółtko, sok z cytryny i przyprawy ubijamy na puszystą masę w misce postawionej na garnku z gotującą się wodą (w kąpieli wodnej). Cały czas ubijając, wlewamy rozpuszczone masło. Wciąż ubijamy, dopóki masa nie osiągnie konsystencji gęstego sosu.

DRUGIE ŚNIADANIE:

2 kromki chleba razowego żytniego lub gryczanego posmarowane guacamole (przepis na str. 70) z kiszonymi ogórkami i dowolnymi kiełkami.

OBIAD: Kurczak po tajsku z warzywami – 2 porcje

- 250–300 g fileta z kurczaka
- 2–3 łyżki sezamu
- 2 ząbki czosnku
- warzywa: cukinia, 2 kolorowe papryki, cebula dymka, por, sałata rzymska, 10 pieczarek lub innych grzybów
- 2 łyżki oleju kokosowego nierafinowanego
- szczypta kurkumy lub ½ łyżeczki mikstury z dodatkiem kurkumy
- **marynata:** sos sojowy jasny bez glutaminianu sodu, miód płynny, 1 papryczka chili, świeży imbir

Filet kroimy na paski i marynujemy. Odstawiamy na 15 minut.

Na patelni rozgrzewamy olej kokosowy, dodajemy czosnek i kurkumę. Smażymy mniej więcej przez 1 minutę. Następnie dodajemy cebulę, grzyby, cukinię, papryki i pora, pokrojone w paski lub kostkę, i dusimy ok. 10 minut.

W tym czasie obtaczamy paski mięsa w sezamie i smażymy na małej ilości oleju, mniej więcej po 5 minut na każdą ze stron. Zostawiamy pod przykryciem, aby doszły.

Do warzyw dodajemy sałatę. Dusimy przez minutę. Podajemy z filetami w sezamie.

KOLACJA: Sałatka z buraczków i koziego sera – 2 porcje

- 1 duży podłużny burak (może być kiszony)
- 200 g ugotowanej fasolki szparagowej lub szparagów
- 100 g rukoli
- 2 łyżki oliwy lub nierafinowanego oleju rzepakowego tłoczonego na zimno
- 1 łyżka octu jabłkowego
- sól himalajska, pieprz
- 50 g sera koziego, fety lub mozzarelli, grillowane halloumi
- kilkanaście listków świeżej bazylii
- 2 łyżki orzechów włoskich lub laskowych

Buraka obieramy, kroimy w cieniutkie plasterki i skrapiamy oliwą, oprószamy solą i pieprzem, a następnie polewamy octem.

Do miseczki wsypujemy pokrojoną fasolkę, rukolę, buraka w plastrach, kawałki sera i zioła. Posypujemy orzechami i skrapiamy oliwą.

DZIEŃ 7

ŚNIADANIE: Babeczki ze szparagami i szynką – 1 porcja

- 1 jajko
- 50 ml mleka kokosowego
- 2 łyżki (ok. 30 g) sera feta
- 2 plastry szynki parmeńskiej lub innej bez glutaminianu sodu i konserwantów
- 4 szparagi/2 łyżki posiekanego pora

- 2 łyżki szczypiorku
- gałązka oregano
- sól himalajska, pieprz

Kokilki wykładamy plastrami szynki parmeńskiej.

Miksujemy jajko z mleczkiem kokosowym, doprawiamy solą i pieprzem, dodajemy szczypiorek i pokruszoną fetę oraz szparagi pokrojone na plasterki (bez twardych końcówek). Wykładamy masę do kokilek.

Wstawiamy do piekarnika nagrzanego do 190°C i pieczemy mniej więcej przez 15 minut. Po wyjęciu posypujemy oregano.

Podajemy ze świeżymi pomidorami, sałatą, szpinakiem i rzodkiewkami, polanymi oliwą.

DRUGIE ŚNIADANIE: Zapiekane sandwicze z razowego chleba – 1 porcja

- 4 cienkie kromki razowego chleba
- 2 plastry mozzarelli
- 2 plastry upieczonej polędwiczki wieprzowej lub łososia wędzonego na zimno
- 1 mała szalotka lub inna cebulka
- 1 mały pomidor
- świeża bazylia
- 2 plastry awokado
- 1 kiszony ogórek
- 1 ząbek czosnku
- sól himalajska, pieprz

1 kromkę smarujemy roztartym ząbkiem czosnku, kładziemy plaster mozzarelli, świeżą bazylię, plaster pomidora, plaster awokado, kolejny plaster mozzarelli, posypujemy solą i pieprzem, przykrywamy drugą kromką i zapiekamy.

Na kolejną kromkę wykładamy plaster pieczonego mięsa lub łososia i plasterek cebuli, lekko posypujemy solą i pieprzem, układamy plasterki ogórka kiszonego, ponownie cebulę i mięso/rybę. Przykrywamy kromką i zapiekamy.

Podajemy z sałatką z pomidorów i gruszki.

Sałatka z pomidorów i gruszki – 2 porcje

- 1–2 pomidory malinowe
- 1 gruszka
- sól himalajska, pieprz
- **sos miętowy:** 1 łyżka oliwy, szczypta startej skórki z cytryny, 1 łyżeczka soku z cytryny, 1 zmiażdżony ząbek czosnku, 1 łyżka posiekanej mięty, sól, pieprz, 1 łyżeczka miodu płynnego. Mieszamy wszystkie składniki w słoiczku do konsystencji emulsji.

Pomidory kroimy w kosteczkę, ścieramy gruszkę, mieszamy. Polewamy sosem i przyprawiamy delikatnie do smaku.

OBIAD: Chrupiące warzywa z woka z rybą w maku i sezamie – 2 porcje

- 300 g fileta z tilapii, pstrąga, makreli lub dorsza
- 1 limonka
- 1 papryka czerwona
- 1 papryka żółta
- kawałek zielonego pora
- 1 mała cukinia
- 1 mała cytryna sparzona wrzątkiem
- kilka listków zielonej sałaty rzymskiej
- 10 pieczarek
- 1 cebula
- 2 ząbki czosnku
- 2 łyżki oleju kokosowego
- 1 łyżka oliwy ekstra virgin
- 1 łyżka sezamu, 1 łyżka maku
- sól himalajska, pieprz, domowy bulion zamrożony w kostce (z przepisu na str 76), papryka słodka
- po 3 łyżki szczypiorku i natki pietruszki

Rybę kroimy na mniejsze kawałki, skrapiamy sokiem z limonki, przyprawiamy solą i pieprzem. Panierujemy w mieszance sezamu i maku.

Warzywa i pieczarki kroimy w grubsze paski albo plastry. Dodajemy 4 cieniutkie plasterki cytryny ze skórką. Mieszamy w misce i przyprawiamy sporą szczyptą pieprzu, soli i papryki. Skrapiamy oliwą i ponownie mieszamy.

Smażymy warzywa w woku ok. 6 minut, ciągle delikatnie mieszając. Dodajemy kostkę bulionu i jeszcze dusimy mniej więcej przez 2 minuty. Rybę smażymy na oddzielnej patelni po 2–3 minuty z każdej strony.

Wykładamy na talerz porcję warzyw, na to kawałki ryby i posypujemy natką i szczypiorkiem. Podajemy z surówką z marchewki i selera.

Surówka z marchewki i selera – 2 porcje

- 2 marchewki
- 1 twarde jabłko
- 1 seler naciowy
- 1 limonka
- 1 łyżeczka oliwy
- natka pietruszki, sól himalajska, pieprz czarny

Ścieramy na tarce warzywa, kroimy selera w plasterki, siekamy natkę. Mieszamy całość, skrapiamy sokiem z limonki i oliwą. Doprawiamy solą i pieprzem.

KOLACJA: Pieczarki z grilla – 2 porcje

- 3–4 duże pieczarki grillowe lub 10 mniejszych
- garść rukoli i szpinaku
- 20 g twardej fety
- 2 łyżki orzechów włoskich
- 2 ząbki czosnku
- 3 gałązki natki pietruszki
- 2 łyżki oliwy lub oleju rzepakowego nierafinowanego lub masła klarowanego
- sól himalajska, pieprz, tymianek

Pieczarki kroimy w plastry, skrapiamy oliwą, posypujemy natką posiekaną z czosnkiem, solimy, oprószamy pieprzem i mieszamy.

Plastry grillujemy przez ok. 3 minuty na patelni. Do miski przekładamy mix rukoli i szpinaku, dodajemy pieczarki, mieszamy i posypujemy orzechami. Posypujemy startą na tarce fetą i tymiankiem.

III TYDZIEŃ

- **napoje:** sok z żurawiny niesłodzony – 50 ml + 500 ml wody dziennie (usuwa obrzęki, niweluje objawy cellulitu)
- codziennie (po dowolnym posiłku) spożywamy 1 łyżkę **ostropestu**. Popijamy ją wodą lub pijemy w formie naparu.
- **przydatne przepisy:** chleb gryczany z czarnuszką

DZIEŃ 1–2

ŚNIADANIE: Omlet z cukinią i szynką/łososiem – 1 porcja

- 1 jajko
- 1 łyżka mleka roślinnego
- 3 łyżki startej cukinii
- 1 plaster szynki parmeńskiej bez konserwantów/łososia
- 1 łyżka mąki owsianej
- 1 łyżka natki pietruszki i posiekanego szpinaku
- sól himalajska, pieprz

Jajko roztrzepujemy z mlekiem, dodajemy sól, pieprz, cukinię, mąkę, pokrojony plaster szynki/łososia i zieleninę.

Smażymy na patelni pod przykryciem, żeby omlet ściął się z obu stron.

Podajemy z pomidorami, sałatą, papryką, plasterkami awokado i/lub kiełkami.

DRUGIE ŚNIADANIE:

2 kromki chleba z czarnuszką lub chleba ze skiełkowanych ziaren (przepisy na str. 64 i 65) z sałatą oraz pastą z sardynek i awokado

Pasta z sardynek i awokado

- 1 małe awokado
- 3 łyżki posiekanej natki pietruszki
- 4–6 sardynek
- 1 łyżka oliwy
- 1 cebulka szalotka
- sól, pieprz, słodka papryka
- 1 ogórek kiszony
- 3 oliwki

Sardynki rozgniatamy z posiekaną cebulką, miękkim awokado, natką, szczyptą przypraw i oliwą na gładką pastę.

Chleb smarujemy łyżką pasty, na wierzchu układamy plasterki ogórka i oliwek. Ewentualnie posypujemy natką pietruszki.

OBIAD: Kurczak po prowansalsku z sosem z pomidorów – 2 porcje

- 300 g mięsa kurczaka lub udźca indyka
- 1 kawałek pora
- 6 dojrzałych pomidorów bez skórki (np. bawolich serc czy malinowych)
- 1 cebulka szalotka
- zioła prowansalskie, czosnek niedźwiedzi, 2 ząbki świeżego czosnku, słodka papryka, gałązka tymianku lub oregano, sól
- 2 łyżki oleju kokosowego
- świeża natka pietruszki

Mięso kroimy na kawałki. Przyprawiamy je łyżką ziół prowansalskich, łyżką czosnku niedźwiedziego oraz łyżeczką papryki. Na patelni rozgrzewamy olej i smażymy mięso pod przykryciem ok. 10 minut. Dodajemy pokrojonego pora i posiekaną cebulkę oraz czosnek i solimy. Dusimy mniej więcej przez 3 minuty. Wrzucamy pokrojone w kosteczkę pomidory i gałązkę ziół i dusimy jeszcze przez 10 minut. Podajemy posypane świeżą natką, z ogórkiem kiszonym lub surówką z cukinii.

Surówka z cukinii – 2 porcje

- 1 mała cukinia
- 1 mała marchewka
- 1 cebula dymka ze szczypiorkiem
- 4 łyżki posiekanego koperku lub natki
- ½ limonki
- sól, pieprz
- **sos musztardowo-imbirowy:** 1 łyżeczka musztardy, 1 łyżeczka oliwy, starty kawałek imbiru, sok z limonki. Wszystkie składniki mieszamy.

Na tarce ścieramy marchewkę i cukinię, a cebulkę ze szczypiorkiem siekamy.

Warzywa mieszamy, lekko solimy i odstawiamy na 10 minut. Dodajemy sos, mieszamy, posypujemy zieleniną i przyprawiamy pieprzem oraz sokiem i skórką otartą z limonki.

KOLACJA: Zupa curry z zieleniną – 2 porcje

- 1 cebula szalotka
- 1 kawałek pora
- 1 mały batat
- 1 szklanka liści jarmużu
- 1 mała żółta papryka
- limonka
- 2 ząbki czosnku
- kurkuma lub ½ łyżeczki mikstury, świeży imbir, pasta lub przyprawa curry
- świeża kolendra lub natka pietruszki
- 500 ml bulionu warzywnego
- 1 szklanka mleczka kokosowego
- 2 łyżki oleju kokosowego

Na oleju podsmażamy posiekaną cebulkę, dodajemy łyżeczkę startego imbiru, pastę lub przyprawę curry, pokrojony czosnek i łyżeczkę kurkumy. Przesmażamy jeszcze ok. 1 minutę. Dodajemy pokrojone w kostkę bataty, grube plastry pora oraz paprykę i dusimy ok. 5 minut. Zalewamy bulionem i dusimy jakieś 20 minut. Następnie wlewamy mleczko kokosowe, dodajemy liście jarmużu, otartą skórkę i sok z ćwiartki limonki. Dusimy jeszcze mniej więcej przez 5 minut. Podajemy posypane zieleniną.

DZIEŃ 3–4

ŚNIADANIE: Sałatka z fasolki szparagowej, fety i sezamu – 2 porcje

- 250 g fasolki szparagowej/zielonych szparagów
- 50 g sera feta/pieczonego mięsa
- 2 łyżki posiekanych orzechów włoskich/laskowych/brazylijskich
- 1 łyżka sezamu
- 2 plastry szynki bez konserwantów
- 6 pokrojonych w paseczki suszonych pomidorów w zalewie
- 2 łyżki oliwy z suszonych pomidorów

Fasolkę gotujemy ok. 10 minut (szparagi ok. 5 minut) w osolonym wrzątku. Kroimy i posypujemy sezamem. Wykładamy na talerz fasolkę i kosteczki sera feta, posypujemy pomidorami i pokrojoną szynką. Polewamy oliwą i posypujemy orzechami.

DRUGIE ŚNIADANIE:

2 kromki chleba gryczanego, 4 fileciki z sardynek, suszone pomidory, 1 małe awokado, świeża bazylia. Kromki smarujemy rozgniecionym awokado, wykładamy na nie sardynki i suszone pomidory, posypujemy posiekaną bazylią.

OBIAD: Roladki rybne z warzywami – 2 porcje

- 2 długie filety z ryby (dorsz, pstrąg) – każdy mniej więcej po 150 g
- świeża bazylia
- kilka gałązek koperku
- 2 ząbki czosnku
- 1 limonka
- świeży szpinak
- 1 marchewka
- 1 cukinia

- 1 fenkuł – niekoniecznie
- 1 por
- 2 łyżki musztardy
- pomidorki koktajlowe
- sól morska, pieprz czarny
- świeże kiełki
- 2 łyżeczki oliwy

Filety kroimy na cieńsze plastry, aby uzyskać 4 płaty mięsa. Skrapiamy je limonką, oprószamy solą i pieprzem i smarujemy musztardą. Na każdym filecie układamy listki świeżej bazylii, gałązkę koperku oraz plasterki czosnku i zawijamy je w ruloniki, które spinamy wykałaczką.

Na patelni szklimy na oliwie pora pokrojonego w plasterki, solimy i przyprawiamy pieprzem. Dodajemy pokrojone w cienkie wstążki lub paseczki cukinię, marchewkę i fenkuł. Przyprawiamy i dusimy 5 minut. Dodajemy szpinak i bazylię, a na wierzchu układamy roladki z ryby. Przykrywamy i dusimy mniej więcej przez 10 minut, podlewając wodą. Podajemy posypane kiełkami i pomidorkami koktajlowymi pokrojonymi w ćwiartki lub surówką z rzodkiewki.

Surówka z rzodkiewki na sałacie rzymskiej – 2 porcje

- 6–8 liści sałaty rzymskiej, może być mini
- 10 rzodkiewek
- 1 mała cukinia lub pół dużej
- 1 małe jabłko
- sól himalajska
- **sos jogurtowy:** 100 ml jogurtu greckiego, pęczek szczypiorku, 2 duże łyżki rzeżuchy/dowolnych kiełków, limonka/cytryna, pieprz do smaku. Mieszamy jogurt z pieprzem i posiekanym szczypiorkiem, dodajemy odrobinę soku z cytryny/limonki i rzeżuchę/kiełki.

Rzodkiewki i cukinię kroimy w cieniutkie plasterki lub ścieramy na tarce, przyprawiamy solą. Jabłko ścieramy. Połowę liści sałaty rzymskiej drobno kroimy. Wszystkie składniki mieszamy w misce. Wykładamy pozostałe liście sałaty na talerz, na nich umieszczamy surówkę i polewamy sosem jogurtowym.

KOLACJA: Placuszki z cukinii z sałatką ze szpinaku i truskawek – 2 porcje

- 1 cukinia
- mały kawałek pora
- 2–3 łyżki mąki z ciecierzycy lub amarantusa
- 1 łyżka mielonego siemienia lnianego
- sól himalajska, pieprz, czosnek świeży/niedźwiedzi
- 2 łyżki oliwy/oleju kokosowego

Cukinię ścieramy na tarce, pora drobno siekamy i delikatnie solimy. Przekładamy warzywa na sitko ustawione na misce i trzymamy na nim ok. 10 minut, aż sok ścieknie. Odciskamy resztki soku (użyjemy go do dressingu).

Do cukinii i pora dodajemy czosnek, mąkę, siemię lniane, przyprawy i łyżkę oliwy. Mieszamy i odstawiamy na 10 minut, a następnie smażymy z obu stron na złoto na łyżce oliwy. Odsączamy nadmiar tłuszczu na ręczniku papierowym. Podajemy z sałatką ze szpinaku i truskawek.

Sałatka ze szpinaku i truskawek

- porcja szpinaku lub sałaty – ok. 100 g
- 10 truskawek lub ziaren granatu
- 10 pomidorków koktajlowych
- cebula dymka ze szczypiorkiem
- 2 łyżki orzechów nerkowca, włoskich lub laskowych
- **dressing:** 50 ml soku odsączonego z cukinii, 1 łyżka musztardy, świeże zioła, pieprz. Wszystkie składniki mieszamy.

Mieszamy ze sobą szpinak, pokrojone pomidorki i dymkę, polewamy dressingiem, posypujemy plasterkami truskawek, orzechami i podajemy do placuszków z cukinii.

DZIEŃ 5–6

ŚNIADANIE: Wrapy z indykiem – 2 porcje

- 200 g mielonego mięsa drobiowego lub wołowego
- sól morska, pieprz czarny, kawałek (2 cm) świeżego imbiru, cząber, czosnek niedźwiedzi
- 1 łyżeczka oliwy
- 1 łyżeczka oleju sezamowego
- 1 dymka ze szczypiorkiem
- 1 łodyga selera naciowego
- 2 ząbki czosnku
- świeża kolendra/natka pietruszki
- limonka
- sałata rzymska/lodowa
- żółta papryka
- **sos:** 1 łyżeczka oleju sezamowego, 1 łyżeczka oliwy, kawałek imbiru, 3 łyżki soku z limonki, posiekana kolendra. Wszystkie składniki mieszamy.

Mięso mieszamy z olejem sezamowym i posiekanym czosnkiem, dosypujemy soli, pieprzu, cząbru, łyżeczkę startego imbiru i czosnek niedźwiedzi oraz szczyptę skórki otartej z limonki. Dodajemy 2 łyżki drobniutko posiekanego selera i pokrojoną cebulę dymkę. Formujemy podłużne kotlety.

Podsmażamy na oliwie przez około 6 minut z każdej strony. Podajemy na liściach sałaty, z cienko pokrojonymi warzywami i natką/kolendrą, polane sosem.

DRUGIE ŚNIADANIE: Bruschetta na chlebie gryczanym – 2 porcje (4 szt.)

- 4 kromki chleba gryczanego
- 2 duże pomidory typu bawole serce/malinowe
- 1 ząbek czosnku
- 2 łyżki oliwy extra virgin
- garść świeżej bazylii
- sól himalajska, pieprz czarny
- 50 g sera koziego lub mozzarelli – opcjonalnie

Kromki chleba zapiekamy w tosterze lub piekarniku mniej więcej przez 5 minut.

W tym czasie obieramy i kroimy pomidory, usuwamy pestki i płynny miąższ. Rozdrabniamy i dodajemy sól, pieprz i posiekaną bazylię.

Ciepłe kromki smarujemy przekrojonym ząbkiem czosnku i skrapiamy oliwą. Nakładamy na nie farsz pomidorowy i ewentualnie kawałki sera. Jemy w takiej formie lub zapiekamy w piekarniku ok. 5 minut w 190°C, żeby ser się rozpuścił.

OBIAD: Filet nadziewany wątróbkami – 2 porcje

- 2 filety z kurczaka
- 1 cebula
- 10 szt. wątróbek drobiowych/50 g wątroby wieprzowej
- 10 orzechów włoskich
- 2 plastry szynki podwędzonej bez konserwantów
- 1 jabłko
- natka pietruszki
- czosnek granulowany, sól himalajska, pieprz czarny, gałka muszkatołowa
- 1 szklanka mleka
- oliwa

Filety rozkrawamy w środku, tak by powstała kieszonka. Nacieramy je solą, pieprzem i czosnkiem.

Wątróbkę moczymy w mleku mniej więcej przez 10 minut. Odsączamy. Cebulkę szklimy na oliwie przez 2 minuty, dodajemy posiekaną wątróbkę i pokrojone jabłko, przyprawiamy gałką muszkatołową, solą i pieprzem. Dusimy przez 5–8 minut i dokładnie mieszamy, rozgniatając widelcem. Dodajemy posiekaną natkę i orzechy i nadziewamy masą filety. Każdy zawijamy w plaster szynki i układamy w naczyniu. Przykrywamy folią i pieczemy ok. 30 minut w 180°C. Zdejmujemy folię i dopiekamy mniej więcej przez 10 minut, podlewając w trakcie pieczenia powstałym sosem. Podajemy z surówką z czerwonej kapusty.

Surówka z czerwonej kapusty – 2 porcje

- 2 szklanki posiekanej czerwonej kapusty
- 1 małe jabłko
- 1 marchewka
- 1 cytryna
- 1 cebulka szalotka
- 3 łyżki posiekanej natki pietruszki, koperku, rzeżuchy
- 2 łyżeczki oliwy/oleju z konopi/oleju lnianego/rzepakowego nierafinowanego

Kapustę parzymy wrzątkiem i odstawiamy na 2 minuty. Odsączamy i skrapiamy sokiem z cytryny. Dodajemy starte jabłko, marchewkę oraz posiekaną cebulkę i zieleninę. Mieszamy, skrapiamy olejem i przyprawiamy do smaku.

KOLACJA: Zupa krem z pieczonych pomidorów i czerwonej cebuli – 2 porcje

- 6 pomidorów
- 1 czerwona cebula
- 1 łyżka oleju
- 4 ząbki czosnku
- świeża bazylia
- 50 ml mleczka kokosowego
- sól morska, pieprz czarny, pieprz cayenne
- 1 szklanka bulionu warzywnego
- 5 suszonych pomidorów
- 1 łyżeczka oliwy po suszonych pomidorach
- 2 łyżki orzechów piniowych uprażonych na suchej patelni lub włoskich

Pomidory kroimy na połówki, solimy, pieprzymy, polewamy olejem z rozdrobnionym czosnkiem, posypujemy pieprzem cayenne. Obok układamy czerwoną cebulę i pieczemy mniej więcej przez 25 minut w 180°C.

Suszone pomidory drobno siekamy. Miksujemy je z orzechami, 1 ząbkiem czosnku i 1 łyżeczką oliwy.

Upieczone pomidory przekładamy do garnka, zalewamy bulionem, dodajemy świeżą bazylię i gotujemy mniej więcej przez 4 minuty. Dolewamy mleczko kokosowe i miksujemy na gładki krem, podajemy z pastą z suszonych pomidorów.

DZIEŃ 7

ŚNIADANIE: Hamburger z cukinii – 1 porcja (2 szt.)

- 50 g mięsa mielonego (drobiowego lub wołowego)
- 4 plastry cukinii
- 4 liście sałaty
- 1 mała szalotka lub czerwona cebulka
- 4 plastry pomidora
- 4 plastry papryki
- 6 oliwek

- 1–2 ząbki czosnku
- oliwa lub olej kokosowy/rzepakowy nierafinowany – 2 łyżeczki
- 4 łyżki natki pietruszki
- sól himalajska, pieprz

Plastry cukinii smarujemy startym czosnkiem i oliwą, solimy, oprószamy pieprzem.

Mięso mieszamy z solą, odrobiną czosnku, posiekaną natką i posiekanymi oliwkami. Formujemy 2 płaskie kotlety.

Na patelni grillowej posmarowanej olejem układamy plastry cukinii i płaskie kotlety. Smażymy przez 3–5 minut z obu stron.

Wykładamy na talerz plaster grillowanej cukinii, liść sałaty, plaster pomidora, papryki i cebuli oraz kotlet, a potem ponownie cukinię. Podajemy z surówką.

Surówka z buraczków i rukoli z nutą pomarańczy – 1 porcja

- 1 mały buraczek zwykły lub kiszony
- ½ małej pomarańczy
- 1 szklanka rukoli
- 1 cytryna
- 1 łyżeczka oleju nierafinowanego z konopi/orzechów/lnianego/rzepakowego
- 4 posiekane orzechy brazylijskie
- sól himalajska, pieprz

Kroimy buraczek w cienkie plasterki lub ścieramy na tarce. Skrapiamy cytryną. W misce mieszamy rukolę, plastry buraczka, cząstki pomarańczy oraz posiekane orzechy. Polewamy olejem i przyprawiamy solą i pieprzem.

DRUGIE ŚNIADANIE: Sałatka z komosy ryżowej z brokułami – 2 porcje

- 1 szklanka komosy ryżowej/amarantusa/kaszy gryczanej
- 2 szklanki (ok. 200 g) różyczek brokułu
- 2 łyżeczki orzeszków piniowych

- 1 szklanka szpinaku
- 1 kawałek pora
- 2 łyżki masła klarowanego
- sól himalajska, pieprz

Komosę płuczemy, przekładamy do garnka, dolewamy 1,5 szklanki wody, doprawiamy solą i pieprzem i gotujemy ok. 10 minut. Prażymy orzeszki piniowe na suchej patelni przez 2 minuty.

Brokuły gotujemy na parze lub we wrzątku przez 5 minut. Na maśle dusimy pora mniej więcej przez 3 minuty, solimy. Dodajemy szpinak i dusimy jeszcze ok. 2 minut. Całość dodajemy do odsączonej kaszy, mieszamy z brokułami i posypujemy prażonymi orzeszkami.

OBIAD: Zapiekanka z kalafiorem – 1 porcja

- 2 szklanki różyczek kalafiora
- 50 g chudego mięsa mielonego
- 1 drobno pokrojona cebula/por
- 1–2 ząbki czosnku
- 1 mały pęczek natki pietruszki
- sól himalajska, pieprz
- 20 g sera feta

Kalafior gotujemy na parze i miksujemy na purée, przyprawiamy solą, pieprzem i czosnkiem. Następnie mieszamy mięso z pokrojonym porem/cebulą, czosnkiem, natką, solą i pieprzem.

W żaroodpornym naczyniu układamy mięso, na nim purée z kalafiora i posypujemy całość pokruszonym serem feta. Pieczemy mniej więcej przez 45 minut w piekarniku nagrzanym do 180°C.

KOLACJA:

porcja sałatki z komosy ryżowej z brokułami

IV TYDZIEŃ

- **napoje:** woda z octem jabłkowym niefiltrowanym – 1 łyżka octu na 1 litr wody
- codziennie (po dowolnym posiłku) spożywamy 1 łyżkę **ostropestu**. Popijamy ją wodą lub pijemy w formie naparu.
- **przydatne przepisy:** skiełkowana kasza gryczana. Kaszę niepaloną zalewamy wodą nieco ponad powierzchnię kaszy. Trzymamy w misce przez 2 dni, płucząc 2 razy dziennie. Po 2 dniach z nasionek wyjdą kiełki – wtedy są gotowe do dalszej obróbki.

DZIEŃ 1–2

ŚNIADANIE: Placuszki z kalafiora à la pizzerinki – 2 porcje (6–8 szt.)

- 400 g kalafiora
- 1 kulka mozzarelli
- 1 upieczony filet (ok. 100 g) z kurczaka/indyka
- 2 łyżki otrąb gryczanych
- 2 łyżki mielonego siemienia lnianego
- pomidory, rukola, cebula
- 1 duża łyżka gęstego mleczka kokosowego (z lodówki)
- czarnuszka
- pół pęczka szczypiorku
- pomidory
- sól himalajska, pieprz

Różyczki kalafiora gotujemy na półtwardo mniej więcej przez 15 minut. Odsączamy i przekładamy do miski, dodajemy łyżkę gęstego mleczka kokosowego, szczyptę soli i pieprzu, czarnuszkę, mielone siemię lniane i otręby. Miksujemy.

Na papier do pieczenia kładziemy łyżką porcję masy, lekko rozsmarowujemy i pieczemy ok. 30 minut w 190°C. Następnie układamy na placuszkach plastry pomidora, cebuli i mięsa oraz rukolę i kawałki mozzarelli i zapiekamy jeszcze mniej więcej przez 10 minut. Podajemy posypane szczypiorkiem, z pomidorami.

DRUGIE ŚNIADANIE: Koktajl z zielonego banana, chia i jarmużu z mlekiem kokosowym – 2 porcje

- 2 szklanki płynnego mleka kokosowego
- 1 zielonkawy banan
- 2 łyżki nasion chia
- 1 szklanka jarmużu

Wszystkie składniki miksujemy na smoothie.

OBIAD: Polpettone z jajkiem – 2 porcje

- 400 g mięsa mielonego z szynki
- 1 jajko na twardo
- suszone pomidory
- 50 g sera feta (opcjonalnie)
- 4 pomidory krojone bez skórki/300 ml pulpy pomidorowej
- pęczek natki pietruszki
- 3 łyżki razowej mąki żytniej
- sól morska, pieprz czarny, czubryca czerwona i zielona, świeża bazylia
- 2 cebule
- 2 łyżki oleju rzepakowego
- sezam

Mięso mielone przyprawiamy czubrycą, solą i pieprzem. Pokrojone w kosteczkę cebule podsmażamy na oleju i połowę dodajemy do mięsa. Wsypujemy mąkę i posiekaną natkę. Wyrabiamy masę jak na kotlety mielone.

Posypujemy deskę do krojenia sezamem i układamy na niej mięso w formie prostokąta. Na środek wykładamy suszone pomidory i ugotowane jajko (lub fetę z pokrojonymi suszonymi pomidorami) i zawijamy mięso w rulon, aby się nie rozpadło. Formujemy dużego pulpeta, mocząc ręce w zimnej wodzie, dzięki czemu mięso nie klei się do dłoni. Przekładamy go do formy żaroodpornej i pieczemy pod przykryciem ok. 25 minut w 180°C. Wlewamy pomidory wymieszane z zeszkloną cebulką, dodajemy bazylię i czubrycę i pieczemy jeszcze mniej więcej przez 20 minut pod przykryciem. Po ostudzeniu kroimy na plastry. Podajemy z surówką z kapusty z jagodami goji.

Surówka z kapusty z jagodami goji – 2 porcje

- 200 g kiszonej kapusty z marchewką
- 1 czerwona cebula
- 1 gruszka
- 1 łyżka pokrojonych orzechów włoskich
- 1 łyżka oleju rzepakowego
- garść owoców goji zalanych wcześniej ciepłą wodą
- sól himalajska, pieprz czarny

Kapustę siekamy, a cebulę kroimy w cienkie plasterki. Gruszkę ścieramy na tarce i wsypujemy do miski razem z kapustą i cebulą. Dodajemy jagody goji i mieszamy. Wlewamy olej, przyprawiamy solą i pieprzem, wsypujemy orzechy i ponownie mieszamy.

KOLACJA: Sałatka z brokułami, awokado i figą – 2 porcje

- 1 mała główka brokułu – 250 g
- 4 figi świeże
- 1 małe mango
- 1 małe dojrzałe awokado
- 1 szklanka szpinaku
- 4 suszone pomidory
- 2 łyżki orzechów laskowych
- **sos musztardowo-ziołowy:** 2 łyżeczki oleju lnianego/rzepakowego/oliwy, 2 łyżeczki posiekanych liści bazylii i mięty, 1 łyżka mleczka kokosowego, 1 łyżeczka musztardy, sól himalajska, pieprz czarny. Wszystkie składniki mieszamy.

Różyczki brokułu wkładamy do wrzątku i gotujemy ok. 5 minut. Mango, suszone pomidory i figi kroimy na mniejsze kawałki. W misce mieszamy szpinak, brokuły, kawałki awokado, owoce i suszone pomidory. Posypujemy orzechami i polewamy sosem.

DZIEŃ 3–4

ŚNIADANIE: Koktajl kokosowy z orzechami – 1 porcja

- 1 szklanka mleczka kokosowego
- 1 łyżeczka masła z orzechów laskowych lub miksu orzechowego
- 1 łyżeczka nasion konopi lub zmielonego słonecznika
- ½ małego awokado
- 100 g owoców leśnych: malin, borówek, jeżyn lub truskawek
- 1 łyżeczka wiórków kokosowych

Mleczko kokosowe miksujemy z resztą składników, pijemy po przygotowaniu lub zabieramy ze sobą do pracy.

DRUGIE ŚNIADANIE: Placuszki ze skiełkowanej gryki z warzywami – 2 porcje

- 1 szklanka skiełkowanych nasion gryki
- 1 szalotka lub inna mała cebulka
- 1 jajko
- 1 łyżka czosnku niedźwiedziego
- 2 łyżki posiekanego szczypiorku
- sól himalajska, pieprz
- 2 łyżeczki oliwy/oleju rzepakowego/kokosowego
- dowolne warzywa: sałata, pomidory, rzodkiewki, kiełki

Cebulkę siekamy, dusimy ok. minuty na oliwie i solimy. Skiełkowane nasiona (przepis na str. 188) odsączamy z wody. Dodajemy do nich jajko i sól. Miksujemy na gładką masę. Do masy dorzucamy podduszoną cebulkę, czosnek i szczyptę pieprzu. Całość mieszamy. Smażymy placuszki po 1–2 minuty z obu stron. Podajemy z pomidorami posypanymi szczypiorkiem i dowolnymi warzywami lub sałatką z awokado i pomidora.

Sałatka z awokado i pomidora – 2 porcje

- 1 małe awokado
- 1 duży, dojrzały pomidor malinowy/bawole serce
- 1 malutka czerwona cebulka
- 1 szklanka roszponki lub rukoli
- kilka liści sałaty lodowej
- garść świeżej bazylii
- szczypta oregano i tymianku
- 1 ząbek czosnku – niekoniecznie
- 1 limonka
- sól morska, pieprz czarny
- 2 łyżki pokruszonych orzechów włoskich lub laskowych
- 1 łyżka oliwy
- **sos miodowo-muszardowy:** ½ łyżeczki miodu, 1 łyżka musztardy, 2 łyżki oliwy, 2 łyżki soku z limonki, szczypta suszonych ziół. Wszystkie składniki mieszamy.

Awokado i pomidora kroimy w kostkę i skrapiamy sokiem z limonki.

Liście sałaty rwiemy na mniejsze kawałki, przekładamy je do miski, polewamy oliwą, dajemy roszponkę/rukolę, pokrojone awokado, wyciśnięty czosnek, cząstki pomidora, świeże listki bazylii, szczyptę oregano i tymianku oraz drobno posiekaną cebulkę. Doprawiamy solą i pieprzem i mieszamy. Polewamy sosem i mieszamy. Posypujemy orzechami.

OBIAD: Gołąbki z halibutem z sosem pomidorowo-ziołowym – 2 porcje

- 300 g fileta z halibuta lub dorsza (może być ze skórą, ale oczyszczony z łusek)
- ½ szklanki ugotowanej kaszy gryczanej niepalonej lub jęczmiennej
- 2 duże cebule
- 300 ml bulionu warzywnego
- 1 kapusta włoska
- 1 limonka
- 1 kawałek pora
- sól morska, pieprz

- puszka krojonych pomidorów bez skórki / 300 ml pulpy pomidorowej
- 2 łyżki oleju
- świeża bazylia, oregano, tymianek

Kapustę dzielimy na liście i parzymy wrzątkiem. Rybę mielimy ze skórą i skrapiamy sokiem z limonki. Pora drobniutko siekamy i solimy. Mieszamy zmieloną rybę, kaszę ugotowaną w osolonej wodzie i pora, przyprawiając pieprzem i solą do smaku. Na liściach kapusty układamy farsz i dokładnie je zwijamy jak gołąbki. Przekładamy do naczynia żaroodpornego i podlewamy bulionem. Dusimy w odkrytym naczyniu mniej więcej przez 20 minut w 180°C. W tym czasie kroimy cebulkę, przesmażamy i dusimy z pomidorami/pulpą, z dodatkiem ziół ok. 10 minut. Posypujemy bazylią. Przed podaniem polewamy gołąbki sosem.

KOLACJA: Botwinka – 2 porcje

- mały pęczek włoszczyzny
- 1 pęczek botwinki
- 1 cytryna
- 3 buraki
- 5 rzodkiewek
- 1 świeży ogórek
- 2 ząbki czosnku
- natka pietruszki lub koperek do posypania
- 500 ml bulionu
- liść laurowy, ziele angielskie

Buraki obieramy, kroimy w ćwiartki i skrapiamy sokiem z cytryny. Wkładamy do garnka obraną włoszczyznę, liść laurowy i ziele angielskie. Zalewamy bulionem i zagotowujemy. Dodajemy pokrojone buraki, poszatkowaną botwinkę i pokrojony czosnek. Doprowadzamy do wrzenia i gotujemy mniej więcej przez 15 minut. Wyjmujemy włoszczyznę i buraki, zostawiając botwinkę z wywarem. Studzimy. Dodajemy pokrojone świeże warzywa: rzodkiewkę i ogórek. Posypujemy natką lub koperkiem.

DZIEŃ 5–6

ŚNIADANIE: Omlet z kiełkami – 1 porcja

- 1 jajko
- kilka kawałków łososia sałatkowego
- 3 łyżki kiełków na patelnię stir fry
- 3 łyżki posiekanego szczypiorku
- 1 łyżeczka sezamu
- sól himalajska, pieprz czarny, czosnek niedźwiedzi
- 1 łyżka oliwy lub oleju rzepakowego nierafinowanego, lub oleju kokosowego
- plasterki awokado, rzodkiewki, kawałki dojrzałego pomidora, posiekany szczypiorek – z oliwą i ziołami typu bazylia i oregano

Jajko ubijamy mikserem mniej więcej przez 2 minuty, dodajemy przyprawy i ponownie miksujemy.

Na łyżce oliwy podsmażamy kiełki ok. minuty, zalewamy zmiksowaną masą jajeczną i posypujemy szczypiorkiem. Dodajemy łososia. Podsmażamy na rumiano z obu stron. Podajemy ciepłe z warzywami posypanymi sezamem.

DRUGIE ŚNIADANIE: Naleśniki z kaszy gryczanej z borówkami – 2 porcje

- ½ szklanki kaszy gryczanej niepalonej
- po szczypcie soli himalajskiej, kurkumy, cynamonu
- zielonkawy banan
- 50 ml mleka kokosowego
- 2 łyżeczki oleju kokosowego
- 100 g borówek, malin lub truskawek
- **sos sezamowy tahini:** 4 łyżki tahini, 6 łyżek mleka kokosowego, szczypta cynamonu, ziarenka z 1 laski wanilii. Całość mieszamy.

Kaszę płuczemy i przesypujemy do miseczki. Zalewamy wodą trochę ponad powierzchnię kaszy. Odstawiamy na noc. Rano odlewamy wodę, przepłukujemy kaszę, przyprawiamy, dodajemy ba-

nana i miksujemy. Wlewamy mleko kokosowe do uzyskania konsystencji gęstej śmietany. Wsypujemy owoce. Smażymy na oleju kokosowym z obu stron.

Podajemy z sosem sezamowym.

OBIAD: Kapuśniaczek – 2 porcje

- ¼ główki białej kapusty
- 2 garście kiszonej kapusty
- 1 pomidor bez skóry
- 1 cebulka
- 2 małe udka z kurczaka bez skóry/300 g fileta lub mięsa z kurczaka
- 600 ml bulionu warzywnego bez glutaminianu sodu
- 1 łyżka oliwy
- 4 gałązki natki pietruszki

Siekamy cebulkę i podsmażamy na łyżce oliwy. Dodajemy mięso z kurczaka. Zalewamy bulionem, dodajemy pokrojonego pomidora i posiekaną kapustę (świeżą i kiszoną). Gotujemy mniej więcej przez 30 minut. Podajemy posypane natką.

KOLACJA: Sałatka z dyni na ciepło – 2 porcje

- 200 g dyni masłowej/ hokkaido, obranej ze skórki
- 1 szklanka ugotowanej komosy ryżowej
- 2 łyżeczki oleju rzepakowego
- 2 łyżki nasion granatu
- kilka listków rozmarynu
- 30 g sera feta lub mozzarella
- 2 łyżki orzechów nerkowca/włoskich/pekan/brazylijskich
- 1 szklanka jarmużu/szpinaku
- sól himalajska, pieprz czarny
- rukola

Jarmuż parzymy wrzątkiem i odsączamy.

Dynię kroimy w kosteczkę, polewamy olejem, posypujemy rozmarynem oraz solą himalajską i pieprzem. Mieszamy. Układamy kawałki dyni w naczyniu żaroodpornym i pieczemy mniej więcej przez 15 minut w 220°C. W misce mieszamy rukolę i szpinak/ jarmuż, dodajemy upieczoną dynię i ugotowaną komosę, a następnie posypujemy pokruszoną mozzarellą/fetą, nasionami granatu i orzechami.

DZIEŃ 7

ŚNIADANIE: Tortille omletowe z guacamole – 1 porcja

- 1 jajko
- 1 łyżka otrąb gryczanych
- ½ szklanki szpinaku/posiekanej natki
- ½ małego awokado
- 1 mały ząbek czosnku
- kilka listków świeżej bazylii
- 1 pomidor
- sól himalajska, pieprz
- 1 łyżka oliwy lub oleju kokosowego

Awokado rozgniatamy z wyciśniętym czosnkiem, szczyptą soli i pieprzu oraz pokrojoną bazylią.

Jajko mieszamy trzepaczką, dodajemy posiekaną zieleninę, szczyptę soli i pieprzu oraz otręby. Wlewamy masę na patelnię z oliwą/olejem i smażymy na małym ogniu pod przykryciem, żeby omlet ściął się bez przewracania.

Gotowy placek smarujemy pastą z awokado i układamy plastry pomidora oraz świeżą bazylię. Zwijamy omlet. Podajemy z dowolnymi warzywami, np. rzodkiewkami, pomidorami, ogórkami kiszonymi.

DRUGIE ŚNIADANIE: Migdałowy deser chia z owocami leśnymi i herbatą matcha – 1 porcja

- 1 szklanka mleka migdałowego
- 1 szklanka jeżyn, malin, borówek lub jagód
- 2 łyżeczki pokruszonych migdałów
- laska wanilii
- 1 łyżka nasion chia
- 1 łyżeczka herbaty matcha w proszku (do kupienia w herbaciarni)
- kilka listków mięty

Mleko zagotowujemy z laską wanilii i herbatą matcha, dodajemy chia i dokładnie mieszamy.

W pucharku układamy kolejno: pół szklanki owoców, łyżkę migdałów, część puddingu chia z mlekiem, resztę owoców, pozostały pudding. Posypujemy migdałami i dekorujemy miętą.

OBIAD: Pstrąg faszerowany z warzywami – 2 porcje

- 2 pstrągi – każdy mniej więcej po 150 g
- bakłażan (pokroić, posolić, opłukać, osuszyć i ponownie posolić, żeby pozbyć się goryczki)
- 2 pomidory
- cebula
- 3 kolorowe papryki
- główka czosnku
- czosnek granulowany, pieprz, sól himalajska,
- 2 łyżki oliwy
- **farsz:** kawałek chili lub imbiru, 2 ząbki czosnku, 3 łyżki natki pietruszki, cząber, sól himalajska, 1 łyżeczka masła. Chili/imbir i czosnek drobno siekamy. Wszystkie składniki mieszamy.

Warzywa kroimy w kostkę (czosnek w łupinach przekrawamy na pół), polewamy oliwą i posypujemy czosnkiem granulowanym, solą i pieprzem. Odstawiamy na 20 minut.

Oczyszczoną rybę nacieramy farszem od środka i skrapiamy oliwą na zewnątrz. Na blasze układamy rybę i warzywa, pieczemy mniej więcej przez 30 minut w 200°C. Podajemy na ciepło z warzywami i ogórkiem kiszonym lub surówką z selerem naciowym.

Surówka z selerem naciowym – 2 porcje

- 2 łodygi selera naciowego
- 4 rzodkiewki
- 1 małe jabłko twarde
- 2 łyżki orzechów włoskich
- kilka gałązek natki pietruszki
- sól himalajska, pieprz czarny
- 2 czubate łyżki jogurtu greckiego lub roślinnego
- 1 łyżeczka octu jabłkowego

Selera i rzodkiewki kroimy na cieniutkie plasterki. Skrapiamy octem jabłkowym. Jabłko ścieramy na tarce, natkę siekamy. W misce mieszamy selera, rzodkiewki i jabłko, dodajemy jogurt i szczyptę przypraw. Posypujemy posiekaną natką i orzechami.

KOLACJA: Sałatka szpinakowa z mozzarellą i figą – 1 porcja

- 2 garście liści szpinaku lub jarmużu sparzonego wrzątkiem
- 2 świeże figi
- kilka liści sałaty lodowej
- ½ kulki mozzarelli lub 30 g sera koziego
- 4 suszone pomidory
- 6 czarnych oliwek
- 2 łyżki pestek dyni
- 1 świeży ogórek
- kilka listków bazylii i mięty
- **sos ziołowy:** 1 łyżka oliwy, szczypta startej skórki z cytryny, 1 łyżeczka soku z cytryny, 1 zmiażdżony ząbek czosnku, 2 łyżki posiekanych ziół: bazylii, oregano i natki pietruszki, sól, pieprz, 1 łyżeczka płynnego miodu. Mieszamy w słoiczku do konsystencji emulsji.

Szpinak mieszamy z liśćmi sałaty, dodajemy pokrojonego w plastry ogórka, suszone pomidory, porwaną na kawałki mozzarellę (lub pokrojony ser kozi) i figi pokrojone w ćwiartki. Posypujemy oliwkami pokrojonymi w talarki, ziołami i pestkami dyni. Polewamy sosem.

Rozdział 5
Stabilizacja i odporność – trzecia faza diety

Żyjemy tylko po to, aby odkryć piękno. Wszystko inne jest jedynie sztuką oczekiwania.
Khalil Gibran

Po opanowaniu insulinooporności ze skokami glukozy oraz zadbaniu o relaks i okiełznanie stresu, co wyciszy nadnercza, jesteśmy gotowi, by wdrożyć się w tryb takiego żywienia, które pomoże nam utrzymać stałą wagę. Możemy też wprowadzić produkty, które do tej pory były wyeliminowane ze względu na dysbiozę jelit. Dlatego w tej fazie obecne są już strączki (w formie gotowanych nasion lub past), jogurty probiotyczne, nabiał (w postaci fety, mozzarelli lub sera halloumi) oraz pieczywo żytnie. W przypadku bezwzględnej nietolerancji nabiału zastąp go porcjami mięsa lub ryby albo jajkami.

Namawiam do pieczenia własnego chleba, chyba że mamy dobrą, zaufaną piekarnię, która wypieka chleby razowe na zakwasie bez zbędnych polepszaczy. Nadal odradzam też kupowanie przetworzonych wyrobów mięsnych typu wędliny, parówki, pasztety. Zasada ta powinna nam przyświecać już do końca życia. Uchronimy w ten sposób siebie i swoich bliskich od rakotwórczego działania konserwantów.

Pod koniec rozdziału mam niespodziankę – przepisy na zdrowe słodkości dla tych, którzy wygrali z nadwagą! Tak jak pisałam wcześniej, zdrowe odżywianie na co dzień daje nam możliwość na małe żywieniowe szaleństwa od święta, które nie będą pociągały za sobą zgubnych konsekwencji dla wagi i zdrowia. Oczywiście jeśli raz w tygodniu wybieramy się z bliskimi czy przyjaciółmi „na miasto", starajmy się wybierać najlepszej jakości jedzenie, od pewnego czasu osiągalne. To sprawi, że te drobne grzeszki będą nam po prostu wybaczone :) Pamiętajcie, liczy się JAKOŚĆ, a nie ILOŚĆ!

Ten miesiąc diety stoi pod znakiem wzmacniania odporności, dlatego polecam wykonać sobie przy okazji mieszankę ziołową, która wspomoże detoks oraz wzmocni układ immunologiczny.

ANTY AMA – ajurwedyjski sposób na usuwanie toksyn z organizmu

Formuła anty ama

- po 100 g sproszkowanej kolendry, imbiru, kuminu indyjskiego (kmin rzymski)
- po 200 g sproszkowanej mięty i kopru włoskiego

Warto zrobić sobie taką mieszankę, zamknąć w słoiczku i po głównym posiłku wypijać po pół łyżeczki zalanej ciepłą wodą.

Przydatne przepisy

Chleb owsiany z makiem i orzechami pekan – 10 kromek

- 1 szklanka płatków owsianych (nie błyskawicznych)
- ½ szklanki płatków żytnich
- 3 łyżki pestek słonecznika
- 3 łyżki siemienia lnianego
- 8 dowolnych orzechów: włoskich/pekan/laskowych (moczonych wcześniej przez 1 godzinę w ciepłej wodzie)
- 2 łyżki maku
- 3 łyżki błonnika w proszku (owsianego/lnianego/żytniego)
- 2 łyżki sezamu
- 2 łyżki otrąb owsianych
- 1 płaska łyżeczka soli himalajskiej
- szczypta mielonego imbiru, szczypta kminku i cynamonu
- 250 ml wody filtrowanej lub mineralnej
- 2 łyżki oleju kokosowego lub rzepakowego nierafinowanego

Idealnie jest użyć do chleba skiełkowanych nasion słonecznika i sezamu, wtedy wartość odżywcza chleba jest wielokrotnie wyższa!

Wszystkie składniki suche mieszamy w misce, zalewamy wodą i dokładnie wyrabiamy masę.

Przekładamy całość do foremki wyłożonej papierem do pieczenia. Odstawiamy mniej więcej na 3 godziny i pieczemy przez 60 minut w temperaturze 180°C. Kroimy po ostudzeniu.

Wędliny na śniadanie

Szynka gotowana w glazurze

- 1 kg szynki
- 3 liście laurowe, 4 goździki, 10 ziaren pieprzu, sól himalajska, kawałek (1 cm) startego imbiru, 1 gwiazdka anyżu
- 1 l wody
- **glazura:** sok i skórka otarta z 1 pomarańczy, 2 łyżeczki sosu sojowego, ½ łyżeczki startego imbiru, po szczypcie startej papryczki chili, cynamonu, kardamonu, pieprzu, mielonego ziela angielskiego, 2 łyżki miodu. Gotujemy mniej więcej przez 2 minuty do lekkiego zagęszczenia.

Szynkę gotujemy ok. godziny w wodzie z przyprawami. Ugotowane mięso nacinamy w kratkę, wciskamy w nie goździki i polewamy dokładnie glazurą. Pieczemy ok. 30 minut w 220°C. Kroimy po ostudzeniu.

Domowa mielonka

- 300 g mięsa z szynki
- 300 g mięsa z łopatki
- 300 g wędzonego fileta z indyka lub kurczaka
- 1 mała marchewka
- kawałek pora
- 1 łyżeczka oliwy
- 3 ząbki czosnku, liść laurowy, ziele angielskie, majeranek, natka pietruszki, pieprz, sól himalajska, papryka słodka, łyżka sosu sojowego, czubryca zielona lub czerwona

Mięso mielimy razem, mieszamy z przyprawami, wsypujemy sproszkowany liść laurowy i 2 zmielone ziarenka ziela angielskiego. Marchewkę kroimy w paseczki, pora w plasterki i dusimy na oliwie do miękkości mniej więcej przez 5 minut, doprawiamy odrobiną sosu sojowego i dodajemy do mięsnej mieszanki. Mieszankę zostawiamy na noc w lodówce. Następnego dnia przekładamy ją do niskich słoiczków do 2/3 wysokości, ugniatając łyżką, i zakręcamy. Ustawiamy słoiczki w garnku wyłożonym lnianą ściereczką i zalewamy wodą do połowy wysokości. Pasteryzujemy ok. 60 minut. Odstawiamy na cały dzień. Następnie ponownie pasteryzujemy przez 60 minut. Wyjmujemy po ostudzeniu.

Szynka w rozmarynie

- kulka szynki (ok. 1 kg)
- **marynata:** 2 łyżki musztardy, 1 łyżka rozmarynu, 3 liście laurowe, czosnek, 3 łyżki wody, 2 łyżki oliwy, tymianek. Wszystkie składniki mieszamy.

Mięso nacieramy marynatą, wkładamy do worka do pieczenia i zostawiamy na noc.

Pieczemy przez godzinę (na każdy kilogram mięsa) w 180°C.

Musztardowy filet z indyka

- 1 kg fileta z indyka
- **marynata:** 2 łyżki musztardy, 1 łyżka miodu, 3 liście laurowe, czosnek, 3 łyżki wody, 2 łyżki oliwy, tymianek. Wszystkie składniki mieszamy.

Mięso nacieramy marynatą, wkładamy do worka do pieczenia i zostawiamy na noc.

Pieczemy przez godzinę (na każdy kilogram mięsa) w 180°C.

Gotowany filet z indyka zamiast wędliny

- 500 g fileta z indyka
- 2 ząbki czosnku
- 2 łyżki czubricy zielonej lub czerwonej lub suszona papryka, suszony cząber i czosnek, szczypta soli
- 2 łyżki octu balsamicznego
- 2 łyżki musztardy

- 2 łyżki oliwy
- pieprz czarny, sól himalajska do smaku

Mieszamy przyprawy z octem, musztardą i oliwą, wciskając na koniec 2 ząbki czosnku. Powstałą marynatą nacieramy filet, a najlepiej zostawiamy mięso w marynacie na noc w lodówce.

Zamarynowany filet wkładamy do rękawa do pieczenia i owijamy go dość ściśle grubym sznurkiem, aby podczas gotowania do mięsa nie dostała się woda.

Wkładamy zawinięty filet do garnka z gotującą się wodą i gotujemy maksymalnie 20 minut. Wyłączamy gaz i zostawiamy mięso do ostygnięcia. Po ostudzeniu wyjmujemy worek z mięsem z garnka, odwijamy sznurek i kroimy filet na cienkie plasterki.

Pieczona szynka na kanapki

- ok. 1 kg szynki wieprzowej
- majeranek
- liście laurowe
- 4 ząbki czosnku
- 3 łyżki octu balsamicznego
- 2–3 łyżki oliwy
- 4 łyżeczki ostrej musztardy
- sól ziołowa

Z podanych przypraw, musztardy, oliwy, octu i czosnku przygotowujemy marynatę.

Mięso myjemy, suszymy i dokładnie nacieramy przygotowaną marynatą. Obkładamy liśćmi laurowymi.

Owijamy szczelnie grubą folią aluminiową i wstawiamy do lodówki na 24 godziny.

Po tym czasie układamy w naczyniu żaroodpornym wypełnionym wodą do 1/3 wysokości.

Pieczemy w odkrytym naczyniu w folii przez 1,5–2 godziny w 190°C. Kroimy po ostygnięciu.

Schab faszerowany

- 1 kg schabu bez kości
- 1 szklanka mleka
- kilka suszonych pomidorów

- 2 ząbki czosnku
- suszony cząber
- pieprz, sól morska
- łyżka oliwy
- po ½ łyżeczki cynamonu i imbiru

Schab myjemy, zalewamy mlekiem i moczymy przez noc. Następnego dnia wyjmujemy i osuszamy. Wycinamy w nim ostrym, długim nożem dziurę na wylot i faszerujemy suszonymi pomidorami. Nacieramy mięso czosnkiem roztartym z solą, pieprzem i cząbrem, cynamonem i imbirem. Smażymy na patelni mniej więcej po 2 minuty z każdej strony.

Wkładamy schab do rękawa lub naczynia z pokrywką i pieczemy pod przykryciem mniej więcej przez 50 minut w 180°C. Kroimy po przestudzeniu.

Polędwiczka na kanapki

- 500 g polędwiczki wieprzowej
- **marynata:** 4 łyżki musztardy, 2 posiekane ząbki czosnku, 2 łyżki oliwy, szczypta kolendry, pieprz czarny, 1 łyżka majeranku

Polędwiczkę marynujemy minimum przez 3 godziny, a najlepiej przez całą noc. Obsmażamy na oliwie ok. 5 minut i dopiekamy w naczyniu żaroodpornym w 180°C przez 25 minut.

Szynka babuni podwójnie gotowana

- 1 kg szynki wieprzowej, tzw. kulki
- **marynata:** 2 łyżki ostrej papryki, 2 łyżki słodkiej papryki, 1 łyżeczka wędzonej papryki, 3 rozgniecione ząbki czosnku, 2 łyżki musztardy. Wszystkie składniki dokładnie mieszamy.
- **zalewa:** 2 litry wody, 2 łyżki soli himalajskiej, 1 łyżeczka cukru trzcinowego, 6 liści laurowych, 5 ziarenek ziela angielskiego, 1 łyżeczka majeranku, 5 ząbków czosnku, 5 ziaren jałowca.

Zagotowujemy wodę z przyprawami.

Mięso nacieramy marynatą. Zawijamy w folię. Zostawiamy na noc w lodówce. Wyjmujemy z folii, przekładamy do zimnej zalewy, zagotowujemy i gotujemy przez ok. 15 minut. Zostawiamy

całość do ostygnięcia. Następnie ponownie zagotowujemy zalewę z mięsem i gotujemy kolejne 15 minut. Wyjmujemy z zalewy i kroimy po ostudzeniu.

Pasty do chleba

Hummus z olejem konopnym

- 1 szklanka suchej ciecierzycy
- 2 łyżeczki tahini
- 2 ząbki czosnku
- 3 łyżki oleju konopnego
- 2 łyżki soku z limonki
- szczypta kuminu, pieprz, sól himalajska
- natka pietruszki lub kolendra
- 3 łyżki zimnej wody
- szczypta sody oczyszczonej

Ciecierzycę namaczamy, zalewamy świeżą wodą, dodajemy szczyptę sody oczyszczonej i gotujemy mniej więcej przez 20 minut. Odlewamy wodę, zalewamy świeżym wrzątkiem, solimy i gotujemy do miękkości ok. 15 minut.

Ugotowaną ciecierzycę przekładamy do blendera. Dodajemy wyciśnięty czosnek, tahini, olej konopny, sok z limonki i przyprawy. Blendujemy na gładką masę. Dolewamy 2 łyżki wody, wsypujemy posiekaną natkę/kolendrę i ponownie miksujemy.

Pomidorowa pasta z cieciorki i nasion konopi

- 1 szklanka suchej ciecierzycy
- 1 łyżka nasion konopi uprażonych na suchej patelni
- 2 świeże pomidory
- 1 cebula
- szczypta sody oczyszczonej
- szczypta soli himalajskiej
- pieprz
- 1 ząbek czosnku
- 2 łyżki oleju rzepakowego

Cieciorkę zalewamy wodą i zostawiamy na noc. Rano odlewamy wodę, zalewamy nową, dodajemy szczyptę sody i gotujemy do miękkości przez 30–40 minut. Odsączamy ziarna i przelewamy świeżą wodą.

Na oleju smażymy posiekaną cebulę, wrzucamy pokrojone pomidory i dusimy mniej więcej przez 5 minut. Dodajemy pokrojony czosnek i dusimy jeszcze jakieś 2 minuty, przyprawiając solą i pieprzem. Miksujemy cieciorkę z masą pomidorową, dosypujemy uprażone nasiona i ponownie miksujemy.

Pasta z czerwonej fasoli

- 1 puszka czerwonej fasoli
- 1 cebula
- 2 ząbki czosnku
- 1 łyżka koncentratu pomidorowego
- 4 suszone pomidory
- sok z 1 limonki
- kumin, cynamon, mielona kolendra, sól morska, chili, pieprz
- 2 łyżeczki oliwy

Szklimy na oliwie posiekaną cebulkę z czosnkiem mniej więcej przez 4 minuty. Dodajemy puszkę fasolki z zalewą, koncentrat pomidorowy i pokrojone suszone pomidory. Przyprawiamy i wlewamy odrobinę soku z limonki do smaku. Dokładnie mieszamy i gotujemy ok. 10 minut. Przekładamy do blendera i miksujemy na pastę.

Pasta z ciecierzycy z czosnkiem

- 350 g ugotowanej cieciorki (przepis na str. 214)
- 2–3 łyżeczki płatków drożdżowych
- 2 ząbki czosnku
- po szczypcie soli morskiej i czarnego pieprzu
- 1 łyżka sezamu lub tahini
- natka pietruszki

Wszystkie składniki miksujemy na pastę. Dodajemy natkę pietruszki i mieszamy.

Pasta z brązowej soczewicy

- 1 szklanka brązowej soczewicy
- 1 duża cebula
- pieprz czarny, sól morska
- 1 łyżeczka czosnku niedźwiedziego
- 2 łyżki oliwy

Soczewicę moczymy mniej więcej przez 2 godziny i gotujemy ją w świeżej, lekko osolonej wodzie przez ok. 20 minut, do miękkości.

W tym czasie dusimy posiekaną cebulkę na 2 łyżkach oliwy. Odsączamy ugotowaną soczewicę i przekładamy do miski. Dodajemy przyprawy, cebulkę z olejem z patelni oraz czosnek niedźwiedzi i miksujemy na gładką masę.

Jogurt domowy

Są dwie metody na zrobienie domowego jogurtu: z dobrej jakości jogurtu bio i mleka (nie UHT) albo z mleka i specjalnie wyselekcjonowanych bakterii jogurtowych. Wykorzystując je, można zrobić jogurt, kefir, a nawet ukwasić mleko roślinne.

Dzięki temu masz pewność, że twój jogurt nie zawiera żadnych zagęstników, stabilizatorów i konserwantów.

Jogurt domowy z jogurtu bio

- 1 mały jogurt probiotyczny
- 1 litr mleka krowiego lub koziego (nie UHT)

Mleko podgrzewamy do temperatury 80°C, nie dopuszczając do zagotowania.

Studzimy do 60°C, dodajemy jogurt probiotyczny i dobrze mieszamy. Przelewamy mieszankę do szklanego naczynia i dokładnie okrywamy je ręcznikiem. Zostawiamy w cieple na noc. Następnego dnia sprawdzamy konsystencję: jeśli jogurt jest gęsty, wstawiamy go do lodówki – jest gotowy do spożycia. Jeśli jest zbyt rzadki, zostawiamy jeszcze na godzinę lub dwie w cieple aż do uzyskania pożądanej konsystencji. Tak przyrządzony jogurt można przechowywać w lodówce do 7 dni.

Jogurt z kultur bakterii

Startery pożytecznych bakterii dostaniecie w dobrych aptekach, sklepach ze zdrową żywnością i w internecie.

- 1 litr mleka krowiego/koziego lub roślinnego: migdałowego, kokosowego, orzechowego
- 1 łyżeczka miodu/syropu klonowego/melasy
- 1 szczep dobrych bakterii

Zagotowujemy mleko, a następnie studzimy je do temperatury ok. 40°C. Sprawdzamy temperaturę palcem – powinno być lekko ciepłe. Idealnie jest użyć termometru. Bakterie rozpuszczamy w mniejszej ilości mleka, dokładnie mieszamy, dodajemy do ciepłego mleka i mieszamy drewnianą łyżką. Przelewamy do szklanego naczynia i dokładnie okrywamy je ręcznikiem. Zostawiamy w cieple na noc. Następnego dnia sprawdzamy konsystencję: jeśli jogurt jest gęsty, wstawiamy go do lodówki – jest gotowy do spożycia. Jeśli jest zbyt rzadki, zostawiamy jeszcze na godzinę lub dwie w cieple aż do uzyskania pożądanej konsystencji. Tak przyrządzony jogurt można przechowywać w lodówce do 7 dni.

Dieta na etapie stabilizacji wagi

- ŚNIADANIE = warzywa + jajko/ryba/mięso + ciemne pieczywo 2 kromki (razowe, pełnoziarniste – 80 g)

lub płatki wielozbożowe / kasza QUINOA/ kasza lub płatki gryczane (4 łyżki na 1 szklankę płynu) + warzywa + tłuszcze (1 łyżka)

- DRUGIE ŚNIADANIE = soki warzywne (300 ml) + jogurt bio / kasza gryczana lub komosa ryżowa (40 g) + warzywa + orzechy, pestki, nasiona (20 g)

- OBIAD = mięso/ryba/jajka (ok. 200 g) + warzywa + tłuszcz (1 łyżka) + 100 g ugotowanego produktu – kaszy grubej, ryżu brązowego, ziemniak gotowany w łupinie

- PODWIECZOREK = jogurty, kefiry, maślanki + dodatki na bazie błonnika, otręby lub owoce jagodowe (100 g), soki warzywne (300 ml)

- KOLACJA = warzywa + mięso/ryba/jajka (150 g) + tłuszcz (1 łyżka)

Tajemny sposób na utrzymanie wagi

Moja rada brzmi: przez dwa dni w tygodniu zachowuj prawidłowe łączenie posiłków (białko + warzywa, np. w dni 3 i 4) i staraj się unikać węglowodanów. To przyspieszy spalanie tłuszczu i sprawi, że waga będzie się utrzymywała bez wielkiego wysiłku.

Ponieważ dieta, którą proponuję, normuje poziom glukozy we krwi i sprawia, że jemy mniej objętościowo, możemy sobie pozwolić na każdy rodzaj zdrowego posiłku – makaron razowy, ziemniak, zdrowe słodycze czy kasze – bez konieczności tak ścisłego przestrzegania kolejności posiłków w ciągu dnia, jak to było w poprzednich fazach. Jemy mniej, więc paradoksalnie możemy jeść więcej :)

Zawsze, po ustabilizowaniu wyników i powrocie do dawnej sylwetki, namawiam do unikania węglowodanów na noc oraz regularności przynajmniej czterech posiłków. Hamuje to wilczy apetyt i niweluje efekt odkładania się tkanki tłuszczowej w organizmie.

PS W tej fazie wprowadzamy nowe źródło białka – **nasiona roślin strączkowych** (oczywiście w umiarkowanych ilościach), ale jeśli w ogóle ich nie tolerujecie, zastąpcie je porcją mięsa, ryby lub jajkami.

I TYDZIEŃ

- **napoje:** napar ze skrzypu
- **przydatne przepisy:** chleb owsiany, jogurt naturalny lub roślinny, hummus lub inna pasta z roślin strączkowych

DZIEŃ 1–2

ŚNIADANIE:

2 kromki chleba owsianego z plasterkami awokado, sałatą, bazylią, pomidorem i kawałkami wędzonego na zimno łososia

DRUGIE ŚNIADANIE:

jogurt z 200 g malin, borówek, truskawek lub porzeczek i 2 łyżkami orzechów laskowych, włoskich lub pekan; można dodać nieprażone pestki dyni lub słonecznika.

OBIAD: Bób smażony z czosnkiem – 2 porcje

- 2 szklanki świeżego lub mrożonego bobu
- 2 ząbki czosnku
- 2 łyżki oliwy/oleju rzepakowego/kokosowego
- szczypta soli
- szczypta tymianku/rozmarynu

Bób myjemy i suszymy. Na patelni rozgrzewamy oliwę/olej, wrzucamy bób, dodajemy pokrojony czosnek, zioła, sól i podsmażamy mniej więcej przez10 minut na wolnym ogniu, ciągle mieszając, aż łupinki popękają. Podajemy z surówką z buraczka.

Chrzanowa surówka z buraczka – 2 porcje

- 2 buraki świeże lub kiszone
- 1 marchewka
- 1 jabłko
- 4 łyżki gęstego mleczka kokosowego lub jogurtu greckiego
- 1 łyżka chrzanu naturalnego bez dodatków
- sól himalajska, pieprz

Mleczko mieszamy z chrzanem i przyprawiamy. Warzywa i jabłko obieramy i ścieramy na tarce o małych oczkach. Dodajemy sos i mieszamy. Odstawiamy na chwilę żeby smaki się połączyły.

KOLACJA: Sałatka z pieczoną (smażoną) papryką i serem halloumi – 2 porcje

- 3 garście rukoli
- 1 papryka czerwona
- 1 papryka żółta
- 1 mała cebulka czerwona
- 4 plastry (ok. 50 g) sera halloumi lub twardej fety
- 2 łyżki oliwy
- 4 suszone pomidory
- 2 łyżki pestek dyni
- świeża mięta
- sól morska, pieprz
- **sos limonkowy:** 1 łyżka oliwy, szczypta chili w płatkach, 1 łyżeczka miodu, 1 łyżeczka soku z limonki. Wszystkie składniki mieszamy.

Paprykę kroimy w paski, skrapiamy oliwą i przyprawiamy solą i pieprzem. Pieczemy ją w piekarniku lub smażymy na patelni razem z kawałkami halloumi.

W misce mieszamy rukolę z grillowaną papryką i serem, pokrojoną w piórka cebulką i pokrojonymi suszonymi pomidorami. Polewamy sosem i posypujemy pestkami dyni oraz miętą.

DZIEŃ 3–4

ŚNIADANIE: Omlet z brokułami i rybą – 1 porcja

- 2 jajka
- 1 szklanka ugotowanego al dente brokułu
- 2 łyżki orzechów laskowych
- 3 łyżki świeżego szczypiorku
- 50 g dowolnej ryby (łosoś dziki, pstrąg, szprotki, sardynki, sardele – anchois)
- 3 łyżki świeżych kiełków
- 1 szklanka startej cukinii
- 1 łyżka oliwy lub oleju kokosowego
- sól morska, pieprz

Jajka ubijamy trzepaczką. Dodajemy do nich pokrojone drobno brokuły, szczypiorek, cukinię i posiekane orzechy. Przyprawiamy solą i pieprzem.

Na patelni lekko rozgrzewamy olej/oliwę i wlewamy masę omletową. Na wierzchu układamy kawałki ryby i smażymy na bardzo małym ogniu pod przykryciem. Dzięki temu masa się zetnie bez potrzeby odwracania omletu. Na koniec posypujemy kiełkami i jemy z dowolnymi warzywami – np. pomidorami, rzodkiewkami, ogórkiem.

DRUGIE ŚNIADANIE: Koktajl warzywny z jarmużem – 1 porcja

- 1 burak
- 2 marchewki
- 1 szklanka jarmużu
- 1 mała cytryna
- kilka kropli oleju lnianego lub z konopi

Z warzyw i cytryny wyciskamy sok w wyciskarce lub blendujemy na koktajl. Mieszamy z olejem.

OBIAD: Dorsz z grilla w sosie kolendrowym – 2 porcje

- 2 filety z dorsza (300 g)
- 1 cytryna
- szczypta pieprzu ziołowego i mielonej kolendry
- sól morska
- 1 łyżka oleju rzepakowego
- **sos kolendrowy:** 1 mały gęsty jogurt, po 2 łyżki świeżej mięty i kolendry

Rybę skrapiamy sokiem z cytryny, przyprawiamy delikatnie mieloną kolendrą, solą i pieprzem ziołowym. Smażymy na łyżce oleju na patelni grillowej mniej więcej po 3 minuty z każdej strony. Usmażoną rybę polewamy przygotowanym sosem.

Podajemy z surówką z młodej marchewki.

Surówka z młodej marchewki z miętą – 2 porcje.

- 2 młode marchewki
- 1 soczysta gruszka/kalarepka
- 1 pomarańcza
- 1 limonka (sparzona wrzątkiem)
- 1 łyżka orzechów włoskich
- 1 łyżeczka oleju rzepakowego

Marchewki i gruszkę/kalarepkę dokładnie myjemy i ścieramy na tarce o dużych oczkach. Wyciskamy sok z ½ pomarańczy, a resztę dzielimy na drobne cząstki i dodajemy do startych produktów. Polewamy łyżeczką oleju i świeżym sokiem. Mieszamy. Na koniec posypujemy orzechami i odrobiną skórki startej z limonki.

KOLACJA: Grillowane warzywa w czosnkowej marynacie z fetą /serem halloumi – 2 porcje

- 1 duża cukinia
- 1 duża czerwona papryka
- ok. 200 g dyni
- 50 g twardego sera feta lub halloumi
- 2 ząbki czosnku
- 2 łyżki oliwy lub oleju rzepakowego nierafinowanego
- sól morska i świeżo zmielony czarny pieprz

Warzywa kroimy w plastry lub łódeczki. Dokładnie mieszamy oliwę, wyciśnięte ząbki czosnku, pieprz i sól. Otrzymaną miksturą polewamy warzywa i ser i dokładnie mieszamy. Marynujemy ok. 20 minut.

Rozgrzewamy grill/patelnię grillową i układamy na nim/niej warzywa i ser wraz z marynatą. Grillujemy mniej więcej przez 3 minuty z każdej strony. Podajemy ze świeżymi pomidorami.

DZIEŃ 5–6

ŚNIADANIE:

2 kromki owsianego chleba z pesto z suszonych pomidorów

Pesto z suszonych pomidorów z oliwkami

- 10 suszonych pomidorów
- 3 ząbki czosnku
- pęczek świeżej bazylii

- ½ szklanki prażonych na patelni migdałów/pestek słonecznika/orzeszków piniowych
- 10 czarnych oliwek bez pestek
- 3 łyżki oliwy z zalewy z pomidorów
- sól morska, pieprz czarny
- świeży pomidor i bazylia

Wszystkie składniki mielimy w blenderze na pastę lub drobno siekamy i mieszamy. Pastą smarujemy chleb i dekorujemy kanapki plastrami świeżego pomidora i bazylią.

DRUGIE ŚNIADANIE: Kokosowy jogurt z mango

- 150–200 ml jogurtu probiotycznego lub roślinnego
- 2 łyżki nasion konopi/siemienia lnianego
- 100 g pokrojonego mango
- 1 łyżka wiórków kokosowych
- świeża mięta

Wszystkie składniki mieszamy ze sobą.

OBIAD: Kurczak curry z chili – 2 porcje

- 300 g mięsa z kurczaka (z fileta lub udek)
- 1 brokuł
- 1 marchewka lub mały batat
- 2 czerwone cebule
- 1 papryczka chili
- kawałek imbiru
- 3 ząbki czosnku
- 1 limonka
- curry, kumin, sos sojowy light, pieprz czarny
- 100 ml mleczka kokosowego
- 200 ml bulionu eko – z przyprawy lub kostki
- 2 łyżki oliwy
- świeża kolendra lub natka pietruszki

Mięso z kurczaka kroimy i przyprawiamy curry. Podsmażamy na oliwie pokrojone chili, czosnek, kumin i imbir (w dowolnych proporcjach) mniej więcej przez 30 sekund. Dorzucamy kawałki kurczaka i pokrojoną cebulę. Podsmażamy ok. 5 minut. Wlewamy bulion, dodajemy pokrojoną marchewkę lub batat, sok i skórkę otartą z limonki oraz odrobinę sosu sojowego i pieprzu i dusimy przez kolejne 10 minut. Dolewamy mleczko kokosowe, dodajemy cząstki brokułu i dusimy jeszcze przez 10 minut. Podajemy posypane natką lub kolendrą, z surówką z rzodkwi.

Surówka z rzodkwi – 2 porcje

- 1 biała rzodkiew
- 1 seler naciowy
- 1 marchewka
- 1 jabłko
- 1 fenkuł – niekoniecznie
- ½ łyżeczki nasion czarnuszki
- 2 łyżki orzechów włoskich lub piniowych uprażonych na patelni
- 1 łyżka jogurtu greckiego wymieszanego z łyżeczką musztardy i pieprzem
- 1 limonka
- natka pietruszki
- 1 ząbek czosnku roztarty ze szczyptą grubej soli
- 1 łyżka oliwy

Rzodkiew obieramy i kroimy w słupki, fenkuła i selera w plasterki, marchewkę ścieramy na tarce. Skrapiamy warzywa sokiem z limonki i oliwą, dodajemy czosnek roztarty z solą, mieszamy i odstawiamy na 10 minut do lodówki. Na koniec dodajemy starte jabłko i jogurt z musztardą i pieprzem. Surówkę posypujemy orzechami, czarnuszką i natką pietruszki.

KOLACJA: Papryki faszerowane hummusem – 2 porcje

- 2 duże papryki
- 100 g hummusu

Papryki przecinamy na połówki, usuwamy gniazda nasienne i faszerujemy hummusem (przepis na str. 214). Podajemy z warzywami: rzodkiewkami, pomidorami, sałatą lodową i kiełkami, polanymi oliwą.

DZIEŃ 7

ŚNIADANIE:

2 kromki chleba owsianego z resztą hummusu, pomidorami, plastrami cebuli, oliwkami i bazylią.

DRUGIE ŚNIADANIE: Deser z chia z truskawkami i mango

- 1 szklanka mleka roślinnego
- 1 łyżka nasion chia
- laska wanilii
- 10 truskawek
- kawałek mango
- 1 łyżka posiekanej świeżej bazylii
- 1 łyżka posiekanych orzechów (pekan, laskowych, nerkowców)

Mleko gotujemy z dodatkiem nasion chia i laski wanilii (wanilię wyjmujemy po zagotowaniu). Odstawiamy mleko do ostygnięcia. W tym czasie chia napęcznieje. Kroimy mango i truskawki.

Na dno wysokiego pucharka wysypujemy pokrojone truskawki wymieszane z bazylią. Na to wylewamy gęstą masę z chia, na wierzchu układamy pokrojone mango z orzechami.

OBIAD: De volaille z pieczarkami – 2 porcje

- 2 duże filety (ok. 300 g) z kurczaka lub sznycle z indyka
- 10 pieczarek
- 2 plastry chudej szynki podwędzanej, np. szwarcwaldzkiej lub innej bez konserwantów
- 1 cebula
- 1 ząbek czosnku
- 2 łyżki musztardy Dijon
- sól, pieprz
- 1 łyżka oleju
- 50 g kaszy gryczanej
- 1 łyżka pestek słonecznika
- natka pietruszki
- bulion

Filety rozbijamy na płasko, smarujemy musztardą, oprószamy pieprzem, wcieramy w mięso rozgnieciony czosnek i wkładamy na 2 godziny, a najlepiej na noc do lodówki.

Przygotowujemy farsz. Umyte pieczarki ścieramy na tarce o dużych oczkach i przekładamy na patelnię. Dodajemy łyżkę oleju i posiekaną cebulkę. Dusimy mniej więcej przez 10 minut aż do redukcji powstałego sosu. Doprawiamy do smaku solą i pieprzem.

Nakładamy na filety z kurczaka po plastrze szynki oraz po połowie farszu z pieczarek i zwijamy w roladki. Układamy je na patelni, podlewamy bulionem i dusimy ok. 20 minut. Kroimy roladki na plastry i polewamy powstałym sosem. Podajemy z ogórkiem kiszonym lub surówką z buraczka oraz porcją (50 g) kaszy gryczanej wymieszanej z łyżką pestek słonecznika i natką pietruszki.

Surówka z buraczka

- 2 buraczki świeże lub kiszone
- 1 łodyga selera naciowego
- 1 jabłko
- 1 kawałek cebuli czerwonej
- limonka, sól himalajska, pieprz

Buraczki, jabłko i cebulę ścieramy na tarce. Selera drobno kroimy. Przyprawiamy solą, pieprzem i sokiem z limonki.

KOLACJA: Sałatka z botwinką i fetą na ciepło – 1 porcja

- 1 pęczek botwinki z buraczkami
- 1 szklanka szpinaku
- 50 g sera feta twardego
- 2 ząbki czosnku
- 1 mała czerwona cebula
- 1 łyżka oleju rzepakowego
- 2 łyżki pestek dyni prażonych na suchej patelni
- gałązka (ok. 6 sztuk) pomidorków koktajlowych
- szczypta soli morskiej, pieprz czarny

Buraczki myjemy i kroimy na małe słupki, botwinkę i szpinak dokładnie płuczemy i siekamy.

Na patelni rozgrzewamy olej. Dodajemy pokrojoną cebulkę i plasterki czosnku. Solimy. Podsmażamy mniej więcej przez minutę, dokładamy plasterki fety, szczyptę pieprzu i podgrzewamy znów ok. minuty.

Szpinak i posiekaną botwinkę przekładamy na talerz, dodajemy pokrojone buraczki, pomidorki koktajlowe i plastry podsmażonej fety. Posypujemy pestkami dyni.

II TYDZIEŃ

- **napoje:** aloes – 50 ml na 500 ml wody
- **przydatne przepisy:** pasta z soczewicy

DZIEŃ 1–2

ŚNIADANIE:

2 kromki razowego żytniego chleba z pastą z soczewicy, szczypiorkiem, ogórkiem kiszonym i natką pietruszki

DRUGIE ŚNIADANIE:

koktajl na jogurcie (200 g) lub mleku roślinnym (orzechowe, migdałowe, kokosowe) z truskawkami lub borówkami (100 g), 2 łyżkami posiekanych orzechów oraz łyżką płatków gryczanych

OBIAD: Polędwiczka z kapustą włoską – 2 porcje

- 300 g polędwiczki wieprzowej
- ¼ kapusty włoskiej
- 2 garście kapusty kiszonej
- 1 limonka
- sól morska, pieprz, liść laurowy, ziele angielskie, papryka słodka
- kminek, rozmaryn, majeranek

- 2 łyżki oliwy
- 200 ml bulionu

Polędwiczkę skrapiamy sokiem z limonki, obsypujemy solą, papryką, pieprzem i odstawiamy na 10 minut.

Kapustę włoską siekamy, a kiszoną drobno kroimy. Do bulionu dodajemy liść laurowy, kminek i ziele angielskie oraz dorzucamy kiszoną kapustę. Gotujemy przez ok. 10 minut, dokładamy kapustę włoską i gotujemy jeszcze jakieś 5 minut. Obie kapusty odsączamy.

Na oliwie podsmażamy polędwiczkę po 3 minuty z każdej strony. Zdejmujemy ją z patelni, a na pozostałej oliwie podduszamy kapustę mniej więcej przez 3 minuty i przyprawiamy solą, majerankiem, rozmarynem oraz pieprzem. Dodajemy sok z połowy limonki.

Kapustę z patelni przekładamy do naczynia żaroodpornego. Na wierzchu układamy polędwiczkę i przykrywamy naczynie. Zapiekamy ok. 20 minut w 200°C. Podajemy z surówką z kapusty pekińskiej.

Sałatka z kapusty pekińskiej – 2 porcje

- zielona część liści kapusty pekińskiej lub sałaty lodowej
- 1 pęczek rzodkiewki
- 1 pęczek szczypiorku
- 1 ogórek
- 4 czubate łyżki jogurtu naturalnego lub roślinnego
- sól himalajska, pieprz

Kapustę pekińską/sałatę lodową oraz rzodkiewkę, ogórka i szczypiorek myjemy, suszymy i drobno kroimy (rzodkiewkę w talarki). Wszystko mieszamy, dodajemy jogurt naturalny oraz sól i pieprz do smaku.

KOLACJA: Zupa pomidorowo-imbirowa z krewetkami – 2 porcje

- 300 ml przecieru pomidorowego/passaty
- pęczek bazylii
- 10 krewetek tygrysich świeżych lub mrożonych (ewentualnie ok. 100 g indyka/kurczaka)

- kawałek imbiru
- kawałek pora
- 3 ząbki czosnku
- 1 papryczka chili
- 1 cebula
- 1 limonka
- 1 szklanka bulionu warzywnego lub przyprawa bulionowa eko/kostka eko bez glutaminianu sodu
- sól himalajska, pieprz, liść laurowy, ziele angielskie
- 2 łyżki oliwy
- natka pietruszki/kolendra świeża

Oczyszczone krewetki/mięso z drobiu skrapiamy sokiem z limonki i oliwą. Posypujemy pieprzem, solą i posiekaną natką pietruszki lub kolendrą. Odstawiamy na 15 minut.

W tym czasie na łyżce oliwy szklimy posiekaną cebulkę i pora mniej więcej przez 2 minuty. Dodajemy starty imbir, posiekane chili i wyciśnięte ząbki czosnku, przyprawiamy solą i pieprzem, mieszamy. Podsmażamy ok. minuty, a następnie zalewamy bulionem i gotujemy. Dodajemy liść laurowy i ziele angielskie oraz passatę. Trzymamy na gazie ok. 10 minut.

Krewetki pieczemy na patelni grillowej przez 3–4 minuty. Podajemy ciepłą zupę z krewetka-mi, posypaną bazylią.

DZIEŃ 3–4

ŚNIADANIE: Naleśniki z kokosem i borówkami – 2 porcje

- 1 jajko
- 4 łyżki mąki kokosowej (jako jedyna mąka niezbożowa nadaje się do dań na ciepło)
- 2 łyżki mąki owsianej
- 300 g borówek, truskawek lub malin
- świeża mięta
- 250 ml gęstego mleczka kokosowego bez konserwantów
- ½ małego zielonego banana
- 2 łyżki masła orzechowego niesolonego z orzechów laskowych, nerkowców lub mix
- 2 łyżki oleju kokosowego

Jajko miksujemy z 100 ml mleczka kokosowego i obiema mąkami na gładką masę.

Cienkie naleśniki smażymy na oleju na małym ogniu.

Resztę gęstego mleczka kokosowego miksujemy z bananem i masłem orzechowym.

Na naleśniki nakładamy masę kokosową i posypane miętą owoce.

DRUGIE ŚNIADANIE: Koktajl z jarmużem – 1 porcja

- 1 szklanka jarmużu
- 1 szklanka szpinaku
- 1 cytryna
- 1 duży grapefruit
- 2 marchewki lub 200 ml świeżego soku marchwiowego

Wszystkie składniki wyciskamy w wyciskarce lub miksujemy miękkie owoce i liście z sokiem z marchewki.

OBIAD: Zapiekanka z cukinii i kurczaka z fetą – 2 porcje

- 1 cukinia
- 1 duży pomidor
- 1 cebula
- pęczek szczypiorku
- 2 rozdrobnione ząbki czosnku
- 200 g polędwiczek z kurczaka lub fileta
- 50 g sera feta lub 1 kulka mozzarelli
- świeża bazylia, oregano, sól morska, pieprz czarny
- 1 łyżka musztardy
- 2 łyżki oliwy

Oliwę mieszamy z czosnkiem i polewamy nią pokrojoną w plastry cukinię. Oprószamy solą i pieprzem. Kurczaka kroimy w cienkie fileciki i marynujemy w musztardzie. Odstawiamy na 20 minut.

W naczyniu żaroodpornym układamy kolejno plastry: cukinii, pomidora, cebuli, fileta itd.

Przyprawiamy. Posypujemy rozkruszonym serem i zapiekamy przez 20–25 minut w 180°C. Podajemy posypane szczypiorkiem.

KOLACJA: Sałatka z brokułami i kurczakiem – 2 porcje

- 1 mały brokuł
- 1 pieczony filet (50 g) z kurczaka
- kawałek pora
- 3 łyżki ugotowanej soczewicy
- 2 łyżki orzechów włoskich/pestek dyni
- **sos jogurtowo-musztardowy:** 2 łyżki jogurtu greckiego, 1 łyżeczka musztardy, 2 ząbki czosnku. Czosnek ścieramy na tarce. Mieszamy wszystkie składniki.

Brokuł podzielony na różyczki gotujemy mniej więcej przez 3 minuty w osolonym wrzątku. Wyjmujemy i odsączamy. Filet kroimy w kostkę, a pora w talarki i solimy. Mieszamy pora, brokuły i kurczaka w miseczce. Dodajemy soczewicę. Sałatkę polewamy sosem i posypujemy orzechami i pestkami.

DZIEŃ 5–6

ŚNIADANIE:

2 kromki razowego chleba z mozzarellą, pomidorami, natką pietruszki i bazylią

DRUGIE ŚNIADANIE: Papryki faszerowane pastą z soczewicy (str. 217) – 2 porcje

- 2 duże papryki
- 100 g pasty z soczewicy
- 4 łodygi natki pietruszki

Papryki kroimy na połówki. Napełniamy je pastą z soczewicy wymieszaną z natką pietruszki.

OBIAD: Bigos z młodej kapusty – 2 porcje

- 300 g fileta z kurczaka/indyka lub kawałek wołowiny
- ½ główki (ok. 300 g) młodej kapusty
- 1 cebula
- 3 słodkie pomidory bez skórki
- majeranek, sól himalajska, pieprz, ziele angielskie, liść laurowy
- 10 suszonych grzybów
- ok. 300 ml bulionu bez konserwantów

Pokrojone mięso gotujemy w bulionie z grzybami mniej więcej przez 30 minut. Dodajemy pokrojoną cebulę i poszatkowaną kapustę, drobno pokrojoną cebulę, ziele angielskie i liść laurowy. Dusimy do miękkości, od czasu do czasu mieszając. Dodajemy pomidory. Doprawiamy do smaku

KOLACJA: Sałatka figowa z kurczakiem i miętą – 2 porcje

- 1 filet (ok. 100 g) z kurczaka
- 2 łyżki sezamu czarnego/zwykłego
- 50 g sera feta/halloumi
- 4 świeże figi
- 2 łyżki orzechów włoskich, laskowych, pekan, brazylijskich
- 1 gruszka
- mix sałat z rukolą
- świeża mięta
- 1 łyżka miodu
- 1 limonka
- **marynata:** 1 łyżka oleju, 1 łyżka miodu, 1 łyżka soku z limonki, pieprz, sól, cząber suszony. Wszystkie składniki mieszamy.

Filet kroimy w cienkie plasterki, smarujemy marynatą i odstawiamy na 10–15 minut. Następnie obtaczamy plasterki mięsa w sezamie. Układamy je na papierze do pieczenia, obok kładziemy figi pokrojone na ćwiartki i polane miodem i zapiekamy całość ok. 20 minut w 180°C lub smażymy na patelni grillowej.

Układamy sałaty na talerzu, a na nich kurczaka i figi oraz pokrojoną gruszkę. Posypujemy pokruszonym serem, listkami mięty i orzechami. Skrapiamy limonką.

DZIEŃ 7

ŚNIADANIE: Sandwicz z pieczarkami – 1 porcja

- 4 małe kromki razowego chleba
- 2 plastry mozzarelli
- 2 pieczarki
- 2 plastry szynki bez konserwantów
- 2 plastry pomidora
- 2 plastry cebuli
- 1 ząbek czosnku
- ⅓ łyżeczki oleju kokosowego/oliwy
- sól himalajska, pieprz

Mieszamy olej z rozgniecionym czosnkiem i smarujemy 2 kromki. Układamy na nich kolejno: po 1 plastrze szynki, cebuli, pomidora i mozarelli oraz po 1 pokrojonej pieczarce. Oprószamy całość solą i pieprzem i przykrywamy pozostałymi kromkami. Zapiekamy w opiekaczu do kanapek. Jemy jako kanapki lub tosty.

DRUGIE ŚNIADANIE: Sałatka owocowa z orzechami i kokosem – 1 porcja

- 200 g owoców jagodowych (malin, borówek, truskawek, jagód, jeżyn)
- 1 pokrojone kiwi
- ½ szklanki pokrojonego mango
- 1 łyżka posiekanych orzechów laskowych lub nerkowca
- 1 łyżka wiórków kokosowych
- 1 limonka
- kilka listków bazylii lub mięty

Kiwi i mango mieszamy z owocami jagodowymi i skrapiamy sokiem z limonki. Posypujemy orzechami i wiórkami kokosowymi oraz listkami bazylii/mięty.

OBIAD: Biała ryba w cukinii z bazylią – 2 porcje

- 2 filety bez ości (ok. 200 g) z dowolnej białej ryby (halibuta, dorsza, pstrąga, okonia)
- 1 mała cukinia
- 2 łyżki pesto z bazylii
- 2 garście świeżej rukoli
- 2 garście świeżej roszponki
- 10 pomidorków koktajlowych
- 1 limonka
- sól morska, pieprz, czosnek niedźwiedzi
- oliwa
- listki bazylii

pesto z bazylii (można też kupić gotowe)

- 1 szklanka liści bazylii
- 3 łyżki startego parmezanu
- 3 łyżki orzeszków piniowych uprażonych na suchej patelni
- 4 łyżki oliwy
- sól himalajska, pieprz czarny

Miksujemy składniki w blenderze.

Rybę osuszamy i kroimy na 4 kawałki. Oprószamy solą, pieprzem i skrapiamy limonką.

Cukinię kroimy obieraczką na cienkie wstążki, skrapiamy oliwą, solimy i oprószamy czosnkiem niedźwiedzim.

Filety okładamy listkami bazylii i owijamy wstążkami cukinii.

Smażymy kawałki na oliwie po 2–3 minuty na każdą ze stron.

Podajemy skropione bazyliowym pesto, z rukolą, roszponką i pomidorkami koktajlowymi.

KOLACJA: Zupa paprykowa – 1 porcja

- 1 czerwona papryka
- 1 szklanka pokrojonych pomidorów lub soku pomidorowego bez cukru
- 1 cebula
- 2 ząbki czosnku
- zioła prowansalskie, bazylia, oregano, pieprz czarny, opcjonalnie szczypta chili
- 2 łyżeczki oliwy
- 1 szklanka bulionu
- świeża natka pietruszki
- ½ łyżeczki nasion czarnuszki uprażone na suchej patelni przez 30 sekund
- 1 łyżeczka pesto bazyliowego

Paprykę kroimy i smażymy z cebulką na oliwie. Dodajemy czosnek i przekładamy do garnka. Zalewamy pomidorami i bulionem, dodajemy pieprz, chili, świeżą bazylię i oregano oraz zioła prowansalskie i zagotowujemy. Miksujemy zupę na krem. Podajemy posypane natką i czarnuszką oraz łyżeczką pesto bazyliowego.

III TYDZIEŃ

DZIEŃ 1–2

- **napoje:** napar z imbirem i cytryną
- **przydatne przepisy:** dowolny hummus lub inna pasta z roślin strączkowych

ŚNIADANIE: Sałatka z kaszą i dynią – 2 porcje

- 1 szklanka kaszy pęczak/dowolnej innej (gryczana, jaglana, komosa ryżowa)
- 1 szklanka szpinaku/jarmużu
- 1 szklanka dyni pokrojonej w kostkę
- 6 suszonych pomidorków z oliwy
- 1 łodyga selera naciowego
- 1 mała cebulka szalotka
- 1 ząbek czosnku (opcjonalnie)
- suszone zioła: tymianek, imbir, oregano i cząber, sól himalajska, pieprz
- 4 łyżki posiekanej natki pietruszki
- 2 łyżki oliwy/oleju kokosowego/rzepakowego

Kaszę namaczamy na noc. Rano gotujemy do miękkości mniej więcej przez 30 minut.

W tym czasie dusimy przez minutę na oliwie posiekaną cebulkę. Dodajemy zioła, sól i pieprz oraz pokrojony czosnek, dynię, jarmuż/szpinak i pokrojony seler. Dusimy całość jakieś 10 minut, podlewając delikatnie wodą. Mieszamy ugotowaną kaszę z warzywami z patelni. Dodajemy pokrojone suszone pomidory i posypujemy natką.

DRUGIE ŚNIADANIE: Smoothie z mango i miętą – 1 porcja

- 1 szklanka mleka kokosowego/jogurtu
- ½ szklanki pokrojonego mango
- ¼ limonki

- 2 łyżki posiekanej bazylii
- 1 łyżka orzechów włoskich/laskowych/pekan lub wiórków kokosowych

Mleko kokosowe/jogurt miksujemy z mango, bazylią i sokiem z ćwiartki limonki. Posypujemy dowolnymi orzechami lub wiórkami.

OBIAD: Ratatouille z warzyw i fety na ciepło – 2 porcje

- 1 szklanka pokrojonej dyni
- 1 mała cukinia
- 1 papryka
- 1 czerwona cebula
- pęczek świeżej bazylii
- 100 g twardego sera feta
- 2 łyżki oliwy lub oleju rzepakowego
- świeży czosnek, cząber, pieprz, suszona papryka, tymianek

Na patelni typu wok szklimy na oliwie posiekaną cebulę mniej więcej przez minutę. Kroimy resztę warzyw i dorzucamy je do cebuli. Dodajemy wyciśnięty czosnek i przyprawiamy cząbrem, pieprzem, papryką i tymiankiem. Dusimy ok. 15 minut na małym ogniu. Na oddzielnej patelni smażymy ser feta mniej więcej po 2 minuty na każdą stronę.

Ciepłe warzywa wykładamy na talerz razem z porcją fety i posypujemy świeżą bazylią.

KOLACJA: Sałatka à la nicejska – 2 porcje

- 50 g pieczonego pstrąga bez ości
- 2 jajka
- 1 główka sałaty lodowej
- 100 g fasolki szparagowej
- 1 dymka ze szczypiorkiem
- 1 świeży ogórek
- 6 czarnych oliwek
- 1 łyżka sezamu/pokruszonych orzechów laskowych

- **dressing miodowo-musztardowy:** 1 łyżeczka miodu płynnego, 2 łyżki musztardy, 2 łyżki oliwy, 1 łyżka soku z limonki, pieprz, 2 wyciśnięte ząbki czosnku, 2 łyżki świeżej bazylii. Wszystkie składniki mieszamy.

Jajka wkładamy do zimnej osolonej wody i gotujemy przez 3 minuty od momentu wrzenia. Fasolkę wsypujemy do wrzątku i gotujemy mniej więcej przez15 minut. Ogórek kroimy obieraczką na wstążki. Sałatę rwiemy na kawałki. Dodajemy do niej fasolkę, kawałki ryby, posiekaną dymkę ze szczypiorkiem, wstążki z ogórka i pokrojone oliwki. Na wierzchu układamy jajka pokrojone na ćwiartki, polewamy dressingiem i posypujemy sezamem/pokruszonymi orzechami laskowymi.

DZIEŃ 3–4

ŚNIADANIE: Jajko zapiekane w papryce z warzywami – 2 porcje

- 2 jajka
- 1 papryka czerwona
- 1 łyżka oliwy
- szczypiorek
- ½ miękkiego awokado
- sałata lodowa
- 2 łyżki dowolnych kiełków
- 2 duże pomidory
- sól himalajska, pieprz
- świeża bazylia
- **pesto z suszonych pomidorów:** 4 suszone pomidory, 3 łyżki oliwy, wyciśnięty ząbek czosnku, kilka listków bazylii. Wszystkie składniki miksujemy.

Na patelni rozgrzewamy oliwę. Kładziemy na niej duży krążek papryki, wbijamy w środek jajko, posypujemy posiekanym szczypiorkiem i smażymy na małym ogniu pod przykryciem, aż jajko się zetnie. Oprószamy solą i pieprzem.

Z sałaty, awokado i pomidorów robimy sałatkę i polewamy pesto z suszonych pomidorów. Posypujemy bazylią i kiełkami.

DRUGIE ŚNIADANIE: Hummus z warzywami – 2 porcje

Porcja (100 g) hummusu (przepis na str. 214) z pokrojonymi warzywami: kolorową papryką, selerem naciowym, marchewką i sałatą lodową.

OBIAD: Halibut pieczony z makaronem warzywnym – 2 porcje

- 300 g halibuta/dorsza/sandacza/dzikiego łososia bez ości
- 1 duża cukinia
- 1 por
- 1 duża marchewka
- 1 ząbek czosnku
- 1 limonka
- tymianek, sól himalajska, pieprz
- 2 łyżki orzechów laskowych/włoskich/pekan
- 2 łyżki oliwy/oleju rzepakowego
- świeża natka pietruszki
- 1 łyżka klarowanego masła

Rybę skrapiamy sokiem z limonki i oprószamy solą, pieprzem i tymiankiem.

Cukinię i marchewkę obieramy na wstążki obieraczką do warzyw. Polewamy je oliwą, posypujemy startym czosnkiem i odstawiamy na 10 minut. Pora kroimy w talarki, solimy.

Papier do pieczenia smarujemy oliwą i kładziemy na blasze. Układamy na nim rybę posmarowaną masłem klarowanym. Wstawiamy do piekarnika nagrzanego do 200°C i pieczemy ok. 10 minut.

W tym czasie dusimy warzywa na patelni mniej więcej przez 5 minut.

Na talerz wykładamy porcję warzyw i kawałek ryby. Posypujemy je orzechami i natką pietruszki. Podajemy z modrą kapustą.

Modra kapusta – 2 porcje

- ½ główki czerwonej kapusty
- 2 czerwone cebule
- 2 ząbki czosnku
- 1 płaska łyżeczka kminku, 1 łyżka płynnego miodu, 1 łyżeczka przyprawy do bulionu bez glutaminianu sodu, szczypta cynamonu i startego imbiru, sól morska, pieprz czarny
- 1 limonka
- 2 łyżki oleju
- 50 ml białego wina/cydru
- 50 ml octu jabłkowego

Kapustę drobno siekamy. Na rozgrzany na głębokiej patelni olej wrzucamy posiekane cebule i kapustę i dusimy ok. 10 minut, od czasu do czasu mieszając. Przyprawiamy przyprawą do bulionu, cynamonem, solą i pieprzem. Dodajemy rozgnieciony czosnek, miód, szczyptę startego imbiru, sok z limonki, podlewamy winem oraz octem i jeszcze trochę dusimy. Na koniec dodajemy uprażony na patelni kminek i mieszamy.

KOLACJA: Sałatka z mozzarellą i truskawkami – 2 porcje

- ½ główki sałaty lodowej/rzymskiej
- garść rukoli
- 1 limonka
- 1 małe awokado
- 1 kulka mozzarelli
- 2 łyżki uprażonych orzechów piniowych/laskowych
- miseczka (ok. 10 sztuk) świeżych truskawek
- sól himalajska, pieprz
- **winegret z pietruszki:** 6 łyżek posiekanej natki pietruszki, sok z połowy limonki, 3 łyżki oliwy, szczypta soli i pieprzu, 1 łyżka miodu, 3 łyżki ciepłej wody. Wszystkie składniki miksujemy.

Na talerz wykładamy sałatę i rukolę oraz kawałki awokado. Skrapiamy sokiem z limonki, solimy i oprószamy pieprzem. Posypujemy kawałeczkami mozzarelli oraz pokrojonymi truskawkami i orzechami. Całość polewamy winegretem.

DZIEŃ 5–6

ŚNIADANIE:

2 kromki razowego chleba z hummusem (przepis na str. 214), plastrami awokado, suszonym pomidorem i listkami bazylii

DRUGIE ŚNIADANIE: Koktajl ze szpinakiem, awokado i zielonym bananem – 1 porcja

- 1 szklanka mleka roślinnego
- 3 łyżki miękkiego awokado
- ½ zielonego małego banana
- 1 łyżeczka nasion konopi/ słonecznika
- 1 szklanka liści świeżego szpinaku
- ¼ limonki

Mleko miksujemy z awokado, bananem, szpinakiem i sokiem z ćwiartki limonki. Posypujemy nasionami. Następnego dnia przygotowujemy świeżą porcję.

OBIAD: Ekspresowe chili con carne – 2 porcje

- 200 g mielonej wołowiny lub mięsa drobiowego
- 1 duża czerwona papryka
- ½ szklanki ugotowanej fasolki czerwonej
- 1 cebula czerwona
- 2 ząbki czosnku
- 6 dojrzałych pomidorów bez skórki
- kumin, ostra papryka, chili (opcjonalnie), oregano, sól himalajska, pieprz
- 300 ml bulionu
- 2 łyżki oleju kokosowego lub oliwy
- natka pietruszki

Na patelni rozgrzewamy oliwę, dodajemy posiekaną cebulę i czosnek oraz po dużej szczypcie przypraw. Dusimy ok. minuty. Następnie dodajemy mięso i pokrojoną paprykę i dusimy mniej więcej przez 5 minut. Dolewamy bulion, wsypujemy pokrojone pomidory i dusimy na małym ogniu przez 15–20 minut. Na koniec dodajemy fasolkę i dusimy jeszcze przez 2–3 minuty. Podajemy posypane natką pietruszki, z surówką z kapusty kiszonej z jabłkiem, marchewką, łyżką oliwy i natką pietruszki lub rubinową kapustą na ciepło.

Rubinowa kapusta

- 0,5 kg kapusty kiszonej
- kawałek (ok. 3 cm) świeżego imbiru
- 1 duża łyżka miodu
- biała część pora
- 1 cebula czerwona
- 1 limonka
- 2 ząbki czosnku
- pieprz
- 1 łyżka oleju rzepakowego

Kapustę siekamy. Na patelni rozpuszczamy miód, dorzucamy starty imbir, pokrojonego w plasterki pora i posiekaną czerwoną cebulę, dodajemy olej, plasterki czosnku i miąższ z limonki. Chwilę podsmażamy i dokładamy kapustę. Doprawiamy pieprzem. Dusimy pod przykryciem ok. 15 minut, podlewając wodą.

KOLACJA: Zupa szpinakowa z rybą/szynką – 2 porcje

- 300 g szpinaku (świeży lub mrożony)
- kawałek pora
- 2 ząbki czosnku
- 200 ml bulionu warzywnego
- świeży rozmaryn
- 1 szklanka mleka ryżowego/kokosowego
- 50 g surowej ryby bez ości (łososia/dorsza/pstrąga) lub szynki dojrzewającej
- 1 łyżka klarowanego masła/oleju

Pora kroimy w plasterki, solimy, dodajemy pokrojony czosnek i przesmażamy mniej więcej przez minutę na maśle klarowanym/oleju. Dodajemy umyte liście szpinaku lub szpinak mrożony. Mieszamy i wlewamy bulion, a następnie dosypujemy rozmaryn. Gotujemy 15 minut. Dolewamy mleko ryżowe/kokosowe i wrzucamy kawałki ryby lub przesmażoną na suchej patelni szynkę.

DZIEŃ 7

ŚNIADANIE: Jajko sadzone ze szczypiorkiem, hummusem i warzywami – 1 porcja

- 1 jajko
- 4 łyżki hummusu
- 10 pomidorków koktajlowych
- 1 małe awokado
- szklanka ulubionej sałaty: rukoli, roszponki, szpinaku
- 1 łyżka oliwy
- 1 świeża papryka
- garść świeżych liści bazylii
- 1 łyżeczka sezamu/czarnuszki, sól
- 4 oliwki
- 1 limonka
- szczypiorek

Smażymy jajko w plastrze papryki na odrobinie oliwy i posypujemy szczypiorkiem. Na talerz układamy sałaty, pokrojone pomidorki, plastry papryki oraz skropione sokiem z limonki i osolone awokado, posypujemy bazylią. Jemy z hummusem posypanym posiekanymi oliwkami i sezamem lub czarnuszką.

DRUGIE ŚNIADANIE:

250 ml jogurtu probiotycznego ze 100 g pokrojonego mango, 6 orzechami pekan/włoskimi i 1 łyżką posiekanej natki pietruszki

OBIAD: Kasza gryczana z fetą – 1 porcja

- 1 szklanka ugotowanej na sypko kaszy gryczanej
- 2 łyżki orzechów włoskich
- pęczek natki pietruszki/szczypiorku
- 30 g twardego sera feta
- sól himalajska, pieprz czarny
- 1 czerwona cebula
- kawałek pora
- ½ szklanki kiełków na patelnię stir fry
- 1 łyżka oleju rzepakowego
- 2 świeże figi (opcjonalnie)

Pora i cebulę kroimy, doprawiamy solą i pieprzem i dusimy na oleju razem z kiełkami. Dodajemy do kaszy i mieszamy. Dorzucamy posiekany szczypiorek lub natkę pietruszki i pokruszone orzechy. Ponownie mieszamy. Dodajemy pokruszoną fetę i ewentualnie kawałki figi.

Podajemy z ogórkiem kiszonym lub surówką z jarmużu.

Surówka z jarmużu

- 1 szklanka porwanych liści jarmużu
- ½ cebuli szalotki
- 1 mała łodyga selera naciowego
- 2 suszone pomidory

- 1 łyżka orzechów laskowych/pekan lub piniowych (uprażonych na suchej patelni)
- 1 łyżka octu jabłkowego
- 1 łyżka oliwy z konopi lub z orzechów

Jarmuż parzymy wrzątkiem, odstawiamy na minutę i odsączamy. Siekamy drobno cebulę i selera oraz suszone pomidory. Dodajemy je do jarmużu. Polewamy całość octem i olejem, mieszamy i posypujemy orzechami.

KOLACJA: Sałatka z kurkami – 1 porcja

- 1 szklanka kurek
- 50 g fileta z kurczaka z grilla/pieczonego
- sól himalajska, pieprz, liść laurowy
- 1 cebula szalotka
- 1 szklanka roszponki
- 1 łyżka masła klarowanego
- 1 dymka ze szczypiorkiem
- 6 pomidorków koktajlowych
- **sos koperkowy:** 2 łyżki oleju rzepakowego, 1 łyżeczka musztardy Dijon, 2 łyżki octu jabłkowego, 1 łyżeczka jasnego płynnego miodu, świeży koperek. Wszystkie składniki mieszamy.

Siekamy cebulę. Rozpuszczamy masło na patelni i dusimy na nim kurki z cebulą. Łączymy kurki z posiekaną dymką ze szczypiorkiem, sałatą, kawałkami mięsa i pomidorkami koktajlowymi. Doprawiamy solą i pieprzem. Polewamy całość sosem.

IV TYDZIEŃ

- **napoje:** napar z pokrzywy
- **przydatne przepisy:** jogurt domowy bio

DZIEŃ 1–2

ŚNIADANIE: Kasza z duszonym buraczkiem i jabłkiem z nutą rozmarynu – 2 porcje

- 1 szklanka kaszy jaglanej/komosy ryżowej
- 1 burak
- 1 jabłko twarde
- 4 łyżki posiekanej natki pietruszki
- 2 łyżki mięty
- po szczypcie imbiru, cynamonu, pieprzu, rozmarynu
- 2 łyżki orzechów laskowych/włoskich/pekan
- 1 łyżka oleju kokosowego

Kaszę płuczemy i gotujemy na sypko w 1,5 szklanki wody (przez 15–20 minut). W tym czasie kroimy buraczka i jabłko w małą kostkę. Na patelni rozgrzewamy olej kokosowy. Dodajemy jabłko, buraczek i po szczypcie przypraw. Dusimy ok. 5 minut pod przykryciem.

Mieszamy kaszę z burakiem i jabłkiem. Dodajemy posiekane zioła, natkę pietruszki i orzechy.

DRUGIE ŚNIADANIE: Koktajl borówkowy z miętą – 1 porcja

- 1 szklanka mleka roślinnego lub jogurtu probiotycznego
- 1 szklanka borówek lub jagód
- 1 łyżka pokruszonych migdałów
- świeża mięta

Wszystkie składniki miksujemy na smoothie. Następnego dnia przygotowujemy świeżą porcję.

OBIAD: Cukinia faszerowana kaszą gryczaną i grzybami – 2 porcje

- 2 cukinie/kabaczki
- ⅓ szklanki kaszy gryczanej
- 150 g pieczarek/kurek
- 2 ząbki czosnku
- 1 por
- pęczek natki pietruszki/szczypiorku
- liść laurowy, ziele angielskie, sól, świeżo mielony pieprz, szczypta gałki muszkatołowej, cząber
- 2 łyżki oliwy

Kaszę gotujemy na sypko w lekko osolonej wodzie z dodatkiem liścia laurowego i ziela angielskiego. Na oliwie podsmażamy pokrojonego w plasterki pora i czosnek. Dodajemy kurki lub pokrojone pieczarki i smażymy przez 5–7 minut. Do grzybów wsypujemy kaszę, szczypiorek lub natkę, sól, pieprz, gałkę muszkatołową i dokładnie mieszamy.

Cukinie/kabaczki przekrawamy na pół, usuwamy pestki, solimy i posypujemy pieprzem oraz cząbrem. Faszerujemy je kaszą z grzybami. Pieczemy w piekarniku w 200°C przez 10–15 minut.

KOLACJA: Sałatka z pieczonej papryki – 2 porcje

- 3 kolorowe papryki
- 1 opakowanie pomidorków koktajlowych
- 1 ogórek
- 2 garście roszponki
- feta 50 g / kulka mozzarelli
- 2 łyżki kaparów/posiekanych oliwek
- 1 główka świeżego czosnku
- szczypta granulowanego czosnku
- 1 łyżka oliwy
- sól, pieprz
- **dressing miodowo-limonkowy:** 1 łyżka płynnego miodu, 2 łyżki oliwy, sok z 1 limonki, suszona papryka, sól morska, pieprz czarny. Wszystkie składniki mieszamy.

Papryki kroimy w paski, skrapiamy oliwą, posypujemy granulowanym czosnkiem, solą i pieprzem. Główkę czosnku przekrawamy w poprzek. Pieczemy paprykę i czosnek mniej więcej przez 20 minut w 200°C.

Upieczoną paprykę przekładamy do miski. Wyciskamy do niej z łupin upieczony czosnek i łączymy z roszponką i oliwkami/kaparami. Wsypujemy pokrojone pomidorki i plasterki ogórka. Polewamy dressingiem i posypujemy pokruszonym serem.

DZIEŃ 3–4

ŚNIADANIE: Omlet z warzywami – 1 porcja

- 1 jajko
- 1 szklanka pokrojonej kolorowej papryki
- 5 pieczarek
- 3 łyżki szczypiorku
- 2 łyżki posiekanej natki pietruszki
- 1 łyżeczka oliwy lub oleju rzepakowego
- sól himalajska, pieprz

Na patelni rozgrzewamy oliwę. Wrzucamy na nią pokrojone paprykę i pieczarki i dusimy mniej więcej przez 3 minuty. Wlewamy roztrzepane jajko i przyprawiamy solą oraz pieprzem. Posypujemy szczypiorkiem i natką. Smażymy powoli pod przykryciem, aż masa się zetnie.

DRUGIE ŚNIADANIE:

szklanka soku warzywnego z buraka, marchwi i/lub selera (do wyboru lub miks warzywny)

OBIAD: Łosoś „smażony" na wodzie – 2 porcje

- 2 x po 150 g fileta z łososia dzikiego/innej ryby
- 2 ogórki kiszone
- 2 łyżki startego jabłka
- 1 dymka ze szczypiorkiem

- 1 por
- 1 łyżeczka masła/masła klarowanego
- 1 ząbek czosnku
- **sucha marynata:** świeży koperek, skórka otarta z limonki, zmielone ziarenka kolendry, sól, pieprz, starty kawałek imbiru. Wszystkie składniki mieszamy.

Rybę obtaczamy w suchej marynacie. Na patelni rozpuszczamy masło. Szklimy na nim pora pokrojonego w plasterki i starte jabłko. Wlewamy ½ szklanki wody (do ok. 1 cm wysokości patelni), dodajemy wyciśnięty czosnek i doprowadzamy do wrzenia. Dodajemy pokrojonego ogórka kiszonego i rybę. Gotujemy bez przykrycia ok. 5 minut. Przekładamy zawartość patelni na talerz i posypujemy szczypiorkiem. Podajemy z surówką z chrzanem

Surówka z chrzanem – 2 porcje

- 1 kawałek pora
- 2 łodygi selera naciowego
- 1 jabłko
- 1 fenkuł (opcjonalnie)
- 1 marchewka
- 1 dymka ze szczypiorkiem
- sól morska, pieprz czarny
- **sos chrzanowy:** 50 g jogurtu greckiego, 2 łyżeczki chrzanu, pieprz, posiekany koperek. Wszystkie składniki mieszamy.

Pora, fenkuła (opcjonalnie) i selera siekamy w cienkie plasterki, marchewkę obieramy na wstążki obieraczką do warzyw, a dymkę kroimy w kostkę. Szczypiorek siekamy. Mieszamy, dodać starte jabłko, przyprawić do smaku. Polewamy sosem.

KOLACJA: Włoska sałatka z papryką – 2 porcje

- po jednej czerwonej, żółtej i zielonej papryce
- 1 cebula czerwona
- 10 pomidorków koktajlowych
- 1 świeży ogórek

- 1–2 łodygi selera naciowego
- 10 czarnych lub zielonych oliwek
- 1 kulka mozzarelli
- 2 łyżki pestek dyni
- sól morska, pieprz czarny
- **sos winegret:** 3 łyżeczki oliwy, 1 łyżka czerwonego octu winnego, 2 wyciśnięte ząbki czosnku, 1 łyżeczka suszonego oregano, 1 łyżka musztardy Dijon, sól, pieprz. Wszystkie składniki mieszamy.

Kroimy papryki i ogórka w kostkę, cebulę w piórka, selera i oliwki w plasterki. Mieszamy i dodajemy pokrojone na połówki pomidorki koktajlowe. Posypujemy całość pokruszoną mozzarellą i pestkami dyni. Doprawiamy solą i pieprzem, polewamy sosem.

DZIEŃ 5–6

ŚNIADANIE:

2 kromki razowego chleba z pastą z sardynek i suszonych pomidorów, sałatą lodową i rzodkiewkami

Pasta z sardynek – 2 porcje

- 6 sardynek
- 4 suszone pomidory
- 1 łyżka przecieru pomidorowego
- 2 łyżki natki pietruszki i szczypiorku
- sól himalajska, pieprz

Wszystkie składniki drobno siekamy lub miksujemy na pastę.

DRUGIE ŚNIADANIE: Jogurt z kiwi i świeżą natką pietruszki – 2 porcje

- 300 ml naturalnego jogurtu probiotycznego
- 2 kiwi
- 3 łyżki posiekanej natki pietruszki

Kiwi kroimy na małe kawałki i mieszamy z jogurtem i natką pietruszki.

OBIAD: Potrawka z soczewicą i pieczonymi warzywami z tymiankiem – 2 porcje

- ½ szklanki zielonej soczewicy
- 1 batat
- 1 cebula czerwona
- pęczek botwinki z buraczkami
- 1 mały bakłażan
- 1 cukinia
- 4 ząbki czosnku w łupinkach
- 3 łyżki oleju rzepakowego/oliwy
- świeży/suszony tymianek, granulowany czosnek, sól himalajska, pieprz, łyżeczka płynnego miodu
- natka pietruszki/świeża kolendra

Obrany batat, buraczki, cukinię, cebulę i bakłażana kroimy w plasterki lub słupki czy kosteczkę. Polewamy oliwą i miodem, posypujemy solą, pieprzem i suszonym czosnkiem oraz tymiankiem. Świeży czosnek w łupinkach pieczemy ok. 20 minut w 200°C.

W tym czasie gotujemy soczewicę w lekko osolonej wodzie mniej więcej przez 25 minut. Soczewicę odsączamy, mieszamy z warzywami, czosnkiem wyciśniętym z łupinek i liśćmi botwinki. Posypujemy zieleniną.

KOLACJA: Zupa krem z pieczonej dyni i kalafiora – 4 porcje

- 500 g kalafiora świeżego/mrożonego
- 1 marchewka, 1 pietruszka, 1 seler lub mrożona włoszczyzna
- 150 g dyni (świeżej lub mrożonej)
- gałka muszkatołowa, sól morska, pieprz
- 1 szklanka mleka kokosowego/innego roślinnego
- świeża kolendra/natka pietruszki
- 1 por
- 2 łyżki oliwy/masła klarowanego
- 2 łyżki orzechów/płatków migdałowych

Dynię kroimy w kostkę, posypujemy pieprzem, polewamy oliwą/roztopionym masłem klarowanym i pieczemy na pergaminie w 180°C przez 20 minut lub smażymy na patelni grillowej na maśle/oliwie.

W garnku na łyżce masła/oliwy smażymy pokrojonego pora, dodajemy włoszczyznę pokrojoną w paski i zalewamy litrem wody. Dorzucamy sól, pieprz, gałkę muszkatołową, różyczki kalafiora i gotujemy ok. 20 minut (do miękkości). Pod koniec gotowania dolewamy mleko kokosowe, wsypujemy kolendrę/natkę pietruszki. Podajemy z upieczoną dynią, posypane orzechami.

DZIEŃ 7

ŚNIADANIE:

2 kromki razowego chleba z awokado, szynką dojrzewającą, sałatą lodową i pomidorami

DRUGIE ŚNIADANIE: Sałatka owocowa z musem z mango – 1 porcja

- 1 małe mango
- ½ małego zielonego banana
- 30 ml (ok. 3 łyżek) mleczka kokosowego

- 3 łyżki świeżej mięty
- miseczka dowolnych owoców leśnych (jeżyny, maliny, truskawki, jagody) lub kiwi
- 1 łyżka pokruszonych orzechów
- 1 łyżka płatków gryczanych

Mango miksujemy z bananem i mleczkiem kokosowym.

Wlewamy mus do miseczki, posypujemy płatkami, na wierzchu układamy owoce leśne/kiwi i posypujemy orzechami. Dekorujemy miętą.

OBIAD: Zapiekanka z dorszem i szpinakiem – 1 porcja

- 200 g dorsza bez ości
- 30 g sera feta
- 2 szklanki szpinaku
- 50 ml mleczka kokosowego
- 2 ząbki czosnku
- 1 cebula
- 1 limonka
- sól morska, pieprz czarny, liście laurowe
- 2 łyżki oliwy
- świeża bazylia
- szczypiorek

Rybę dzielimy na kawałki, skrapiamy sokiem z limonki i posypujemy solą oraz pieprzem. Szpinak myjemy lub rozmrażamy. Na oliwie szklimy mniej więcej przez 3 minuty pokrojoną cebulę. Dodajemy do niej szpinak, czosnek, mleczko kokosowe, sól i pieprz. Dusimy ok. 5 minut. Szpinak delikatnie mieszamy z surową rybą i kawałkami fety oraz bazylią. Przekładamy do naczynia żaroodpornego. Zapiekamy 10 minut w 190°C. Przed podaniem posypujemy posiekanym szczypiorkiem.

KOLACJA:

porcja zupy z dyni

Podsumowanie

Zdrowa dieta przeciwzapalna ma na celu bezpieczną i skuteczną optymalizację odżywiania, uwzględniając obecność pokarmów o dużym potencjale antyoksydacyjnym, oraz eliminację produktów wysoko przetworzonych o właściwościach zapalnych.

Cechami trzeciej fazy są w skrócie:

- Obecność w diecie kwasów omega-3 i niezbędnych nienasyconych kwasów tłuszczowych, a eliminacja utwardzonych kwasów tłuszczowych w konfiguracji trans. Zadbaj o jedzenie tłustych ryb (śledź atlantycki, makrela, łosoś dziki, szprotki, sardynki, pstrąg) oraz korzystaj z oliwy, oleju lnianego lub rzepakowego, a także z awokado – to pozwala na prawidłowe wytwarzanie hormonów, które regulują różne procesy metaboliczne.
- Produkty roślinne i zwierzęce zawierające żelazo, które zapewnia prawidłowe ukrwienie oraz zwiększa odporność organizmu (warzywa strączkowe, suszone morele niesiarkowane, burak, amarantus, nasiona konopi, mięso, ryby).
- Obecność białek roślinnych – mają dużo aminokwasu L-argininy, która pobudza komórki śródbłonka do produkcji tlenku azotu, a ten z kolei ma wpływ na prawidłowe ukrwienie. W diecie powinna znaleźć się komosa ryżowa, amarantus, nasiona konopi, warzywa strączkowe, nasiona, orzechy, kasze grube, chude mięso, ryby, jajka.
- Witamina C, będąc silnym antyoksydantem, chroni komórki przed starzeniem i uszkodzeniami DNA. Najlepiej dostarczać ją w postaci naturalnej: porzeczki, kiwi, papryka, truskawki, maliny, cytrusy, rzeżucha, natka pietruszki.
- Glutation zabezpiecza błony komórkowe przed utlenianiem lipidów i przeciwdziała formowaniu wolnych rodników. Aby zadbać o jego dobry poziom, należy jeść żywność bogatą w witaminę C oraz uwzględnić w diecie awokado, brokuły, brukselkę, szparagi, cebulę, warzywa kapustne i czosnek.
- Produkty o niskim indeksie glikemicznym i małej zawartości cukru, zawierające węglowodany złożone, nie powodują szybkiego wzrostu poziomu glukozy we krwi. Wybieraj kasze grube, produkty zbożowe nieprzetworzone, warzywa i owoce w formie surowej
- Błonnik (w ilości ok. 25 g dziennie) ułatwia trawienie, usuwanie złogów toksyn i tłuszczu krążącego we krwi oraz zapobiega zaparciom, a co za tym idzie odtruwa organizm i wspomaga wzrost prawidłowej flory jelitowej. Warto wybierać zboża nieprzetworzone oraz warzywa i owoce w formie surowej. W razie zaparć wspomagaj się łupiną babki jajowatej

(1 łyżeczka wymieszana z 1 szklanką wody i popita dodatkową szklanką wody wspomoże perystaltykę jelit).
- Wykluczenie z diety produktów przetworzonych i konserwowanych.
- Gotowanie na parze, duszenie, pieczenie.
- Eliminacja nikotyny, energetyków, dopalaczy itp., które utrudniają prawidłowe funkcjonowanie organizmu ze względu na zawarte w nich toksyczne substancje.

A teraz, zgodnie z obietnicą...

Zdrowe słodkości

Skoro tu dotarłaś, to znaczy, że Twoja walka jest wygrana :) A przynajmniej mam taką nadzieję!

Słodkie przekąski w chorobach autoimmunologicznych, problemach z nadwagą czy w przypadku insulinooporności muszą spełnić kilka ważnych kryteriów:
- nie mogą zawierać białej mąki pszennej i glutenu
- nie mogą zawierać nabiału
- muszą zawierać orzechy i mąki orzechowe – tłuszcz spowalnia wchłanianie glukozy
- muszą składać się z naturalnych, nieprzetworzonych produktów, a najlepiej być w stylu RAW (surowe)

Batoniki gryczane – 6 szt.

- 1 szklanka kaszy gryczanej niepalonej
- 1 duża czubata łyżka oleju kokosowego nierafinowanego w formie płynnej
- 1 łyżka nasion konopi/słonecznika
- 3 łyżki posiekanych orzechów włoskich
- 3 łyżki soku z limonki
- 1 łyżka tahini
- ½ łyżeczki cynamonu
- 1 łyżka nasion babki jajowatej
- 1 łyżka sezamu
- 2–3 łyżki mąki orzechowej/kokosowej do zagęszczenia

Kaszę płuczemy, zalewamy wodą i odstawiamy na noc. Płuczemy 2 razy dziennie czystą wodą przez 2–3 dni, dopóki nie pojawią się kiełki.

Skiełkowaną kaszę płuczemy i łączymy ze wszystkimi składnikami na gładką masę, zagęszczając ją mąką orzechową lub kokosową. Przekładamy masę do małej formy i schładzamy w lodówce.

Błyskawiczne lody orzechowe

- 1 puszka gęstego mleka kokosowego
- 4 łyżki masła orzechowego
- 1 mały zielony banan/1 łyżka miodu
- 1 łyżka wiórków kokosowych

Miksujemy wszystkie składniki i przelewamy powstałą masę do pojemnika. Mrozimy przez 30 minut.

Muffinki kokosowe

- 3 jajka
- 1 mały zielony banan
- ½ szklanki mąki kokosowej
- 2 łyżki oleju kokosowego

Jajka ubijamy na gładką masę mniej więcej przez 2 minuty. Dodajemy kawałki banana i olej. Miksujemy. Wsypujemy mąkę i mieszamy. Wlewamy masę do foremek na muffinki. Pieczemy ok. 25 minut w 160°C.

Batony orzechowo-kokosowe

- 6 daktyli
- ½ szklanki orzechów nerkowca
- ½ szklanki wiórków kokosowych
- 2 łyżki masła orzechowego
- 1 łyżeczka nasion chia/siemienia lnianego

Daktyle i orzechy zalewamy wrzątkiem i odstawiamy na 30 minut. Miksujemy wszystkie składniki. Przekładamy powstałą masę do pojemnika, wygładzamy i odstawiamy do zastygnięcia.

Śliwkowe kuleczki w cynamonie

- ½ szklanki śliwek suszonych
- ½ szklanki daktyli bez pestek
- 3 łyżki nasion słonecznika
- 1 łyżka kakao
- 1 łyżka cynamonu, szczypta imbiru i kardamonu
- 1 łyżeczka nasion chia/siemienia lnianego

Daktyle, nasiona słonecznika i śliwki zalewamy wrzątkiem i odstawiamy, aby zmiękły. Odlewamy wodę i miksujemy z resztą składników oraz szczyptą imbiru, cynamonu, kardamonu i kakao. Formujemy małe kuleczki i obtaczamy je w cynamonie. Przechowujemy w lodówce.

Szarlotkowe kuleczki daktylowe

- ½ szklanki daktyli
- ½ szklanki suszonych jabłek
- ½ szklanki nerkowców
- 4 morele suszone
- cynamon, kardamon

Suszone owoce i orzechy zalewamy wrzątkiem i odstawiamy na 30 minut. Odlewamy wodę i dodajemy przyprawy. Blendujemy na gładką masę. Formujemy kuleczki i schładzamy w lodówce.

Kokosowa wuzetka

spód

- 1 szklanka wiórków kokosowych
- 3 łyżki mąki migdałowej lub orzechowej
- 10 daktyli bez pestek (ok. 100 g)
- 5 fig suszonych

- 100 g suszonej żurawiny
- 10 suszonych moreli
- 3 czubate łyżki kakao
- 1 łyżka nasion chia
- po szczypcie cynamonu i soli himalajskiej
- ziarenka z 1 laski wanilii

Wiórki zalewamy szklanką wrzątku. Odstawiamy na godzinę. Całość blendujemy na gładką masę. Odlewamy powstałe mleko kokosowe, a pulpę przekładamy do miski.

Odlewamy ok. 100 ml mleka kokosowego i gotujemy je z ziarenkami wanilii, daktylami, figami, żurawiną, morelami i kakao. Odstawiamy do ostygnięcia. Odsączamy. Miksujemy całość z odsączonymi wiórkami, chia, pulpą i mąką na gęstą masę. Doprawiamy solą i cynamonem.

Masę przekładamy na dno formy i wstawiamy do lodówki.

masa kokosowa

- 500 ml gęstego mleka kokosowego wyjętego z lodówki
- ziarenka z 1 laski wanilii

Z puszki odlewamy przezroczysty płyn, a gęstą śmietanę ubijamy z ziarenkami wanilii. Przekładamy masę na czekoladowy spód. Wstawiamy do lodówki mniej więcej na 1 godzinę.

polewa czekoladowa

- 50 g gorzkiej czekolady
- 2 łyżki oleju kokosowego

Rozpuszczamy czekoladę z olejem i rozprowadzamy na wierzchu ciasta.

Schładzamy całość jeszcze przez godzinę. Przechowujemy w lodówce.

Muffinki daktylowe – 10 szt.

- 1 banan
- 3 łyżki masła orzechowego
- 2 łyżki kakao
- 10 daktyli

- ½ szklanki mleka migdałowego/ryżowego
- 2 łyżki mąki kasztanowej/kokosowej
- po szczypcie cynamonu i imbiru

Daktyle zalewamy ciepłym mlekiem i odstawiamy na 30 minut. Blendujemy (razem z mlekiem) na gładką masę z kawałkami banana, kakao i masłem orzechowym. Wsypujemy przyprawy i mąkę. Mieszamy. Wylewamy do foremek na muffiny wyłożonych papilotkami i pieczemy mniej więcej przez 25 minut w 180°C.

Mus czekoladowy z awokado

- 1 miękkie awokado
- 2–4 daktyle
- 2 łyżki kakao
- 1 banan
- 1 czubata łyżka gęstego mleka kokosowego
- 10 truskawek
- 1 łyżka miodu
- 1 łyżka poppingu z amarantusa

Daktyle kroimy i zalewamy wrzątkiem na 5 minut. Odlewamy wodę, dodajemy miąższ z awokado, pokrojonego banana, miód, gęste mleko kokosowe, kakao i miksujemy na mus. Na dno pucharka wykładamy pokrojone truskawki, zalewamy musem czekoladowym i posypujemy poppingiem z amarantusa.

Batoniki muesli na surowo – 10 szt

- ½ szklanki poppingu z amarantusa (lub więcej)
- 8 daktyli bez pestek
- 10 moreli niesiarkowanych
- ½ szklanki orzechów włoskich
- 3 łyżki płatków migdałowych
- 2 łyżki owoców goji
- 2 łyżki żurawiny
- 50 ml mleka roślinnego (kokosowego, migdałowego, ryżowego)

Daktyle i pokrojone morele zalewamy ciepłym mlekiem i odstawiamy na godzinę lub na całą noc. Całość blendujemy, dodajemy resztę składników i ugniatamy na jednolitą masę. Jeśli masa jest zbyt rzadka, dodajemy więcej amarantusa. Pojemnik wykładamy papierem śniadaniowym, wylewamy na to masę, wyrównujemy powierzchnię i odstawiamy na noc do lodówki. Kroimy na batoniki i zawijamy każdy w kawałek papieru śniadaniowego.

Batony marchewkowe

- 1 szklanka marchewki i jabłka startych na tarce o dużych oczkach lub pozostałych po wyciskaniu soku
- 2 jajka
- 2 łyżki oleju kokosowego/innego roślinnego
- 2 łyżki suszonej żurawiny liofilizowanej bez cukru
- 2 łyżki płatków migdałowych
- 2 łyżki drobnych wiórków kokosowych/otrąb owsianych
- 2 łyżki sezamu
- 2 łyżki płatków jaglanych/owsianych
- 1 łyżka babki płesznik i/lub mielonego siemienia lnianego

Jajka roztrzepujemy, dodajemy startą marchewkę z jabłkiem, suszoną żurawinę, płatki migdałowe, płatki jaglane/owsiane, wiórki kokosowe/otręby owsiane, sezam i mielone siemię/babkę płesznik oraz roztopiony olej kokosowy. Dokładnie mieszamy i odstawiamy na 30 minut. Przekładamy do foremki wyłożonej papierem, wyrównujemy wierzch i pieczemy 50 minut w 180°C. Odstawiamy do ostudzenia i kroimy na batony.

Kokosowe kulki mocy – kakaowe i migdałowe

- ⅓ szklanki kaszy gryczanej niepalonej
- 1 szklanka nasion słonecznika
- 3 łyżki mąki kokosowej
- 3 łyżki gęstego mleka kokosowego
- 10 daktyli
- kakao, cynamon, kardamon, kurkuma
- 2 łyżki posiekanych migdałów

- 4–5 łyżek soku pomarańczy
- 4 morele niesiarkowane – namoczone wcześniej, aby zmiękły
- laska wanilii
- migdały
- orzechy laskowe/pekan/włoskie – do środka
- do obtoczenia: kakao, cynamon i mak

Morele i kaszę wraz z nasionami namaczamy na noc (można je też skiełkować). Daktyle zalewamy wrzątkiem. Odlewamy wodę z daktyli i miksujemy je na gładką masę z nasionami, dodając gęste mleko kokosowe i mąkę kokosową.

Masę dzielimy na 2 części.

- Do jednej części dodajemy kakao, kurkumę, kardamon i cynamon oraz sok z pomarańczy i morele. Miksujemy.
- Drugą część mieszamy z posiekanymi migdałami i ziarenkami wyskrobanymi z laski wanilii.

Z obu rodzajów masy formujemy kulki, wkładając w środek orzech lub migdał.

Kakaowe kulki obtaczamy w kakao zmieszanym z cynamonem, a migdałowe w maku.

Przechowujemy w lodówce.

Blok czekoladowy w wersji fit

- 50 ml mleka kokosowego
- 3 łyżki płatków migdałowych uprażonych na suchej patelni
- ¾ szklanki (ok. 150 g) gorzkiego kakao
- 1 szklanka (ok. 200 g) mąki migdałowej
- ½ szklanki poppingu z amarantusa
- ½ szklanki orzechów laskowych uprażonych na suchej patelni
- 10 suszonych moreli niesiarkowanych
- 6 daktyli
- 70 ml oleju kokosowego nierafinowanego
- szczypta soli

Mleko kokosowe podgrzewamy. Morele i daktyle kroimy i zalewamy gorącym mlekiem. Odstawiamy na godzinę.

Kakao mieszamy z mąką migdałową, szczyptą soli i poppingiem z amarantusa. Namoczone morele i daktyle miksujemy z suchymi składnikami i roztopionym olejem. Po zmiksowaniu dodajemy płatki i orzechy, mieszamy masę rękoma i lepimy z niej kulę. Wkładamy kulę do pojemnika lub owijamy folią spożywczą, przygniatamy i odstawiamy do ostygnięcia. Kroimy po całkowitym stężeniu.

Pudding chia z owocami leśnymi

- 1 szklanka mleka kokosowego
- 1 łyżka nasion chia
- laska wanilii
- kilka łyżek malin/borówek
- świeża mięta

Mleko zagotowujemy z laską wanilii i nasionami chia. Wyjmujemy wanilię, wyskrobujemy z niej ziarenka i dodajemy je do mleka z chia. Dokładnie mieszamy trzepaczką. Wlewamy masę do wysokiej szklanki, a na wierzch wysypujemy owoce wymieszane z miętą. Zostawiamy do ostudzenia.

Batony daktylowo-migdałowe

- ½ szklanki moreli niesiarkowanych
- ½ szklanki mąki migdałowej
- 10 świeżych daktyli bez pestek lub suszonych
- ½ szklanki mleka kokosowego
- 3 łyżki poppingu z amarantusa
- 4 łyżki płatków owsianych
- 4 łyżki oleju kokosowego nierafinowanego
- szczypta soli himalajskiej

Podgrzewamy mleko kokosowe i gorącym zalewamy daktyle, aby zmiękły. Miksujemy je z morelami i płatkami owsianymi na gładką masę. Dodajemy popping z amarantusa, sól, roztopiony olej kokosowy oraz mąkę migdałową. Łączymy wszystko na gładką masę. Przekładamy ją do naczynia wyłożonego folią spożywczą, ugniatamy ręką i wstawiamy do lodówki mniej więcej na 2 godziny. Stężałą masę kroimy na batony i każdy zawijamy w papier śniadaniowy, wtedy łatwo będzie zabrać je np. do pracy.

Fasolowe muffinki – fasolinki

- 1 puszka czerwonej fasoli
- 2 dojrzałe banany
- 3 jajka
- ½ tabliczki gorzkiej czekolady (80% kakao)
- 1 łyżka kakao
- 10 suszonych daktyli
- 2–3 łyżki suszonej żurawiny
- 1 łyżeczka proszku do pieczenia
- szczypta cynamonu i kolendry, sól morska

Odsączamy fasolę z zalewy, miksujemy na gładko z bananami, jajkami i daktylami oraz proszkiem do pieczenia, kakao i przyprawami. Czekoladę rozpuszczamy w kąpieli wodnej (np. w misce ustawionej na garnku z gotującą się wodą), studzimy i dodajemy do ciasta. Dosypujemy żurawinę i mieszamy. Wlewamy do foremek na muffinki i pieczemy ok. 20 minut w 180°C.

Małe szarlotki razowe – 12 szt.

- 200 g mąki orkiszowej razowej
- 50 g mąki gryczanej
- 1 łyżeczka proszku do pieczenia
- 2 jajka
- 2 łyżki zmielonych daktyli
- 100 ml oleju kokosowego
- 80 ml gęstego mleka kokosowego
- 100 g orzechów włoskich
- 2 kwaśne jabłka
- po szczypcie soli morskiej, kolendry, kardamonu
- 2 łyżeczki cynamonu

Oba rodzaje mąki mieszamy z proszkiem do pieczenia, cynamonem, szczyptą kardamonu i kolendry.

Jajka miksujemy ze szczyptą soli, daktylami, olejem i mleczkiem kokosowym. Łączymy suche składniki z mokrymi i dokładnie mieszamy.

Jabłka kroimy kostkę, a orzechy siekamy. Wsypujemy oba te składniki do ciasta i mieszamy. Masę wlewamy do foremek na muffinki i pieczemy przez 20–25 minut w 190°C.

Ciasto marchewkowe

- 1,5 szklanki marchewki startej na tarce o małych oczkach
- 3 jajka lub 150 g miąższu dyni
- 2 czubate łyżki mąki gryczanej
- 2 łyżki otrąb owsianych
- 2 łyżki ksylitolu
- 100 g świeżego ananasa
- po łyżeczce cynamonu, kardamonu, mielonej kolendry i soli morskiej
- 1 łyżeczka proszku do pieczenia
- 2 łyżki orzechów włoskich

Żółtka ubijamy z ksylitolem na gładką, puszystą masę, a białka ze szczyptą soli na sztywną pianę. Do żółtek dodajemy mąkę, otręby, marchewkę i pokrojonego na małe kawałki ananasa, przyprawy oraz proszek do pieczenia i dokładnie mieszamy. Wlewamy do masy ubite białka, wsypujemy orzechy i delikatnie łączymy.

Wylewamy do formy wyłożonej papierem do pieczenia i pieczemy ok. 45 minut w 170°C.

Owsiane batoniki muesli

- 1 szklanka płatków owsianych
- 1 szklanka poppingu z amarantusa
- 50 ml płynnego miodu
- po 50 g pestek dyni, słonecznika, żurawiny suszonej, sezamu, płatków migdałowych
- 4 łyżki oleju kokosowego

Płatki owsiane i migdałowe oraz pestki dyni i słonecznika wraz z sezamem prażymy na suchej patelni. Mieszamy je z miodem, roztopionym olejem, żurawiną i amarantusem. Zagniatamy na masę. Przekładamy masę do pojemnika i wyrównujemy wierzch. Wstawiamy na godzinę do lodówki i kroimy po wystudzeniu. Gotowe batoniki zawijamy w papier śniadaniowy.

Kuleczki figowe

- 100 g sezamu
- 10 suszonych fig
- 2 daktyle
- 2 suszone śliwki

Mielimy figi, śliwki i daktyle w maszynce do mięsa lub blendujemy. Formujemy kuleczki i obtaczamy je w sezamie.

Czekolada z jagodami inkaskimi/żurawinami

- 2 łyżki gęstego miodu
- 100 ml oleju kokosowego
- 4 czubate łyżki gorzkiego kakao 100%
- cynamon, kardamon, chili
- płatki kokosowe
- owoce jagody inkaskiej/suszone żurawiny

W kąpieli wodnej (w pojemniku ustawionym na garnku z gotującą się wodą) rozpuszczamy miód i olej kokosowy, dodajemy kakao i dokładnie mieszamy.

Pojemniki/foremki wykładamy papierem do pieczenia. Do jednej części masy dodajemy cynamon i kardamon oraz płatki kokosowe. Do drugiej wsypujemy szczyptę chili i żurawiny lub owoce jagody inkaskiej. Wyrównujemy wierzch i schładzamy w lodówce mniej więcej przez 1 godzinę. Można używać dowolnych dodatków.

Czekolada figowa lub morelowa

- 10 fig suszonych lub moreli niesiarkowanych
- 3 łyżeczki oleju kokosowego
- 5 łyżek kakao
- 1 szklanka mleka migdałowego lub ryżowego
- cynamon, imbir

Figi/morele zalewamy gorącym mlekiem i odstawiamy na noc. Miksujemy z rozpuszczonym olejem, kakao i przyprawami. Przekładamy do pojemnika, wyrównujemy wierzch i schładzamy w lodówce mniej więcej przez godzinę.

Czekolada daktylowa

- 10 daktyli miękkich
- 100 ml mleka migdałowego
- 4 łyżki kakao
- 1 łyżka rozpuszczonego oleju kokosowego

Daktyle zalewamy gorącym mlekiem i odstawiamy na noc. Miksujemy z rozpuszczonym olejem i kakao na gładką masę. Przekładamy do pojemnika, wyrównujemy wierzch i schładzamy w lodówce mniej więcej przez godzinę.

Brownie bez cukru z masą kokosową i borówkami

- 1 tabliczka gorzkiej czekolady (minimum 70% kakao)
- 4 daktyle
- 3 duże łyżki oleju kokosowego
- 3 jajka
- ½ szklanki mąki migdałowej
- szczypta soli himalajskiej
- 2 łyżki gęstego mleka kokosowego

do masy

- puszka gęstego mleka kokosowego z lodówki
- laska wanilii
- borówki/maliny

Czekoladę roztapiamy z olejem kokosowym i mlekiem kokosowym w kąpieli wodnej (np. w misce ustawionej na garnku z gotującą się wodą). Dodajemy pokrojone daktyle. Gdy przestygnie, łączymy masę czekoladową z żółtkami, miksując całość ok. 2 minut. Białka ubijamy oddzielnie na

puszystą masę ze szczyptą soli i łączymy, delikatnie mieszając łyżką, z masą czekoladową. Na koniec dodajemy mąkę i dokładnie mieszamy.

Wlewamy masę do formy wyłożonej papierem do pieczenia i pieczemy 20 minut w 180°C.

W tym czasie miksujemy gęstą część mleczka kokosowego z ziarenkami wanilii. Wkładamy całość do lodówki.

Gdy brownie będzie upieczone i wystudzone, wykładamy masę kokosową i dekorujemy owocami.

Zielone muffinki z kremem kokosowym i owocami

- 1 szklanka mąki orkiszowej razowej
- 5 dużych łyżek oleju kokosowego
- 1 szklanka rozdrobnionego mrożonego/posiekanego świeżego szpinaku
- 2 jajka
- 1 łyżka ksylitolu
- 1 łyżeczka proszku do pieczenia bio
- sól himalajska

Roztapiamy olej kokosowy, dodajemy do niego szpinak i miksujemy na gładką masę.

Białka ubijamy ze szczyptą soli na sztywną pianę. Dodajemy ksylitol i żółtka i miksujemy, aż masa stanie się puszysta. Wsypujemy mąkę przesianą z proszkiem do pieczenia, wlewamy masę szpinakową i delikatnie łączymy całość drewnianą łyżką Wlewamy ciasto do foremek na muffinki do ponad połowy wysokości. Pieczemy w piekarniku ok. 40 minut w 180°C.

masa kokosowa z makiem i owocami

- 1 puszka gęstego mleka kokosowego (z lodówki)
- 1 łyżka maku
- 1 laska wanilii
- 1 kubek dowolnych owoców leśnych: maliny, borówki, truskawki, jeżyny

Gęste mleko miksujemy z ziarenkami laski wanilii mniej więcej przez 2 minuty, dodajemy mak i mieszamy.

Na wystudzone muffinki wykładamy porcję kremu i dekorujemy owocami. Wstawiamy do lodówki, aby masa stężała.

Małe grzeszki w zdrowej wersji

Razowe minipizze z mozzarellą

ciasto (ok. 10 minipizz)
- 400 g (1,5 szklanki) razowej mąki orkiszowej typ 2000
- 30 g świeżych drożdży
- 2 łyżki oleju rzepakowego/oliwy z oliwek
- 200-250 ml ciepłej wody
- 1 łyżeczka cukru trzcinowego
- 1 płaska łyżeczka soli morskiej
- 1 łyżka kaszy manny

sos do posmarowania pizzy
- 4–5 łyżek przecieru pomidorowego
- 1 łyżeczka świeżej/suszonej bazylii/oregano
- 1 łyżka oleju rzepakowego/oliwy z oliwek
- 1 łyżeczka cukru trzcinowego

dodatki
- kilka kulek mozzarelli
- pomidorki koktajlowe
- szynka w plasterkach/pieczony kurczak
- kurczak grillowany
- starty żółty ser
- świeża bazylia
- cebula
- inne ulubione…

Drożdże rozpuszczamy w małej ilości ciepłej wody. Dodajemy łyżeczkę cukru trzcinowego i mieszamy. Odstawiamy na 5 minut. W tym czasie mieszamy wszystkie składniki sosu. Mąkę wsypujemy do szklanej miski. Połowę pozostałej wody wlewamy do mąki i mieszamy, a do reszty dodajemy płaską łyżeczkę soli. Do mieszaniny wody z mąką dolewamy drożdże i oliwę. Mieszamy i wyrabiamy ciasto, a na koniec dodajemy wodę z solą i zagniatamy. W razie potrzeby podsypujemy mąką pszenną. Formujemy kulę, skrapiamy wodą, aby nie wyschła, przykrywamy ją lnianą ściereczką i odstawiamy do wyrośnięcia na 1–1,5 godz.

Ciasto przekładamy na stolnicę i dzielimy na małe kawałki (ok. 10 szt.).

Każdy z nich rozwałkowujemy na placek i przekładamy na papier do pieczenia posypany kaszą manną. Placki smarujemy przygotowanym sosem. Układamy na nich kolejno: cebulkę, szynkę/kurczaka, plasterki mozzarelli, pokrojone pomidorki koktajlowe i posypujemy startym żółtym serem. Wstawiamy do piekarnika nagrzanego do 200°C na 20–25 minut.

Po upieczeniu posypujemy świeżą bazylią.

Burgery na pomarańczowo

- 1 duży batat (ok. 300 g)
- 2 łyżki tahini
- 1 szklanka ugotowanej komosy ryżowej
- 1 szklanka liści jarmużu

- 1 kawałek pora
- 1 łyżka sezamu
- 1 łyżeczka czarnuszki
- 1 łyżka mąki z ciecierzycy/amarantusa/jajko
- kurkuma lub ½ łyżeczki mikstury z dodatkiem kurkumy, pieprz, mielona kolendra, ostra papryka, sól himalajska, kumin
- 2 łyżki oliwy/oleju kokosowego

Batat obieramy, kroimy w drobną kostkę, a pora w talarki. Na patelnię wlewamy olej, dodajemy warzywa i podduszamy na małym ogniu pod przykryciem do miękkości batatu (ok. 10 minut). W razie potrzeby podlewamy jeszcze odrobiną wody. Dodajemy pokrojony jarmuż i po sporej szczypcie przypraw. Dusimy jeszcze 3 minuty.

Całość miksujemy z jajkiem/mąką, komosą ryżową i tahini. Lepimy z masy płaskie kotleciki. Obtaczamy w sezamie i czarnuszce. Układamy na blasze wyłożonej papierem do pieczenia i pieczemy przez 20–30 minut w 180°C.

Makaron po tajsku – 4 porcje

- 200 g fileta z indyka lub kurczaka
- mała paczka makaronu ryżowego z brązowego ryżu lub makaronu gryczanego soba
- warzywa: kolorowa papryka, czerwona cebula, mała cukinia, 15 pieczarek, por
- świeża kolendra/natka pietruszki
- 1 dymka ze szczypiorkiem
- kurkuma lub mikstura z dodatkiem kurkumy, pieprz, sól himalajska, papryka, świeży czosnek i imbir, trawa cytrynowa
- 200 ml mleka kokosowego
- 1 łyżka oliwy
- 1 łyżka oleju kokosowego
- 1 łyżka sezamu

Mięso kroimy w paski, marynujemy w oliwie, obsypujemy papryką, nacieramy czosnkiem i imbirem. Posypujemy pieprzem oraz solą. Obtaczamy w sezamie i smażymy z obu stron na rumiano.

Warzywa kroimy w paski, talarki lub plasterki.

Makaron zalewamy wrzątkiem lub gotujemy według instrukcji.

Na rozgrzany na patelni olej wsypujemy po szczypcie kurkumy/mikstury z dodatkiem kurkumy, pieprzu i papryki i dodajemy warzywa. Dusimy ok. 5 minut, cały czas mieszając. Dodajemy mleko kokosowe i trawę cytrynową (wcześniej lekko obtłuczoną, np. trzonkiem noża, aby wydobyć zapach). Dusimy ok. 6 minut. Dodajemy makaron, mieszamy i dusimy całość jeszcze mniej więcej przez 2 minuty. Wykładamy na talerz, dodajemy kawałki kurczaka w sezamie i posypujemy zieleniną.

Burritos z naleśników gryczanych – 4 porcje

- 2 jajka
- ½ szklanki mąki gryczanej
- 1 łyżka czosnku niedźwiedziego
- ½ szklanki mleka roślinnego
- sól himalajska, pieprz

Miksujemy jajka, mąkę i mleko. Przyprawiamy czosnkiem niedźwiedzim, solą i pieprzem, smażymy naleśniki.

masa do burritos

- ½ szklanki czerwonej fasoli z puszki
- 150 g mięsa mielonego
- 1 duża cebula
- 4 duże pomidory
- 1 ząbek czosnku
- papryka, pieprz, sól himalajska
- pęczek natki pietruszki
- 1 łyżka oliwy

Siekamy drobno cebulę. Parzymy wrzątkiem pomidory, zdejmujemy z nich skórę i kroimy. Obieramy i kroimy czosnek. Szklimy cebulę na oliwie mniej więcej przez minutę, dodajemy pieprz i sól, wrzucamy mięso, przyprawiamy papryką i dusimy na małym ogniu ok. 10 minut. Dodajemy pokrojone pomidory, posiekany czosnek, dużą szczyptę papryki i pieprzu, fasolę i dusimy pod przykryciem 10 minut. Mieszamy farsz z posiekaną natką.

Naleśniki wypełniamy farszem i składamy w trójkąty.

Tarta razowa z botwinką/szpinakiem/kapustą z grzybami

składniki na ciasto

- 1,5 szklanki razowej mąki żytniej typ 2000
- 1 jajko
- 50 g zimnego masła
- 2 łyżki oliwy
- ½ łyżeczki soli himalajskiej
- 1 łyżeczka suszonego oregano/tymianku/czosnku niedźwiedziego

Wszystkie składniki zagniatamy szybko na ciasto. W razie potrzeby dodajemy łyżkę zimnej wody. Robimy kulę i wkładamy do lodówki na 20 minut. Po tym czasie wylepiamy ciastem formę do tarty, nakłuwamy je widelcem i posypujemy ryżem, żeby ciasto nie urosło. Zapiekamy mniej więcej przez 10 minut w 180°C.

W tym czasie przygotowujmy farsz.

wersja szpinakowa

- 1 paczka (ok. 500 g) mrożonego/świeżego szpinaku
- 2 cebule
- 50 g sera feta/koziego
- 1 łyżka oleju kokosowego
- 2 ząbki czosnku
- 10 pomidorków koktajlowych/1 duży pomidor
- świeża bazylia
- sól himalajska, pieprz, cząber

Siekamy drobno cebule i szklimy je na oleju kokosowym mniej więcej przez 2 minuty, dodajemy sól, pieprz, czosnek w plasterkach oraz rozmrożony/świeży szpinak. Dusimy pod przykryciem ok. 6 minut, przyprawiając do smaku cząbrem. Masę mieszamy z pokrojonym serem.

Na upieczony spód wykładamy farsz szpinakowy, przykrywamy pokrojonymi pomidorami, posypujemy szczyptą soli i pieprzu i zapiekamy jakieś 25 minut w 180°C. Przed podaniem posypujemy świeżą bazylią.

wersja botwinkowa

- 1 pęczek botwinki z małymi buraczkami
- 2 ząbki czosnku
- 1 cebula czerwona
- 1 jajko
- 50 g sera feta/koziego
- pieprz, sól himalajska
- 1 łyżka oliwy/oleju rzepakowego/masła klarowanego

Botwinkę dokładnie myjemy i siekamy na drobne kawałki razem z buraczkami. Kroimy cebulę w piórka, a czosnek w plasterki. Na oliwie szklimy cebulę mniej więcej przez minutę, a następnie dodajemy czosnek i botwinkę, przyprawiamy całość solą i pieprzem. Dusimy ok. 4 minut.

Jajko rozmiksowujemy, dodajemy do niego masę warzywną z patelni, wkruszamy ser i delikatnie mieszamy.

Na zapieczony spód wykładamy masę botwinkową i pieczemy ok. 20 minut w 180°C.

wersja z kapustą i grzybami

- 0,5 kg kapusty kiszonej
- 10 grzybów świeżych/suszonych
- 1 ząbek czosnku
- 1 duża cebula
- sól himalajska, pieprz, po 3 liście laurowe i ziarenka ziela angielskiego
- 2 łyżki oleju rzepakowego

Kapustę gotujemy mniej więcej przez 30 minut z grzybami i zielem angielskim oraz liśćmi laurowymi. Odsączamy. Drobno kroimy.

Na oleju szklimy drobno pokrojoną cebulę i czosnek przez minutę. Przyprawiamy solą i pieprzem, dodajemy do nich kapustę z grzybami i dokładnie mieszamy drewnianą łyżką. Dusimy przez 10 minut.

Farsz wykładamy na podpieczony spód i zapiekamy [illegible] ok. 15 minut w 180°C

Ziemniaki faszerowane łososiem i fenkułem – 2 porcje

- 2 duże ziemniaki
- 50 g fileta z łososia wędzonego na zimno
- 1 dymka ze szczypiorkiem
- 1 małe jabłko
- 1 łyżeczka chrzanu
- 1 fenkuł lub kawałek pora
- 1 łyżka oliwy
- ½ kulki mozzarelli/50 g fety
- sól morska, pieprz czarny, liść laurowy

Aby obniżyć indeks glikemiczny, używamy ziemniaków ugotowanych dzień wcześniej (w mundurkach w osolonej wodzie z liściem laurowym mniej więcej przez 25 minut) i przechowywanych w lodówce.

Na oliwie szklimy posiekaną cebulę, pokrojonego drobno fenkuła lub kawałek pora i plastry jabłka ok. 5 minut. Przyprawiamy solą i pieprzem.

Ziemniaki przekrawamy na pół i wydrążamy środek. Mieszamy miąższ ziemniaka i warzywa z patelni, dodajemy posiekany szczypiorek i chrzan oraz posiekanego łososia i kawałki mozzarelli/fety. Mieszamy, doprawiamy i faszerujemy ziemniaki. Przekładamy je do naczynia żaroodpornego i zapiekamy w 180°C mniej więcej przez 15 minut.

Podajemy z roszponką polaną sosem czosnkowo-jogurtowym i z pomidorkami koktajlowymi.

- **sos czosnkowy-jogurtowy:** 3 łyżki jogurtu greckiego, 1 łyżka musztardy, 2 ząbki czosnku roztarte z solą morską, pieprz, posiekany szczypiorek. Wszystkie składniki mieszamy.

Schab z jabłkami i rozmarynem – 4 porcje

- 500 g schabu
- szklanka mleka
- przyprawy do mięsa: sól morska, pieprz czarny i zielony, świeży czosnek
- 2–3 twarde zielone jabłka granny smith
- 100 ml białego wina

- przyprawy do jabłek: świeży imbir, kilka roztartych ziarenek kardamonu, laska cynamonu, szczypta suszonego rozmarynu
- 2 łyżeczki oliwy
- 2 łyżki miodu
- włoszczyzna: marchewka, pietruszka, por, seler naciowy, seler zwykły

Mięso myjemy i delikatnie nacinamy. Moczymy w mleku przez noc. Następnego dnia odsączamy, nacieramy przyprawami i czosnkiem. Włoszczyznę kroimy w paski, przekładamy do naczynia żaroodpornego, solimy, oprószamy pieprzem i zalewamy winem. Pieczemy w piekarniku nagrzanym do 180°C przez godzinę. W tym czasie przygotowujemy jabłka: kroimy je w grubsze plastry i smażymy na oliwie z dodatkiem miodu i przypraw przez 2–3 minuty. Jabłka nie mogą się rozpaść. Podajemy całe danie na ciepło z surówką.

Surówka z modrej kapusty

- kawałek czerwonej kapusty
- 1 por
- 1 twarde jabłko
- 1 marchewka
- 1 łyżeczka kminku uprażonego na patelni
- 2 łyżki suszonej żurawiny

- **sos miodowo-limonkowy:** sok z limonki, 2 łyżeczki oliwy, 2 łyżeczki octu jabłkowego, 2 łyżeczki płynnego miodu, czarny pieprz

Kapustę siekamy drobno, dodajemy pokrojonego pora i startą marchewkę. Solimy. Dodajemy starte jabłko i żurawinę, a następnie mieszamy z sosem oraz uprażonym kminkiem.

Dodatek

Aktywność fizyczna jako ważny element leczenia insulinooporności

Dominika Musiałowska
www.insulinoopornosc.com

Insulinooporność to zaburzenie, które należy leczyć kompleksowo. Podstawą jest zmiana stylu życia, przez co rozumiemy właściwy sposób odżywiania, eliminację używek, złagodzenie stresu, regularny tryb życia i odpowiednio dopasowaną do wieku długość snu. Nieodłącznym elementem leczenia insulinooporności w tym kontekście jest również aktywność fizyczna, która powinna towarzyszyć nam na co dzień.

Zatrważająca liczba osób prowadzi siedzący tryb życia, a nawet ludzie uważani za aktywnych przeważnie i tak za mało ruszają się na co dzień. Ograniczona aktywność fizyczna jest jednym z wielu czynników, które wpływają na rozwój insulinooporności. Co może zwiększyć wrażliwość tkanek na insulinę? Okazuje się, że przede wszystkim prawidłowa masa ciała, umiarkowana aktywność fizyczna oraz unikanie stresu. Na podstawie wyników badań klinicznych stwierdzono, że stosowanie właściwej diety i prowadzenie odpowiedniego stylu życia zmniejsza ryzyko rozwoju insulinooporności i cukrzycy typu 2, a wzrost masy ciała znacznie zwiększa prawdopodobieństwo wystąpienia tych chorób. Obniżenie masy ciała jedynie o 3–4 kg zmniejszyło ryzyko rozwoju insulinooporności aż o 58%.[1] Wyraźnie widać więc, jak ważne jest dbanie o zdrowie w ten właśnie sposób.

Zrzucanie zbędnych kilogramów u pacjentów z insulinoopornością powinno odbywać się stopniowo, bez gwałtownych spadków, mniej więcej o 5–10% w każdym roku leczenia aż do osiągnięcia prawidłowej masy ciała. Optymalnie powinniśmy chudnąć około 0,5–1 kg tygodniowo. Najważniejsza jest praca nad trwałą zmianą stylu życia, a nie szybkim ubytkiem kilogramów. Wiele osób chce osiągnąć cel w krótkim czasie, stosując drastyczne diety czy katorżnicze treningi, ale taki sposób postępowania przynosi więcej szkody niż pożytku. Jest to też najczęstsza przyczyna tzw. efektu jo-jo.

Aktywność fizyczna jest jednym z najskuteczniejszych sposobów zapobiegania chorobom cywilizacyjnym – nie tylko insulinooporności, lecz także chorobie wieńcowej serca, nadciśnieniu tętniczemu, cukrzycy, otyłości czy schorzeniom ortopedycznym. Wszyscy powinniśmy się ruszać, niezależnie od wieku, płci, masy ciała i stylu życia.

Głównymi korzyściami wynikającymi z uprawiania sportu i regularnej aktywności fizycznej są:

- zmniejszenie ryzyka nadwagi i otyłości,
- zmniejszenie zagrożenia chorobami sercowo-naczyniowymi,
- obniżenie profilu lipidowego, w tym cholesterolu,
- zmniejszenie ryzyka chorób nowotworowych,
- zapobieganie rozwojowi nadciśnienia tętniczego,

1. Joanna Soliburska, Justyna Kuśnierek, *Czynniki żywieniowe i pozażywieniowe w rozwoju insulinooporności,* Forum Zaburzeń Metabolicznych, 2010; 1(3): 177–183.

- wzmocnienie mięśni i kości,
- zdrowie umysłowe i lepsze samopoczucie,
- wzrost masy mięśniowej i kostnej,
- poprawa tolerancji glukozy,
- poprawa wrażliwości tkanek na działanie insuliny.[2]

Żeby osiągnąć maksymalne efekty zdrowotne, powinniśmy być aktywni codziennie, a jeśli to niemożliwe, to tak często, jak tylko się da. Już żwawy, 30-minutowy marsz każdego dnia przynosi ogromne korzyści dla zdrowia. Tyle też wynosi minimalny czas aktywności ruchowej dla osoby dorosłej. W przypadku dzieci i młodzieży minimum to 60 minut aktywności fizycznej o intensywności umiarkowanej lub dużej.[3]

Jak dobrać aktywność fizyczną

Częstym problemem dla osób, które dotychczas nie miały zbyt dużo ruchu, jest dobór odpowiedniej aktywności fizycznej. Niestety, zamiast kierować się własnymi preferencjami, podążają one nierzadko za modą, szybko się potem zniechęcając. Ileż z nas wybierało się z koleżankami na siłownię, marnując przy tym pieniądze na karnet, bo zrezygnowałyśmy po dwóch wizytach? Dlatego dobierajmy aktywność według poniższych wskazówek:

1. Zgodnie ze swoimi upodobaniami. Nie ma sensu umawiać się z przyjaciółmi na basen, jeśli nie lubimy pływać! Choć z drugiej strony, jeśli wydaje nam się, że nie lubimy pływać, ale ostatni raz byłyśmy na basenie piętnaście lat temu, pewnie warto jednak spróbować ponownie, bo może teraz nam się bardziej spodoba.

2. Zgodnie ze swoim stanem zdrowia. Mając kontuzję kolan, nie powinnyśmy biegać, skakać czy tańczyć. Mając problemy z kręgosłupem, nie powinnyśmy dźwigać ciężarków na siłowni. Jeśli mamy określone problemy zdrowotne, skonsultujmy z lekarzem lub fizjoterapeutą, jaka aktywność będzie najkorzystniejsza.

3. Zgodnie ze swoim wiekiem i wagą. Osoby otyłe nie powinny wykonywać pewnych form aktywności ze względu na ryzyko uszkodzenia stawów (np. biegania i skakania), a dzieci nie powinny wykonywać niektórych dyscyplin (np. podnoszenia ciężarów).

4. Zgodnie ze swoimi możliwościami finansowymi. Nie kupujmy karnetu do siłowni czy na

2. Michał Plewa, Andrzej Markiewicz, *Aktywność fizyczna w profilaktyce i leczeniu otyłości,* Endokrynologia, Otyłość i Zaburzenia Przemiany Materii 2006; 2(1): 30-37. Joanna Soliburska, Justyna Kuśnierek, *Czynniki żywieniowe i pozażywieniowe w rozwoju insulinooporności,* Forum Zaburzeń Metabolicznych 2010; 1(3): 177–183.

3. Stanowisko American Heart Association, 2005.

basen, jeśli ledwo starcza nam pieniędzy do końca miesiąca. Uprawianie pewnych dyscyplin jest droższe, innych tańsze. Wiele można robić za darmo, choćby spacerować, biegać czy ćwiczyć w siłowniach plenerowych. Są też dyscypliny, które wymagają jedynie jednorazowego wydatku, np. zakupu kijków do nordic walking.

5. Zgodnie z możliwościami lokalizacyjnymi. Jechanie na drugi koniec miasta, żeby dostać się na kort tenisowy, to niezbyt dobry pomysł. Istnieje ryzyko, że zbyt często będziemy mieli wymówkę, żeby sobie odpuścić – „za daleko", „korki", „nie zdążę"...

6. Zgodnie ze swoimi umiejętnościami. Nie do wszystkiego mamy predyspozycje. Jeśli nigdy nie szło nam ze sportami wodnymi, to wioślarstwo może nas zniechęcić. Aczkolwiek osobiście uważam, że warto się motywować i przełamywać. Dużo zależy od typu osobowości i usposobienia; jeśli wiemy, że nauka tańca, pomimo braku poczucia rytmu i słuchu, nas nie zniechęci, to na pewno można spróbować – dla frajdy i zdrowia. Jeśli jednak ma to nas tylko niepotrzebnie zestresować i sprawić, że zrezygnujemy po jednym dniu i obrazimy się na każdą aktywność na tym świecie, to nie ma po co ryzykować. Wybierajmy formę aktywności zgodną z tym, co lubimy, co sprawia nam przyjemność, a nie kierujmy się modą, bo możemy sobie zaszkodzić.

W insulinooporności istotny jest umiarkowany wysiłek, czyli na poziomie 40–60% tętna maksymalnego (obliczanego według wzoru: 220 – wiek wyrażony w latach); takie ćwiczenia należy wykonywać w miarę możliwości codziennie. Do tego powinnyśmy wykonywać dodatkową aktywność fizyczną związaną z codziennymi zajęciami oraz w pozostałym czasie wolnym (chodzenie lub rower zamiast jazdy samochodem, korzystanie ze schodów zamiast windy, ograniczenie oglądania TV). Dodam, że w odniesieniu do dzieci powyższa dawka aktywności może być zbyt niska zarówno pod względem częstotliwości, jak i intensywności.

Dlaczego wysiłek nie powinien być zbyt intensywny, czyli czemu nie powinnyśmy się katować treningami

Niektórym może się wydawać, że w celu poprawy tolerancji glukozy oraz działania insuliny konieczny jest intensywniejszy wysiłek. Jednak mógłby on powodować mechaniczne i oksydacyjne uszkodzenie prowadzące do przejściowego upośledzenia działania insuliny i tolerancji glukozy. Dlatego u chorych ze zmniejszoną tolerancją glukozy i insulinoopornością optymalny jest wysiłek fizyczny o wyważonej intensywności.

Dlaczego intensywny wysiłek może zaburzać pracę glukozy i insuliny? Badania wykazały, że może wynikać to ze zwiększenia stężenia hormonów działających antagonistycznie względem insuliny (katecholamin). Uzyskane wyniki sugerują, że środowisko hormonalne powstające po intensywnym wysiłku fizycznym przyczynia się do zmniejszenia tolerancji glukozy i może zaburzać pracę insuliny. Ponadto podczas intensywnego wysiłku powstaje również duża liczba wolnych rodników tlenowych, co może prowadzić do oksydacyjnego uszkodzenia tkanek.

Dane te pokazują, dlaczego optymalna intensywność wysiłku fizycznego powinna być umiarkowana. Jeżeli jest zbyt mała, nie udaje się uzyskać maksymalnych korzyści. Z kolei bardzo intensywny wysiłek może prowadzić do przejściowego upośledzenia tolerancji glukozy i zaburzenia pracy insuliny, a tym sposobem może zmniejszyć korzyści uzyskane dzięki zastosowaniu aktywności fizycznej.[4] To też wyjaśnia, dlaczego niektóre osoby, mimo „katowania się" na treningu, nie chudną lub wręcz tyją (często zwiększa się wtedy insulinooporność, dochodzi do zaburzeń pracy tarczycy czy nadnerczy). W takich sytuacjach pomaga znaczne zmniejszenie intensywności ćwiczeń.

Powinna istnieć ścisła zależność między intensywnością wysiłku a czasem jego trwania. Im większe natężenie wysiłku, tym krótszy powinien być i odwrotnie. Trening powinien trwać około 30–60 minut. Jeżeli człowiek nie może wykonywać ciągłego wysiłku przez 30 minut, należy zrobić sobie krótką przerwę, a następnie kontynuować ćwiczenia.

W jaki sposób można ocenić, czy trening nie jest zbyt łagodny albo zbyt intensywny? Poza korzystaniem z takich urządzeń jak pulsometr można zastosować prostą regułę „chodź i mów" (*walk and talk*). Jeśli ciężko nam złapać oddech i rozmawiać, oznacza to, że ćwiczymy zbyt intensywnie. Natomiast jeśli rozmowa przychodzi nam z absolutną łatwością – ćwiczymy zbyt niemrawo. Idealna intensywność ćwiczeń nie uniemożliwia nam rozmowy, ale trochę ją utrudnia..

Jakie dyscypliny sportowe warto uprawiać w insulinooporności?

Zawsze powtarzam: te, które lubimy i które sprawiają nam przyjemność. Może to być szybki (żwawy) marsz, nordic walking, marszobieg, jazda na rowerze, pływanie i ćwiczenia w wodzie, aerobik, gry zespołowe (np. siatkówka), badminton, gimnastyka, narciarstwo biegowe, tenis, a także wchodzenie po schodach, taniec i wiele innych. Ćwiczenia w grupach dodatkowo motywują do systematyczności, a wykorzystywanie urządzeń stacjonarnych (bieżnia, rowerek stacjonarny, wioślarz itp.) umożliwia jednoczesne oglądanie telewizji, słuchanie muzyki, rozmowę lub czytanie, co działa motywująco.

Dodatkowo poza treningami aerobowymi należy uwzględnić treningi siłowe, wzmacniające poszczególne grupy mięśni. W przypadku otyłości trening ten jest szczególnie ważny, ponieważ

4. David C. Wright, Pamela D. Swan, *Optymalny wysiłek fizyczny u chorych z upośledzoną tolerancją glukozy,* Diabetologia Praktyczna, 2003, 3(2): 103–108.

w przebiegu kuracji odchudzającej zawsze dochodzi też do niekorzystnego obniżenia masy mięśniowej, co skutkuje spadkiem spoczynkowej przemiany materii.

Ćwiczenia oporowe mają z jednej strony zmniejszyć spadek masy mięśniowej (lub przyczynić się do jej wzrostu), z drugiej zaś służą poprawie postawy ciała, która u osób otyłych często jest zaburzona (pogłębienie krzywizn kręgosłupa, osłabienie siły mięśni brzucha, pośladkowych i przykręgosłupowych). Osoby o prawidłowej masie ciała również powinny je wykonywać dla utrzymania odpowiedniej muskulatury i postawy. Ćwiczenia te należy robić 2–3 razy w tygodniu po 12–15 powtórzeń, angażując w pojedyncze powtórzenie około 30–50% siły maksymalnej (nie ćwiczymy z największym możliwym dla siebie ciężarem!). Serię można wykonać 1–3 razy, a przerwy między seriami powinny wynosić 30–60 sekund.[5]

Dlaczego zniechęcamy się do aktywności fizycznej?

Często powodem są nieprzyjemne doświadczenia i skojarzenia związane z samym hasłem „ćwiczenia fizyczne", a także dolegliwości bólowe, brak czasu, sprzętu, odpowiedniego miejsca, dyskomfort wynikający z nadmiernej masy ciała, brak wsparcia rodziny i (lub) otoczenia, niechęć do intensywnego wysiłku, skrępowanie udziałem w zajęciach grupowych, opory przed placówkami sportowymi typu siłownia. Są to czynniki, z którymi warto zmierzyć się z pomocą rodziny, przyjaciół, dietetyka, trenera, psychologa czy lekarza.

Ważnym argumentem przemawiającym za tym, żeby regularnie dbać o aktywność fizyczną, jest to, że pomaga ona walczyć ze stresem! W badaniach wykazano, że w stresie emocjonalnym podnosi się stężenie glukozy we krwi, przez co trzustka zwiększa wydzielanie insuliny. Z kolei nadmierne wydzielanie insuliny prowadzi do insulinooporności. Wiadomo również, że wśród osób, które regularnie znajdują się w sytuacjach stresowych, znacznie częściej występują insulinooporność, otyłość i nadciśnienie tętnicze oraz zwiększa się ryzyko zapadalności na choroby układu sercowo-naczyniowego. W wielu badaniach potwierdzono silny związek natężenia stresu w pracy (zatem stresu przewlekłego) z ryzykiem rozwoju insulinooporności i chorób sercowo-naczyniowych. Dlatego warto szukać sposobów na eliminację stresu, a jednym z nich jest właśnie aktywność fizyczna, która poprawia samopoczucie, pomaga się rozluźnić i zmniejszyć napięcie.

5. Michał Plewa, Andrzej Markiewicz, *Aktywność fizyczna w profilaktyce i leczeniu otyłości*, Endokrynologia, Otyłość i Zaburzenia Przemiany Materii, 2006, 2(1): 30–37.

Co warto wybrać na początek?

Osobiście polecam nordic walking. To sport dla każdego, dlatego chętnie uprawiają go zarówno osoby młode, szczupłe i wysportowane, jak i otyłe oraz starsze. Jest to forma ruchu dla ludzi w każdym wieku i na każdym poziomie wytrenowania.

Nordic walking angażuje wiele mięśni (więcej niż klasyczny marsz). Pracują tricepsy, bicepsy, ramiona, brzuch, klatka piersiowa, pośladki, uda, łydki. Nordic walking wzmacnia je, rozwijając ich siłę i wytrzymałość. Ponadto spala więcej kalorii niż tradycyjne chodzenie. Co więcej, w porównaniu ze zwykłym chodem odciąża on kolana, biodra, plecy, piszczele i stawy nóg (dlatego zalecany jest osobom starszym i otyłym).

Jest to sport, który można uprawiać wszędzie i przez cały rok, podnosząc swoją kondycję oraz wytrzymałość (dodam, że pomaga wrócić do formy po kontuzjach). Regularne uprawianie nordic walking usprawnia układ oddechowy i sercowo-naczyniowy, wzmacnia wszystkie mięśnie, łagodzi napięcia mięśniowe w okolicach barków, poprawia samopoczucie. Praktyczną zaletą jest również niewielki koszt. Ten sport wymaga jedynie zakupu kijków i wygodnych butów, wydatek ponosimy zatem raz na kilka lat.

Nordic walking można trenować na różnych poziomach:

1. Poziom zdrowotny – dla osób z nadwagą, w ramach rehabilitacji po urazach, zawałach, przy chorobach układu krążenia.

2. Poziom fitness – intensywniejsze treningi, urozmaicane innymi ćwiczeniami, z rozgrzewką na początku i rozciąganiem na koniec. Treningi wykonuje się regularnie i trwają zazwyczaj ponad 60 minut.

3. Poziom sportowy – najbardziej intensywna forma nordic walking, połączona z biegiem, skokami, chodzeniem po schodach, stromych zboczach itp., przeznaczona dla osób zaawansowanych sportowo. Na tym poziomie wyróżniamy m.in. nordic jogging (trucht z kijkami), nordic jumping (różne skoki z kijkami), nordic blading (łyżworolki), nordic leaping (skoki z nogi na nogę), nordic striding (trucht o dłuższym kroku z odbiciem stopy od podłoża).

Jak widać, nordic walking to nie zwyczajne chodzenie, lecz również intensywny trening wytrzymałościowy i kondycyjny. Urozmaicanie treningu i jego regularne wykonywanie z jednej strony przynosi radość w trakcie ćwiczenia, z drugiej zaś – oczekiwane efekty. Dlaczego tak gorąco polecam go osobom z insulinoopornością? Ponieważ pozwala utrzymać optymalną intensywność treningu, nie za wysoką, ale i nie za niską, co może się zdarzyć w przypadku tradycyjnych spacerów.

Do tego nie obciążamy stawów, a przeciwnie – pracujemy nad prawidłową postawą, uruchamiając wszystkie grupy mięśni.

Dziesięć tysięcy kroków dziennie pomaga zwiększyć wrażliwość na insulinę i zmniejszyć ryzyko rozwoju cukrzycy. Więc w drogę!

Dominika Musiałowska – z wykształcenia dziennikarka, ukończyła Polską Akademię Sportu. Autorka bloga www.insulinoopornosc.com oraz twórczyni pierwszego i jedynego w Polsce projektu edukacyjnego wspierającego osoby z insulinoopornością „Insulinooporność – zdrowa dieta i zdrowe życie". Przewodnicząca sekcji o insulinooporności w Stowarzyszeniu Edukacji Diabetologicznej. Instruktor sportowy o specjalizacji fitness i nordic walking. Organizuje konferencje i warsztaty edukacyjne dla pacjentów z insulinoopornością oraz prowadzi wykłady na konferencjach diabetologicznych dla personelu medycznego. Współpracuje z lekarzami, dietetykami, trenerami, psychologami i innymi specjalistami działającymi w dziedzinie insulinooporności.

Sama jest pacjentką z insulinoopornością, PCOS, chorobą Hashimoto oraz celiakią. Mimo problemów zdrowotnych jest również szczęśliwą matką. Czerpiąc z własnego doświadczenia, pokazuje innym, jak można radzić sobie z problemami zdrowotnymi i normalnie żyć.

Lista zakupów na kolejne tygodnie

Wersja WEGE – zamiast porcji mięsa można użyć porcji ciecierzycy, soczewicy, fasoli, tofu, komosy ryżowej lub warzyw typu bakłażan czy glony kombu.

Oczywiście dania będą wtedy inaczej wyglądać, ale wartość białka będzie zachowana.

W przepisach tam, gdzie należy użyć kawałka mięsa, można je zastąpić kawałkiem tofu, a tam, gdzie jest mielone mięso, można wykorzystać ugotowaną soczewicę czy ciecierzycę. Wybór należy do Ciebie :)

Faza I – tydzień I

PŁYNNE PRODUKTY

- 500 ml napoju ryżowego lub kokosowego
- 500 ml mleczka kokosowego z puszki

PRODUKTY ZBOŻOWE

- 1 szklanka płatków gryczanych
- 50 g kaszy gryczanej/amarantusa (ziarna mogą być skiełkowane)
- otręby gryczane
- 2 szklanki komosy ryżowej/kaszy gryczanej/amarantusa (ziarna mogą być skiełkowane)

NABIAŁ

- 2 jajka

MIĘSO I RYBY

- domowy pasztet – wg zamieszczonego w książce przepisu (w wersji wege należy do pasztetu użyć takiej samej porcji ugotowanej soczewicy co mięsa)
- 700 g dowolnej ryby bez ości (w wersji wege zamiast ryby można użyć porcji wędzonego tofu lub soczewicy)
- 300 g wołowiny (w wersji wege można użyć takiej porcji ugotowanej ciecierzycy lub porcji komosy ryżowej)
- 100 g fileta z drobiu (w wersji wege można użyć porcji fasolki czerwonej kidney)
- 200 g mielonego mięsa z indyka (w wersji wege można użyć ugotowanej fasoli jaś)

WARZYWA

- sałata lodowa
- paczka rukoli
- 50 g szpinaku świeżego lub mrożonego/jarmużu
- 400 g szpinaku świeżego
- paczka roszponki lub cykoria
- 250 g pomidorków koktajlowych
- 3 pomidory
- 400 g pieczarek
- 100 g kurek – opcjonalnie
- 5 cebul
- 2 czerwone cebule
- 4 cebule szalotki
- 3 dymki ze szczypiorkiem
- 3 duże pory
- fenkuł – opcjonalnie
- pęczek szczypiorku
- pęczek natki pietruszki
- pęczek rzodkiewek
- ogórek zielony
- 200 g ogórków kiszonych
- świeża bazylia
- świeża mięta
- główka czosnku
- 200 g batatu
- 4 cukinie
- koperek – opcjonalnie
- 4 brokuły (650 g)

- 2 łodygi selera naciowego
- 1 kg kapusty kiszonej
- 150 g kapusty białej
- 7 marchewek
- 300 g fasolki szparagowej lub zielonych szparagów
- 650 g fasolki szparagowej

OWOCE
- 2 awokado
- pomarańcza
- 4 jabłka
- 200 g borówek
- duży granat
- 4 limonki
- 3 cytryny

PRZYPRAWY
- imbir świeży (kawałek ok. 10 cm)
- estragon suszony
- cząber
- kurkuma
- sól himalajska
- kumin
- gorczyca
- czosnek niedźwiedzi
- pieprz
- curry
- tymianek
- czosnek granulowany
- liść laurowy
- ziele angielskie

DODATKI
- 500 g ostropestu mielonego
- 50 g pestek słonecznika
- 50 g siemienia lnianego
- 80 g nasion konopi
- 50 g orzechów piniowych
- 4 łyżki sezamu białego
- 4 łyżki sezamu czarnego
- 50 g płatków migdałowych
- pestki dyni
- 3 łyżki tahini
- bulion domowy
- musztarda bez cukru
- pasta curry zielona
- musztarda Dijon
- 150 g (mały słoiczek) miodu (wystarczy na cały okres diety)
- 200 g pomidorów suszonych w oliwie
- 300 ml przecieru pomidorowego
- 50 ml oleju lnianego
- 500 ml oleju kokosowego nierafinowanego (wystarczy na 1 miesiąc diety)
- olej z konopi lub oliwa

Faza I – tydzień II

PŁYNNE PRODUKTY
- 1 l soku z aloesu bez konserwantów
- 600 ml napoju kokosowego / migdałowego / orzechowego
- 400 ml gęstego mleczka kokosowego z puszki (minimum 82% tłuszczu)

NABIAŁ:
- 2 jajka
- masło klarowane

PRODUKTY ZBOŻOWE
- 100 g kaszy gryczanej lub amarantusa
- 50 g kaszy jaglanej/komosy ryżowej/amarantusa
- otręby gryczane

MIĘSO I RYBY
- 150 g fileta z indyka (zamiast tego w wersji wege można użyć hummusu)
- 50 g szynki bez konserwantów (w wersji wege należy użyć tyle samo wędzonego tofu)
- 450 g mięsa mielonego drobiowego (w wersji wege można użyć porcji ugotowanej soczewicy)

- 150 g mięsa z indyka lub krewetek (w wersji wege można użyć porcji czerwonej fasolki kidney)
- 200 g indyka pieczonego (w wersji wege można użyć porcji pasztetu z soczewicy)
- 400 g pałek lub udek z kurczaka (w wersji wege można użyć porcji ugotowanej ciecierzycy lub komosy ryżowej)
- 200 g ryby bez ości – łososia dzikiego, pstrąga, dorsza (w wersji wege można użyć porcji tofu)

WARZYWA
- 4 buraczki kiszone lub świeże
- 4 pomidory
- 300 g brokułu
- sałata lodowa
- 2 sałaty rzymskie mini
- 3 marchewki
- cebula szalotka
- 2 cebule
- 2 czerwone cebule
- pietruszka
- fenkuł/koper włoski – opcjonalnie
- seler
- 300 g pieczarek
- 4 pory
- 3 pęczki szczypiorku
- pęczek natki pietruszki
- świeza mięta
- świeża bazylia
- 4 cukinie
- 400 g ogórków zielonych
- 40 g kiełków lub rzeżuchy
- główka czosnku
- 700 g fasolki szparagowej
- 100 g jarmużu
- paczka rukoli
- 100 g pieczarek

OWOCE
- pomarańcza
- granat
- 2 awokado
- jabłko
- 5 limonek
- 200 g malin świeżych lub mrożonych

PRZYPRAWY
- laska wanilii
- cynamon
- oregano
- pieprz cytrynowy
- 50 g chrzanu bez cukru
- kolendra
- kumin
- pieprz czarny
- imbir świeży (kawałek 5 cm)
- cząber lub czubryca zielona
- papryka suszona
- kminek

DODATKI
- 30 g chia
- 50 g tahini
- 20 g sezamu czarnego
- 20 g sezamu białego
- 60 g nasion konopi/słonecznika/migdałów
- 50 g siemienia lnianego
- 1 l bulionu warzywnego
- kurkuma lub mikstura z dodatkiem kurkumy
- olej rzepakowy nierafinowany lub oliwa
- 50 ml oleju sezamowego
- ocet jabłkowy niefiltrowany
- 300 ml przecieru pomidorowego
- ocet balsamiczny
- musztarda Dijon

Faza I – tydzień III

PŁYNNE PRODUKTY
- 100 ml mleka ryżowego
- 600 ml gęstego mleczka kokosowego z puszki

PRODUKTY ZBOŻOWE

- 500 g chleba gryczanego z przepisu
- 1 szklanka komosy ryżowej/amarantusa

NABIAŁ

- 3 jajka
- 50 g masła klarowanego

MIĘSO I RYBY

- 50 g polędwiczki pieczonej (w wersji wege można ją zastąpić wędzonym tofu)
- 550 g ryby białej bez ości (w wersji wege można użyć ciecierzycy lub soczewicy)
- 200 g mielonego mięsa wołowego lub drobiowego (w wersji wege można użyć porcji komosy ryżowej)
- 300 g fileta z indyka (w wersji wege można użyć porcji soczewicy)

WARZYWA

- 2 pęczki szczypiorku
- 2 pęczki natki pietruszki
- pęczek rzodkiewek
- 200 g pieczarek
- 5 dużych dojrzałych pomidorów
- 4 buraczki kiszone
- 200 g szpinaku
- 3 cukinie
- główka czosnku
- ogórek zielony
- 6 ogórków kiszonych
- sałata lodowa
- 300 g brokułu
- 2 pory
- cebula zwykła
- 3 czerwone cebule
- 4 cebule szalotki
- 2 dymki ze szczypiorkiem
- 200 g batatu
- 3 papryki żółte
- 2 papryki czerwone
- 50 g dowolnych kiełków
- włoszczyzna bez kapusty
- świeża mięta
- świeża bazylia
- 1 marchewka
- seler
- burak
- pietruszka
- kalarepka
- 500 g dyni
- 10 oliwek zielonych
- 4 łodygi selera naciowego
- fenkuł – opcjonalnie
- 200 g jarmużu
- 100 g fasolki szparagowej

OWOCE

- 3 awokado
- 4 limonki
- 2 jabłka
- cytryna

PRZYPRAWY

- rozmaryn
- koperek
- estragon
- lubczyk suszony lub świeży
- liść laurowy
- ziele angielskie
- 20 g czarnuszki
- cząber
- kumin
- gałka muszkatołowa
- kurkuma

DODATKI

- 30 g herbaty matcha
- tahini
- 1 l bulionu warzywnego
- imbir świeży (kawałek 5 cm)
- 50 g nasion konopi/słonecznika/migdałów/

rozgniecionego siemienia lnianego
- 1 puszka krojonych pomidorów
- musztarda Dijon

Faza I – tydzień IV

PŁYNNE PRODUKTY
- 600 ml mleczka kokosowego z puszki
- 150 ml napoju migdałowego/ryżowego
- 100 ml soku jabłkowego

PRODUKTY ZBOŻOWE
- 20 g płatków gryczanych
- 1 szklanka komosy ryżowej
- 50 g kaszy gryczanej
- otręby gryczane

NABIAŁ
- 3 jajka

MIĘSO I RYBY
- 100 g świeżej makreli, łososia dzikiego lub innej ryby (w wersji wege można zastąpić rybę wędzonym tofu)
- 300 g fileta z indyka (w wersji wege można użyć porcji ciecierzycy)
- 300 g dorsza bez ości (w wersji wege można zastąpić rybę porcją komosy ryżowej)
- 350 g mielonego mięsa z indyka lub szynki (w wersji wege można użyć soczewicy brązowej)
- 150 g wołowiny (w wersji wege można zastąpić mięso porcją fasoli kidney)

WARZYWA
- 3 cukinie
- 250 g szparagów zielonych lub fasolki szparagowej
- mrożona mieszanka chińska z pędami bambusa i grzybami mung (minimum 400 g)
- 4 papryki żółte i czerwone
- 3 dymki ze szczypiorkiem
- pęczek szczypiorku
- pęczek koperku
- świeża bazylia
- 2 pęczki natki pietruszki
- 50 g dowolnych kiełków
- młoda włoszczyzna
- 2 kalarepki
- 6 czerwonych cebul
- 400 g dyni (w tym 200 g hokkaido)
- 3 pory
- 5 marchewek
- 1 szklanka roszponki
- główka czosnku
- 5 pomidorków koktajlowych
- 4 dojrzałe pomidory/500 ml pulpy pomidorowej
- 4 dojrzałe pomidory
- 10 oliwek czarnych
- 200 g pieczarek lub kurek
- 4 cebule szalotki
- 150 g kalafiora
- 3 łodygi selera naciowego
- papryka żółta
- fenkuł – opcjonalnie
- seler zwykły
- 50 g rukoli
- 150 g szpinaku świeżego
- 200 g jarmużu
- 400 g brukselki
- 200 g kapusty kiszonej
- świeża mięta

OWOCE
- awokado
- figa świeża
- zielony banan
- cytryna
- 2 małe pomarańcze
- 3 limonki
- 2 kwaśne jabłka
- duży granat
- 300 g owoców leśnych – malin, borówek, truskawek, jeżyn

PRZYPRAWY
- ziele angielskie
- liść laurowy
- listki rozmarynu

DODATKI
- 50 g czystka
- 2 trawy cytrynowe
- 50 g chia
- imbir świeży (kawałek 3 cm)
- 50 ml oleju z awokado lub konopi
- 1 l bulionu warzywnego
- 30 g wiórków kokosowych
- 20 g chia lub siemienia lnianego
- 50 g orzechów/pestek dyni/słonecznika/ migdałów
- 50 g orzechów laskowych
- 40 g pistacji
- 50 g suszonych pomidorów
- 200 g migdałów
- 30 g sezamu
- ocet jabłkowy

Faza II – Tydzień I

PŁYNNE PRODUKTY
- 200 ml mleczka kokosowego z puszki

PRODUKTY ZBOŻOWE
- 2 szklanki kaszy gryczanej
- 30 g otrębów gryczanych
- 50 g komosy ryżowej
- 100 g chleba żytniego na zakwasie

NABIAŁ
- 3 jajka
- 150 g sera feta owczego (w wersji wege można użyć sera z nerkowców)
- 2 kulki mozzarelli z mleka bawolego (w wersji wege można użyć sera wegańskiego)
- 100 ml jogurtu naturalnego (w wersji wege można go zastąpić jogurtem sojowym lub kokosowym)

MIĘSO I RYBY
- 150 g szynki parmeńskiej/szwarcwaldzkiej bez konserwantów (w wersji wege można ją zastąpić tofu wędzonym)
- 450 g fileta z dorsza bez ości (w wersji wege można użyć porcji komosy ryżowej)
- 300 g makreli/łososia dzikiego/pstrąga (w wersji wege można użyć porcji ciecierzycy)
- 50 g łososia wędzonego na zimno (w wersji wege można użyć wędzonego tofu)
- 50 g polędwiczki pieczonej (w wersji wege można zastąpić mięso pastą z ciecierzycy)
- 600 g fileta z indyka (w wersji wege można użyć porcji soczewicy czerwonej lub brązowej)
- 600 g wołowiny w wersji wege można zastąpić mięso porcją wędzonego tofu)

WARZYWA
- 4 cebule
- 5 cebul szalotek
- czerwona cebula
- 2 dymki ze szczypiorkiem
- 3 pory
- burak
- 400 g brokułu/kalafiora
- 2 pęczki szczypiorku
- pęczek koperku
- 2 pęczki rzodkiewek
- 4 cukinie (ok. 1 kg)
- 6 pomidorów
- 600 ml przecieru pomidorowego lub 8 słodkich pomidorów bez skórki
- 2 gałązki selera naciowego
- 250 g pomidorów koktajlowych
- świeża mięta
- świeża bazylia
- 100 g pieczarek
- 250 g jarmużu

- 200 g szpinaku
- 2 ogórki zielone
- 150 g ogórków kiszonych
- sałata lodowa
- mix sałat
- kalarepka
- paczka rukoli
- główka czosnku
- 2 pęczki natki pietruszki
- 4 papryki kolorowe
- 5 oliwek
- 2 szklanki posiekanej białej kapusty
- 200 g białej kapusty
- 300 g kiszonej czerwonej kapusty
- 4 marchewki
- szklanka bobu
- 600 g fasoli szparagowej/zielonych szparagów
- 50 g dowolnych kiełków
- 200 g dyni lub batatu
- 4 liście włoskiej kapusty

OWOCE
- 3 awokado
- 3 limonki
- 2 jabłka
- 2 figi świeże
- granat

PRZYPRAWY
- tymianek
- papryka słodka i ostra
- oregano
- czosnek granulowany, niedźwiedzi
- pieprz zielony
- ziarenka kardamonu
- 20 ml sosu sojowego jasnego

DODATKI
- 1,5 l bulionu warzywnego
- 30 ml oleju z dyni
- 150 g suszonych pomidorów w oliwie
- 50 ml oleju z awokado/konopi/lnianego
- 50 g skrzypu
- 50 g ostropestu
- 50 g orzechów laskowych, pestek słonecznika
- 50 g pestek dyni
- 50 g sezamu
- 50 g siemienia lnianego
- 30 g migdałów
- 40 g pesto z bazylii
- 20 g kaparów
- ocet balsamiczny
- 20 g orzechów piniowych lub włoskich
- 50 g pasty ze słonecznika z przepisu
- 6 orzechów brazylijskich
- musztarda bez cukru
- ocet jabłkowy niefiltrowany
- imbir

Faza II – Tydzień II

PŁYNNE PRODUKTY
- 500 ml soku pomidorowego
- 400 ml mleczka kokosowego z puszki

PRODUKTY ZBOŻOWE
- 1 szklanka komosy ryżowej czerwonej i białej
- 1 szklanka kaszy gryczanej
- 200 g chleba żytniego razowego

NABIAŁ
- 4 jajka
- 2 kulki mozzarelli z bawolego/krowiego (w wersji wege można użyć sera wegetariańskiego)
- 100 ml jogurtu greckiego (w wersji wege można go zastąpić jogurtem sojowym lub kokosowym)
- 100 g sera koziego/fety owczej (w wersji wege można użyć sera z nerkowców)

MIĘSO I RYBY
- 300 g mięsa mielonego wołowego/drobiowego

(w wersji wege można zastąpić mięso soczewicą brązową)
- 50 g sardynek (w wersji wege do pasty można użyć wodorostów kombu)
- 400 g fileta z drobiu (w wersji wege można użyć porcji ciecierzycy)
- 50 g szynki parmeńskiej bez konserwantów (w wersji wege można użyć porcji tofu)
- 600 g ryby bez ości, np. łososia dzikiego, pstrąga, sandacza, tilapii lub innej dozwolonej (w wersji wege można zastąpić rybę komosą ryżową)
- 300 g fileta z kurczaka (w wersji wege można użyć porcji fasolki kidney)
- 50 g łososia wędzonego na zimno (w wersji wege można użyć wędzonego tofu)

WARZYWA
- sałata lodowa
- mix sałat z rukolą
- paczka rukoli
- 300 g brokułu
- burak świeży lub kiszony
- 3 pęczki szczypiorku
- 2 pęczki natki pietruszki
- koperek
- 350 g pieczarek
- świeża bazylia
- świeża mięta
- 10 oliwek
- 150 g pomidorków koktajlowych
- 6 pomidorów
- 200 g szpinaku świeżego
- papryczka chili
- 50 g dowolnych kiełków
- 300 g ogórków kiszonych
- 200 g batatu
- 2 pory
- 2 cebule
- czerwona cebula
- 6 cebul szalotek
- 200 g kapusty kiszonej
- 3 marchewki
- 10 papryk czerwonych i żółtych
- 800 g fasolki szparagowej
- 200 g szparagów zielonych lub fasolki szparagowej
- 4 cukinie
- bakłażan
- główka czosnku
- 2 łodygi selera naciowego
- sałata rzymska

OWOCE
- 6 świeżych fig
- 2 kwaśne jabłka
- 3 awokado
- brzoskwinia
- granat
- 3 cytryny
- gruszka
- limonka

PRZYPRAWY
- ostra i słodka papryka
- czosnek niedźwiedzi
- cząber
- majeranek
- tymianek
- ziele angielskie
- kurkuma
- lubczyk
- oregano
- suszona cebulka

DODATKI
- 50 g orzechów nerkowca lub pekan
- 1 l bulionu warzywnego
- 50 g orzechów piniowych/laskowych
- 40 g masła orzechowego
- 50 g sezamu
- 20 g czarnuszki
- ½ szklanki migdałów

- 2 łyżki płatków drożdżowych lub 30 g startego parmezanu
- 30 g maku
- 40 g orzechów włoskich
- oliwa extra virgin
- musztarda
- sos sojowy jasny

Faza II – Tydzień III

PŁYNNE PRODUKTY
- 250 g mleka roślinnego
- 400 ml mleczka kokosowego

PRODUKTY ZBOŻOWE
- 50 g mąki owsianej
- 30 g mąki z ciecierzycy lub amarantusa
- 300 g chleba razowego lub gryczanego z czarnuszką
- 200 g komosy ryżowej/amarantusa/kaszy gryczanej

NABIAŁ
- 1 jajko
- 70 g sera feta (w wersji wege można użyć sera wegańskiego)
- 50 g sera koziego lub mozzarelli (w wersji wege można użyć sera wegańskiego)
- 10 ml jogurtu greckiego (w wersji wege można go zastąpić jogurtem sojowym lub kokosowym)
- 200 ml mleka – do moczenia wątróbki

MIĘSO I RYBY
- 50 g łososia wędzonego lub szynki parmeńskiej bez konserwantów (w wersji wege można użyć tofu wędzonego)
- 40 g szynki bez konserwantów (w wersji wege można użyć liści kombu zalanych wrzątkiem)
- 10 sardynek (w wersji wege można zastąpić jajkiem)
- 300 g mięsa z kurczaka lub udźca indyka (w wersji wege można użyć ciecierzycy)
- 300 g fileta z ryby – dorsza, pstrąga (w wersji wege można użyć komosy ryżowej)
- 250 g mięsa mielonego z drobiu lub wołowego (w wersji wege można użyć soczewicy brązowej)
- 300 g fileta z kurczaka (w wersji wege można użyć fasolki czerwonej)
- 50 g wątróbki drobiowej lub wieprzowej (w wersji wege można użyć fasoli jaś)

WARZYWA
- 10 oliwek
- cebula
- 250–300 g brokułu
- burak zwykły lub kiszony
- 5 cukinii (ok. 1 kg)
- pęczek szczypiorku
- pęczek koperku
- pęczek rzodkiewki
- 50 g rzeżuchy
- 4 marchewki
- 2 pory
- 13 dojrzałych pomidorów
- 20 pomidorków koktajlowych
- świeża bazylia
- 2 pęczki natki pietruszki
- fenkuł – opcjonalnie
- 50 g świeżych kiełków
- 200 g kalafiora
- 2 sałaty rzymskie lub inne ulubione
- 2 łodygi selera naciowego
- 5 cebul szalotek
- 3 cebule dymki ze szczypiorkiem
- 2 czerwone cebule
- ogórek kiszony
- 250 g szpinaku
- główka czosnku
- 100 g jarmużu
- 2 żółte papryki
- papryka czerwona
- 200 g batatu

- 250 g fasolki szparagowej lub zielonych szparagów
- 200 g kapusty czerwonej
- 50 g rukoli

OWOCE
- 3 awokado
- 4 limonki
- mała pomarańcza
- 3 kwaśne jabłka
- 200 g truskawek lub granatu
- 2 cytryny

PRZYPRAWY
- zioła prowansalskie
- papryka słodka
- tymianek,
- oregano
- imbir świeży (kawałek 3 cm)
- pieprz cayenne
- gałka muszkatołowa
- kurkuma
- czosnek niedźwiedzi

DODATKI
- 1 l niesłodzonego soku z żurawiny
- musztarda bez cukru
- 1 l bulionu warzywnego
- 20 g siemienia lnianego mielonego
- 50 g orzechów włoskich
- 50 g orzechów laskowych
- 50 g orzechów brazylijskich
- orzechy nerkowca
- 50 g sezamu
- 20 g orzechów piniowych
- 12 pomidorów suszonych w oleju
- olej kokosowy nierafinowany
- 50 ml oleju sezamowego

Faza II – Tydzień IV

PŁYNNE PRODUKTY
- 400 ml mleczka kokosowego z puszki (minimum 82% tłuszczu)
- 1 l mleczka kokosowego płynnego (domowego lub z kartonu)
- 250 ml mleczka migdałowego

PRODUKTY ZBOŻOWE
- 40 g otrąb gryczanych
- 30 g mąki żytniej razowej
- 200 g kaszy gryczanej (najlepiej skiełkowane)
- 100 g kaszy gryczanej niepalonej lub jęczmiennej
- 100 g kaszy gryczanej niepalonej
- 200 g komosy ryżowej

NABIAŁ
- 1 kulka mozzarelli z mleka bawolego (w wersji wege można użyć sera wegańskiego)
- 5 jajek
- 50 g sera feta (w wersji wege można użyć sera wegańskiego)
- 30 g sera feta lub mozzarelli (w wersji wege można użyć sera wegańskiego)
- 50 ml jogurtu greckiego (w wersji wege można użyć jogurtu sojowego albo kokosowego)

MIĘSO I RYBY
- 100 g upieczonego fileta z indyka (w wersji wege można użyć porcji wędzonego tofu)
- 400 g mięsa mielonego z szynki (w wersji wege można użyć soczewicy brązowej)
- 300 g halibuta lub innej ulubionej ryby (w wersji wege można użyć porcji komosy ryżowej)
- 50 g łososia kanapkowego
- 300 g udek kurczaka / mięsa z indyka (w wersji wege można zastąpić mięso porcją ciecierzycy)

- 300 g pstrągów całych (w wersji wege można użyć bakłażana)

WARZYWA
- 50 g kiełków stir fry
- 50 g ulubionych kiełków lub rzeżuchy
- 3 buraki
- pęczek botwinki
- pęczek koperku
- 2 pęczki szczypiorku
- 2 pęczki rzodkiewki
- 3 pęczki natki pietruszki
- bakłażan
- włoszczyzna
- 2 ogórki zielone
- ulubiona sałata – lodowa, rzymska, pak choi
- 10 pomidorów
- 600 ml pulpy pomidorowej lub 8 dojrzałych słodkich pomidorów bez skórki
- główka czosnku
- por
- 3 kolorowe papryki
- 400 g kalafiora
- 50 g jarmużu
- 150 g szpinaku lub jarmużu
- 4 cebule
- 2 czerwone cebule
- cebula szalotka
- 250 g brokułu
- świeża bazylia
- świeża mięta
- 400 g kapusty kiszonej z marchewką
- kapusta włoska
- 300 g białej kapusty
- 200 g dyni masłowej/hokkaido
- 2 łodygi selera naciowego
- 6 oliwek czarnych lub zielonych
- roszponka
- rukola

OWOCE
- 2 zielonkawe banany
- granat
- twarda gruszka
- 6 świeżych fig
- mango
- 3 duże awokado
- 300 g owoców leśnych – malin, borówek, jeżyn
- 2 limonki
- cytryna
- kwaśne jabłko

PRZYPRAWY
- czubryca czerwona i zielona
- oregano
- czosnek niedźwiedzi
- cynamon
- rozmaryn
- laski wanilii
- chili
- imbir świeży
- cząber
- liść laurowy
- ziele angielskie
- tymianek

DODATKI
- 1,5 l bulionu
- 20 g herbaty matcha
- 100 ml octu jabłkowego niefiltrowanego
- 20 g mielonego siemienia lnianego
- czarnuszka
- 50 g chia
- 12 suszonych pomidorów z oliwy
- 50 g orzechów włoskich
- 50 g orzechów laskowych
- 50 g orzechów brazylijskich
- 40 g migdałów
- 30 g owoców goji
- musztarda bez cukru
- 30 g masła orzechowego

- 20 g nasion konopi lub słonecznika
- 30 g tahini
- sezam
- wiórki kokosowe

Faza III – Tydzień I

PŁYNNE PRODUKTY

- 400 ml gęstego mleczka kokosowego z puszki (82% tłuszczu)
- 300 ml mleka roślinnego – migdałowego, ryżowego, kokosowego

PRODUKTY ZBOŻOWE

- 500 g chleba owsianego z przepisu
- 50 g kaszy gryczanej

NABIAŁ

- 3 jogurty naturalne (200 g) (w wersji wege można użyć jogurtu sojowego lub kokosowego)
- 100 g sera halloumi lub feta (w wersji wege można użyć sera wegańskiego)
- 50 g twardej fety (w wersji wege można użyć sera wegańskiego)
- 2 jajka

MIĘSO I RYBY

- 30 g łososia wędzonego na zimno (w wersji wege można użyć wędzonego tofu)
- 40 g (2 plastry) szynki np. szwarcwaldzkiej bez konserwantów (w wersji wege można użyć 2 plastry glonów kombu)
- 50 g ryby bez ości, np. łososia dzikiego, pstrąga, szprotek, sardynek, sardeli – anchois (w wersji wege można użyć ugotowanej soczewicy)
- 300 g dorsza bez ości (w wersji wege można użyć porcji komosy ryżowej)
- 300 g mięsa z drobiu (w wersji wege można użyć ugotowanej soczewicy)
- 300 g fileta z kurczaka lub sznycli z indyka (w wersji wege można użyć porcji ciecierzycy)

WARZYWA

- świeża bazylia
- świeża mięta
- botwinka z buraczkami
- 4 buraki kiszone lub świeże
- burak zwykły
- 4 pomidory
- 10 pomidorków koktajlowych
- 100 g szpinaku świeżego
- 150 g pieczarek
- 200 g dyni
- 250 g białej rzodkwi
- 2 cukinie
- 50 g ulubionych świeżych kiełków
- pęczek świeżej kolendry lub natki pietruszki
- pęczek szczypiorku
- paczka rukoli
- 6 papryk kolorowych: żółtych, czerwonych
- mała papryczka chili
- 6 czerwonych cebul
- 2 cebule białe
- 400 g brokułu
- 6 marchewek
- 100 g batatu
- fenkuł opcjonalnie
- 3 łodygi selera naciowego
- 100 g jarmużu
- ulubione sałaty: lodowa, rzymska
- 300–400 g bobu świeżego lub mrożonego
- 2 główki czosnku
- kalarepka
- oliwki czarne lub zielone

OWOCE

- awokado miękkie
- pomarańcza
- 200 g mango
- 3 kwaśne jabłka

- 3 limonki
- gruszka
- 2 cytryny
- 200 g owoców jagodowych: malin, borówek, truskawek, jeżyn lub porzeczek
- 100 g truskawek

PRZYPRAWY
- tymianek
- pieprz ziołowy
- kolendra mielona
- rozmaryn
- chili w płatkach
- imbir świeży (kawałek) 3 cm
- kumin
- laska wanilii

DODATKI
- hummus – zrobiony własnoręcznie ze 100 g ciecierzycy
- 1,5 l bulionu warzywnego
- 50 g orzechów laskowych, włoskich, pekan
- 50 g pestek dyni i słonecznika
- 20 g siemienia lnianego lub nasion konopi
- 15 suszonych pomidorów w oliwie
- 50 g orzeszków piniowych/migdałów
- 30 g wiórków kokosowych
- 10 g czarnuszki
- 30 g chia
- sos sojowy jasny
- szczypta chilli w płatkach

Faza III – Tydzień II

PŁYNNE PRODUKTY
- 400 ml mleczka kokosowego gęstego z puszki (minimum 82% tłuszczu)
- 400 ml mleka roślinnego lub jogurtu naturalnego (sojowego lub kokosowego)
- 100 ml jogurtu naturalnego (w wersji wege można użyć sojowego lub kokosowego)
- 1 l soku z aloesu bez konserwantów

PRODUKTY ZBOŻOWE
- 500 g chleba żytniego razowego
- 20 g płatków gryczanych
- 20 g mąki owsianej

NABIAŁ
- 1 jajko
- 50 g fety lub mozzarelli
- 50 g sera halloumi/feta
- 2 kulki mozzarelli
- 100 ml jogurtu greckiego

MIĘSO I RYBY
- 300 g polędwiczki wieprzowej (w wersji wege można użyć 1 szklanki komosy ryżowej)
- 10 krewetek świeżych lub mrożonych lub 100 g mięsa drobiowego (w wersji wege można użyć porcji soczewicy brązowej)
- 200 g polędwiczek z kurczaka lub indyka (w wersji wege można użyć wędzonego tofu)
- 50 g upieczonego fileta z drobiu (w wersji wege można użyć porcji komosy ryżowej)
- 300 g fileta z indyka lub wołowiny (w wersji wege można użyć porcję ciecierzycy)
- 100 g fileta z kurczaka (w wersji wege można użyć porcji komosy ryżowej lub amarantusa)
- 20 g szynki wędzonej bez konserwantów (w wersji wege można użyć tofu wędzonego)
- 200 g dowolnej ryby bez ości, np. halibuta, dorsza, pstrąga, okonia

WARZYWA
- 3 pęczki szczypiorku
- pęczek natki pietruszki
- pęczek natki pietruszki/świeżej kolendry
- pęczek rzodkiewek
- ogórek zielony
- ogórek kiszony
- mix sałat z rukolą

- 50 g rukoli
- 50 g roszponki
- 2 cukinie
- 4 cebule
- 100 g pieczarek
- 6 dojrzałych, słodkich pomidorów
- 100 g pomidorków koktajlowych
- 3 duże czerwone papryki
- ćwierć główki kapusty włoskiej
- 200 g kapusty kiszonej
- kapusta pekińska lub lodowa
- 300 g młodej kapusty
- świeża bazylia
- świeża mięta
- główka czosnku
- papryczka chili
- 50 g jarmużu
- 50 g świeżego szpinaku
- 2 marchewki lub 200 ml soku świeżego marchwiowego
- 200 g brokułu
- por

OWOCE
- 700 g owoców mieszanych – malin/truskawek/borówek
- 3 limonki
- zielony banan
- grapefruit
- 4 figi
- gruszka twarda
- kiwi
- mango
- cytryna

PRZYPRAWY
- ziele angielskie
- liść laurowy
- papryka słodka
- rozmaryn
- majeranek
- kminek
- imbir świeży (kawałek 2 cm)
- cząber suszony

DODATKI:
- 1,5 l bulionu warzywnego
- 300 ml soku pomidorowego
- 50 g orzechów włoskich/nerkowca
- 50 g orzechów laskowych/pekan/brazylijskich
- 1 l soku aloesowego bez konserwantów
- 40 g mąki kokosowej
- 50 g pestek dyni
- 20 g masła orzechowego z mieszanki orzechów
- 30 g soczewicy ugotowanej brązowej
- 10 suszonych grzybów
- 20 g sezamu czarnego/zwykłego
- 30 g wiórków kokosowych
- pesto z bazylii gotowe lub zrobione wg przepisu
- passata pomidorowa/300 ml przecieru
- musztarda bez cukru

Faza III – Tydzień III

PŁYNNE PRODUKTY
- 200 ml mleka kokosowego (82% tłuszczu) lub jogurtu naturalnego
- 700 ml mleczka roślinnego – ryżowego, migdałowego

PRODUKTY ZBOŻOWE
- 200 g kaszy gryczanej/komosy ryżowej/jaglanej/pęczak
- 200 g kaszy gryczanej

NABIAŁ
- 150 g twardego sera feta (w wersji wege można użyć sera wegańskiego)
- 5 jajek
- 1 kulka mozzarelli (w wersji wege można użyć sera wegańskiego)

- 250 ml jogurtu probiotycznego (w wersji wege można użyć sojowego lub kokosowego)

MIĘSO I RYBY
- 50 g fileta z pstrąga pieczonego (w wersji wege można użyć wędzonego tofu)
- 300 g fileta ryby białej bez ości, np. halibuta, pstrąga, dzikiego łososia (w wersji wege można użyć porcji soczewicy brązowej)
- 300 g mielonego mięsa drobiowego lub wołowego (w wersji wege można użyć komosy ryżowej)
- 50 g ryby surowej (łososia/dorsza/pstrąga) lub szynki dojrzewającej (w wersji wege można użyć zaparzonych wcześniej glonów kombu)
- 50 g upieczonego fileta z kurczaka (w wersji wege można użyć tofu)

WARZYWA
- 50 g ugotowanej fasolki czerwonej
- 400 g szpinaku
- 450 g dyni
- 4 papryki czerwone
- papryka żółta
- 50 g dowolnych kiełków
- 2 cukinie
- sałata lodowa
- sałata lodowa lub rzymska
- 100 g fasolki szparagowej
- 2 dymki ze szczypiorkiem
- 5 czerwonych cebul
- 2 cebule szalotki
- 10 oliwek czarnych lub zielonych
- ogórek zielony
- 3 łodygi selera naciowego
- główka czosnku
- 2 pęczki natki pietruszki
- 8 pomidorów
- 25 pomidorków koktajlowych
- świeża bazylia
- marchewka
- 2 pory
- ½ główki kapusty czerwonej
- 500 g kapusty kiszonej
- koperek
- paczka rukoli
- 100 g jarmużu
- 3 łodygi selera naciowego
- 150 g kurek/pieczarek
- szczypiorek

OWOCE
- 2 mango
- 3 limonki
- 4 awokado
- 450 g truskawek
- zielonkawy banan
- 3 świeże figi

PRZYPRAWY
- imbir świeży (kawałek 10 cm)
- tymianek
- kminek
- cynamon
- rozmaryn
- cząber
- oregano
- papryka ostra lub słodka
- kumin
- chili (opcjonalnie)
- oregano

DODATKI
- 1,5 l bulionu warzywnego
- 400 g hummusu domowego z przepisu
- 60 g orzechów pekan lub włoskich
- sezam/pokruszone orzechy laskowe
- wiórki kokosowe (opcjonalnie)
- 8 suszonych pomidorów w oliwie
- musztarda bez cukru
- 50 ml cydru/wina białego
- 60 ml octu jabłkowego niefiltrowanego
- 30 g orzeszków piniowych

- masło klarowane
- musztarda Dijon

Faza III – Tydzień IV

PŁYNNE PRODUKTY
- 1 szklanka mleka roślinnego lub jogurtu naturalnego
- 400 ml mleka gęstego kokosowego (minimum 82% tłuszczu)

PRODUKTY ZBOŻOWE
- 200 g suchej kaszy jaglanej lub komosy ryżowej
- 50 g suchej kaszy gryczanej
- 400 g chleba razowego
- 10 g płatków gryczanych

NABIAŁ
- 50 g fety/mozzarelli (w wersji wege można użyć sera wegańskiego)
- 1 kulka mozzarelli (w wersji wege można użyć sera wegańskiego)
- 30 g sera feta (w wersji wege można użyć sera wegańskiego)
- 1 jajko
- 50 ml jogurtu greckiego (w wersji wege można użyć sojowego lub kokosowego)
- 300 ml jogurtu naturalnego probiotycznego (w wersji wege można użyć sojowego lub kokosowego)
- masło klarowane

MIĘSO I RYBY
- 300 g fileta z ryby bez ości – łososia dzikiego lub innej ryby (w wersji wege można użyć porcji kaszy komosy ryżowej lub kaszy gryczanej)
- 6 sardynek (w wersji wege można użyć 50 g ugotowanej soczewicy)
- 40 g szynki dojrzewającej (w wersji wege można użyć wędzonego tofu)
- 200 g dorsza (w wersji wege można użyć ugotowanej ciecierzycy)

WARZYWA
- burak
- 2 ogórki kiszone
- ogórek zielony
- pęczek natki pietruszki
- 2 pęczki szczypiorku
- świeża mięta
- świeża bazylia
- 250 g pieczarek
- 150 g szpinaku
- 300 g bakłażana
- 300 g cukinii
- główka czosnku
- 2 duże pory
- cebula
- 2 dymki ze szczypiorkiem
- 3 czerwone cebule
- 3 łodygi selera naciowego
- 20 oliwek zielonych lub czarnych
- 2 marchewki
- 2 cukinie/kabaczki
- 6 papryk kolorowych
- 350 g pomidorków koktajlowych
- pomidor
- 500 g kalafiora świeżego lub mrożonego
- włoszczyzna – marchew, pietruszka, seler
- 150 g dyni
- paczka roszponki
- 200 g batatu
- sałata lodowa
- pęczek botwinki z buraczkami
- koperek

OWOCE
- 3 kwaśne jabłka
- 400 g borówek lub jagód świeżych lub mrożonych
- 2 kiwi
- awokado miękkie

- mango
- limonka
- banan zielonkawy

PRZYPRAWY
- cynamon
- rozmaryn
- imbir mielony
- gałka muszkatołowa
- cząber
- czosnek granulowany
- suszona papryka
- mielona kolendra
- imbir świeży (kawałek 3 cm)

DODATKI
- 50 g orzechów laskowych lub włoskich/pekan
- 6 suszonych pomidorów w oliwie
- 50 g migdałów
- 30 g kaparów
- chrzan
- 50 g pestek dyni
- 30 ml octu winnego
- 30 ml przecieru pomidorowego
- ½ szklanki suchej soczewicy
- musztarda Dijon

Sałatka z kaszą i dynią (str. 246)

Bibliografia

Agarwal A., Aponte-Mellado A., Premkumar B.J., Shaman A., Gupta S., *The effects of oxidative stress on female reproduction: a review,* Reproductive Biology and Endocrinology, 2012, 10: 49.

Agarwal A., Gupta S., Sharma R.K., *Role of oxidative stress in female reproduction,* Reproductive Biology and Endocrinology, 2005, 3: 28.

Aguirre V., Uchida T., Yenush L., Davis R., White M.F., *The c-Jun NH2-terminal kinase promotes insulin resistance during association with insulin receptor substrate-1 and phosphorylation of Ser(307),* J. Biol. Chem., 2000, 275, 9047–9054.

Aguirre V., Werner E.D., Giraud J., Lee Y.H., Shoelson S.E., White M.F., *Phosphorylation of Ser307 in insulin receptor substrate-1 blocks interactions with the insulin receptor and inhibits insulin action,* J. Biol. Chem., 2002, 277, 1531–1537.

Cichosz G., *Oleje roślinne a zagrożenie nowotworami*, Przegląd Mleczarski, 2008: 6.

Dangel T. i in., *Diagnostyka kandydozy i przepuszczalności jelitowej,* Fundacja Warszawskie Hospicjum dla Dzieci, Warszawa 2014.

Daryl K., Granner M.D., *Hormony trzustki i żołądkowo-jelitowe* [w:] Murray R.K., Granner D.K., Mayes P.A., Rodwell V.W. (red.). *Biochemia Harpera*, PZWL, Warszawa 2001, 724–733.

Dulęba A.J., Spaczyński R.Z., Olive D.L., *Insulin and insulin-like growth factor I stimulate the proliferation of human ovarian theca-interstitial cells,* Fertil. Steril. 1998, 69, 335–340.

Gogga P., Karbowska J., *Rola leptyny w regulacji metabolizmu lipidów i węglowodanów,* Postępy Higieny i Medycyny Doświadczalnej (online), 2011, 65, 255–262.

Greenspan F.E., Gardner D.G., *Endokrynologia ogólna i kliniczna,* Wydawnictwo Czelej, Lublin 2004.

Jarosz M., *Otyłość. Zapobieganie i leczenie,* PZWL, Warszawa 2009.

Kanadys W.M., Leszczyńska-Gorzelak B., Oleszczuk J., *Otyłość u kobiet. Aspekty kliniczne otyłości podczas ciąży*, Perinatologia, Neonatologia i Ginekologia, 2009, 2, 4, 254–265.

Konturek Stanisław J. (red.), *Fizjologia człowieka,* Elsevier Urban & Partner, Wrocław 2007.

Kulkarni R.N., Wang Z.L., Wang R.M., Hurley J.D., Smith D.M., Ghatei M.A., Withers D.J., Gardiner J.V., Bailey C.J., Bloom S.R., *Leptin rapidly suppresses insulin release from insulinoma cells, rat and human islets and, in vivo, in mice,* J. Clin. Invest., 1997, 100: 2729–2736.

Łukaszewicz-Hussain A., *Rola glutationu i enzymów z nim związanych w procesach antyoksydacyjnych organizmu,* Medycyna Pracy, 2003, 54(5): 473–479.

Mańkowska D., Bylka W., *Nigella sativa L. – związki czynne, aktywność biologiczna,* Herba Polonica, 2009, tom 55, nr 1.

Midorikawa S., Sanada H., Hashimoto S., Suzuki T., Watanabe T., *The improvement of insulin resistance in patients with adrenal incidentaloma by surgical resection*, Clin. Endocrinol. (Oxf), 2001, 54, 797–804.

Niemczyk S. i in., *Zaburzenia funkcji hormonalnej tkanki tłuszczowej oraz zaburzenia w zakresie hormonów płciowych u chorych z przewlekłą niewydolnością nerek*, Endokrynologia Polska, tom 63. Zeszyt edukacyjny I/2012.

Niedźwiedzka-Rystwej P. i in., *Tkanka tłuszczowa i jej rola w odporności – nowe dane*, Alergia Astma Immunologia 2012, 17(1): 16–21.

Olszanecka-Glinianowicz M. i in., *Otyłość jako choroba zapalna*, Postępy Higieny i Medycyny Doświadczalnej (online), 2008; tom 62, 249-257 e-ISSN 1732–2693.

Potempa Magdalena, Paweł Jonczyk, *Grelina – hormon regulujący energetyczny metabolizm ustroju. część 1. Synteza, wydzielanie, mechanizm działania, znaczenie kliniczne*, Medycyna Metaboliczna, 2014, tom xviii, nr 3.

Przysławski J., Górna I., Florek E., Szymanowski K., *Rola wybranych składników pożywienia w profilaktyce niepłodności u kobiet*, Bromatologia i Chemia Toksykologiczna, 2010, XLIII, 2, 138–144.

Satchowicz M. i in., *Rola leptyny w zaburzeniach odżywiania się* – współczesne poglądy, Psychiatr. Pol., 2013, 47(5), 897–907.

Szczeklik A., Alkiewicz J., Baranowska B., *Choroby wewnętrzne,* Medycyna Praktyczna, Kraków 2005; 1033–1036, 1026–1028.

Szelachowska M., Górska M., Bonenberg A., *Insulinooprność w wybranych endokrynopatiach* [w:] Kinalska I. (red.), *Patofizjologia i następstwa kliniczne insulinooporności,* Wydawnictwo Kliniki Endokrynologii, Diabetologii i Chorób Wewnętrznych w ramach działalności Polskiego Towarzystwa Kardiodiabetologicznego, Białystok 2005, 239–249.

Szurkowska M., Szafraniec K., Gilis-Januszewska A., *Wskaźniki insulinooporności w badaniu populacyjnym i ich wartość predykcyjna w określeniu zespołu metabolicznego*, Przegląd Epidemiol., 2005; 59: 743–752.

Tatoń J., *Insulinooporność: patofizjologia i klinika* [w:] Tatoń J., Czech A. (red.), *Diabetologia*, PZWL, Warszawa 2001; 176–185.

Tatoń J., *Otyłość. Zespół metaboliczny*. PZWL. Warszawa 2007.

Tatoń J., Czech A., Bernas M., *Intensywne leczenie cukrzycy typu 2. Rekomendacje dla lekarzy praktyków,* PZWL, Warszawa 2004, 85–91.

Indeks potraw

fotograf Igor Pyć

Magdalena Makarowska

dietetyk, biotechnolog, pedagog. Właścicielka gabinetu dietetycznego **Centrum Natura** w Łodzi (www.centrum-natura.pl). Mama kilkuletniej Wiktorii i żona zdolnego fotografa, dzięki któremu poradniki mają piękne zdjęcia.

Zakochana w swojej pracy optymistka, której życiowe motto to:

Jesteś tym, co jesz, więc jedz pięknie!

Gotowanie to jej pasja, a nie obsesja. Jest zwolenniczką kuchni roślinnej oraz entuzjastką nowych smaków. Według niej mądra dieta, będąca stylem życia, a nie chwilową modą, zapewnia nam zdrowie aż w 90%. Postrzega dietę nie jako reżim żywieniowy, ale świadome słuchanie potrzeb swojego organizmu i modelowanie metabolizmu za pomocą właściwie skomponowanych, pysznych i świeżych posiłków, opartych na produktach jak najmniej przetworzonych. Jest przekonana, że zmiana nawyków żywieniowych i wejście na żywieniową ścieżkę zdrowia są możliwe na każdym etapie naszego życia.